清华社会科学前沿系列教材

丛书主编 彭凯平 刘涛雄

比较政治制度

谈火生 张君 编著

Comparative
Political Institutions

清华大学出版社

北京

图书在版编目（CIP）数据

比较政治制度 / 谈火生，张君编著 . —北京：清华大学出版社，2023.6
清华社会科学前沿系列教材
ISBN 978-7-302-62459-2

Ⅰ . ①比…　Ⅱ . ①谈… ②张…　Ⅲ . ①比较政治学 – 高等学校 – 教材　Ⅳ . ① D0

中国国家版本馆 CIP 数据核字（2023）第 016964 号

责任编辑：纪海虹
封面设计：崔浩原
责任校对：王风芝
责任印制：朱雨萌

出版发行：清华大学出版社
　　　　网　　　址：http://www.tup.com.cn, http://www.wqbook.com
　　　　地　　　址：北京清华大学学研大厦 A 座　　邮　　编：100084
　　　　社 总 机：010-83470000　　　　邮　　购：010-62786544
　　　　投稿与读者服务：010-62776969, c-service@tup.tsinghua.edu.cn
　　　　质量反馈：010-62772015, zhiliang@tup.tsinghua.edu.cn
印 装 者：艺通印刷（天津）有限公司
经　　销：全国新华书店
开　　本：188mm×260mm　　　　**印　张：**13.75　　**字　数：**300 千字
版　　次：2023 年 6 月第 1 版　　　　　　　　**印　次：**2023 年 6 月第 1 次印刷
定　　价：58.00 元

产品编号：092913-01

前 言 Foreword

人们自己创造自己的历史，但是他们并不是随心所欲地创造，并不是在他们自己选定的条件下创造，而是在直接碰到的、既定的、从过去承继下来的条件下创造。一切已死的先辈们的传统，像梦魇一样纠缠着活人的头脑。①

——卡尔·马克思

不了解一国与他国之区别，不可能理解这个国家；仅知道一国，等于哪个国家都不知道。

——马丁·李普塞特

自亚里士多德在其经典著作《政治学》中对政治系统进行分类以来，政治学家们普遍认为，如果将一种政治系统与其他政治系统进行比较，就能加深我们对该政治系统的认识。比较的方法在政治学研究中是一种重要的方法，据此也形成了政治学学科中一个重要的领域——比较政治学。可以说，在过去几十年中，比较政治学研究成为政治学中成果最为丰富的领域。而比较政治制度就是比较政治学中的一个重要分支。正如马克思主义者乔·埃尔斯特（Jon Elster）所言："政治科学的一项任务，就是要规定社会条件和社会制度，使人们能够诚实行事，因为他们相信自己所生存的社会的基本框架是公正的。"②

但是，在很长的一段时间里，政治学并不重视对于政治制度的研究。众所周知，在行为主义盛行的时期，曾经位于学科中心的政治制度消失不见了。化约论者倾向于将政治过程的解释化约为社会、经济或文化等变量，这意味着政治生活的制度形式或组织形式是没有大的差别或没有差别的；在结构功能理论中，政治制度的功能是为了满

---

① 《马克思恩格斯选集》，第 1 卷，3 版，669 页，北京，人民出版社，2012。
② ［美］罗伯特·古丁、［美］汉斯 - 迪特尔·克林格曼主编：《政治科学新手册》，钟开斌等译，204 页，北京，生活·读书·新知三联书店，2006。

足社会系统的各种需要，它们会自动地产生出来并发挥作用；在团体理论中，制度被视为利益集团进行政治斗争的竞技场，就像竞技场的结构不影响竞技活动一样，政治制度本身不是影响斗争结果的重要变量。[①] 因此，这一时期政治学研究的重心是个体的行为而不是制度，制度被视为不过是对个体偏好的聚合。[②] 直到 20 世纪 80 年代末，政治制度才重新被发现，并逐渐从边缘向中心移动。政治学学科内部也随之兴起了新的研究范式——新制度主义（具体情况见第一章），对于政治制度的研究重新回到了政治学舞台的中心。

在前言部分，我们主要交代两件事情：一是写什么；二是怎么学。

第一个问题：写什么？"比较政治制度"作为一门课程，很早就进入了中国政治学的课程体系。早在 1930 年代，国内就出版了多本比较政治制度的教材。例如，1934 年，清华政治学系先贤沈乃正教授就基于多年教学经验，将讲义编辑出版。该书共分两编：第一编主要探讨现代国家各种政府的形式及制度变迁，如内阁制政府、总统制政府、瑞士制政府、苏俄制政府、单一制与联邦制政府、法西斯政府等，以及体现在这些政府形式背后的精神；第二编则对各种政制的优劣进行了评述。[③] 沈先生在最后一章特别强调政治制度一方面要与其环境相适应，另一方面也要有能运用之人，"其成功与否，须视建设与运用之者有无政治兴趣，与有无政治能力以为断也"。90 年后今天，当我们回顾拉美国家移植美国总统制所出现的种种问题，以及当代关于政治文化的研究成果，不能不佩服沈先生平实论述中的远见卓识。又如，在比较总统制和内阁制优劣时，沈先生指出，"前者之希望，显不如后者之大"，"将来之制度，或为上述两种趋势混合而成之结果，亦未可知也"。如果我们熟悉 1990 年代以来的"林茨命题"所引发的争论，以及法国第五共和国的政治实践（见本书第五章），就不能不佩服沈先生的先见之明。

同一时期，还有一本代表性著作，那就是刘廼诚先生的《比较政治制度》。此书的写法完全不同，它按照国别来介绍英、法、美、德、意、苏等国的政治制度。此书篇幅颇大，上下两册 1100 余页。由于出版时间相隔 5 年，这些国家的政治制度本身发生了变化，作者的认识亦有深化。因此，两册编排体例略有变化。在第一册介绍英、法、美三国时，是按照历史背景、中央政府、地方政府三个板块来加以介绍；在第二册介绍德、意、苏三国时，则根据该国的具体情况，侧重点有所调整。例如，在讨论意大利和苏联时，都专列一章来讨论政党。对此，刘先生在序言中专门做了说明，因为在这些国家中"政党是政府之灵魂"。在讨论意大利时，专列一章来讨论社会问题；在讨论苏联时，专列一章讨论苏联的新宪法，尤其是其联邦制度。总体而言，该书材料翔实而及时，论断公允而严谨，是一部质量非常高的教材，因此也被广为采用。

[①] ［美］罗伯特·古丁、［美］汉斯-迪特尔·克林格曼主编：《政治科学新手册》，钟开斌等译，205 页，北京，生活·读书·新知三联书店，2006。

[②] Vivien Lowndes, Mark Roberts. Why Institutions Matter: The New Institutionalism in Political Science. Hampshire: Palgrave Macmillan, 2013, 1.

[③] 沈乃正：《比较政治制度》，北京，中华书局，1934。亦见：张小劲、谈火生主编：《沈乃正文集》，19~139 页，北京，清华大学出版社，2020。

　　这两部教材可以说代表了比较政治制度教材最典型的两种写法，一种是对不同类型的制度本身进行比较，一种是对不同国家的政治制度进行描述。这种格局一直延续至今，改革开放以来的多本比较政治制度教材大体也是这两种思路。当然，也有学者试图将两种写法结合起来。例如，杨祖功、顾俊礼先生主编的《西方政治制度比较》就分为上、中、下三编。上编综合分析比较，介绍了西方政治制度的历史演变和立法、行政、司法、选举、政党制度；中编则是典型国别比较，分别介绍了英、美、法、德、意五国的政治制度；下编是超国家的欧共体的政治体系。[①] 应该说，三种写法各有利弊。第一种写法能对制度本身有较深入的了解，但对不同国家的情况缺乏整体的观照，尤其是对特定国家内部不同制度之间的配合以及制度与环境之间的关系无法获得感性认识。第二种写法可以对一个国家的制度有整体的了解，但对特定制度的各种子类型，以及制度本身的优劣无法展开深入分析，也不易吸收比较政治学的一些新的研究成果。

　　本书在写作过程中，总体偏向第一种写法，重在比较，而不是对各个国家的政治制度进行介绍。这样的取舍是建立在如下的假设基础之上：在今天这个信息时代，学生可以通过便捷的手段获取关于特定国家政治制度的基础性知识。课堂上的任务是在这些基础性知识的基础上，对不同制度的设计原则、制度变体和制度绩效进行比较。

　　当然，在具体展开过程中还需要处理一个问题：《比较政治制度》与相关课程之间的关系，尤其是与"政治学原理""比较政治学"这两门课之间的关系。因为这两门课也会涉及政治制度，会对基本的政治制度进行介绍。本书采取的基本策略是：在介绍政治制度的基本知识时尽量简洁，以避免与"政治学原理"课程相重复；同时，尽量吸收比较政治学的前沿研究成果。因此，本书在论述具体制度的章节中，通常是安排一节来介绍基本知识，后面几节则采取专题的方式，介绍相关专题的核心争论或知识脉络。例如，在第三章，除了第一节介绍单一制与联邦制的渊源与性质外，其余两节均是专题：单一制、联邦制与分权问题，联邦制的稳定性问题；在第五章，除了介绍总统制、议会内阁制和半总统制这三种行政制度外，还会讨论分立政府的问题，1990 年代以来关于总统制与议会内阁制孰优孰劣的争论；在第八章，除了介绍不同的选举制度设计外，还会专门讨论"迪韦尔热命题"的检验、策略投票和分裂投票问题。

　　与此同时，本书秉持"徒法不足以自行"的理念，注重制度与人之间的互动，以及人在特定制度安排下的策略选择。在讨论具体的制度安排时，尽量关注制度中的人的问题。例如，在讨论立法制度时，会专门讨论议员的投票行为及其角色定位；在讨论行政制度时，会专门讨论如何对官僚进行问责的问题；在讨论选举制度时，会讨论选举制度对选民行为的影响。

　　第二个问题：在学习这门课程的过程中应该注意哪些要点？

---

① 杨祖功、顾俊礼等著：《西方政治制度比较》，北京，世界知识出版社，1992。

　　第一，在学习过程中应该思考现代政治制度的建构原则是如何体现在具体的制度安排中的。本书在第二章介绍了现代政治制度建构的三个原则：宪政原则、民主原则和法治原则。但是，这些原则是如何在具体的制度安排中体现出来的，相关论述散落在各个章节中。这就需要我们在学习过程中注意将散落在各个章节中的相关知识点串起来，从而形成完整的认识。

　　以民主原则为例，在不同章节都会涉及这一论题。最典型的当然是选举制度和立法制度。在选举制度中，与民主原则最相关的一个问题是选举权的问题。在《政治学原理》中，一般都会对此问题展开讨论，会介绍普选权的历史发展。但是，从制度设计上如何保障一人一票、票票等值，则是一个非常复杂的问题。事实上，迄今为止，人类还没有找到一个十全十美的制度，可以实现这一点。在第八章中，我们会介绍各种不同的选举制度设计，也会指出不同的制度安排的利弊。在一定程度上，进入20世纪以后，很多国家转向比例代表制，就是因为多数决制在实现"一人一票、票票等值"的理想时表现不佳。在立法机构中，与民主原则相关的议题之一是代表性问题，尤其是女性和少数族群的代表性不足。即使是在美国、英国，女性在议会的比例也只在15%~20%。[1] 对于立法机构而言，民主原则另一个更为重要的体现是其审议性。按照协商民主的观点，立法机构作为公共领域，应该通过理性对话和慎思明辨，制定高质量的法律和政策。但是，近年来，美国的国会在政党极化因素的影响下，已经日益丧失其理性政治对话的品格，沦为党派零和博弈的场所。[2]

　　即使是看上去似乎与民主没有太大关系的章节中，其实也包含着民主这一主题。例如，第三章讨论国家结构形式。在单一制中，人民主权的原则是非常清晰的；但是，在联邦制中，人民主权的原则如何体现呢？在联邦制中，公民拥有双重公民身份，他既是州的公民，也是联邦的公民。州政府和联邦政府都是建立在人民主权的基础之上。因此，如果我们仅仅将联邦视为州的联合，则失去了联邦的民主内涵。那就只有州主权，而没有人民主权。因此，没有民主，就没有真正的联邦。联邦不仅是州的联合，更是人民的联合。联邦要想取得成功，必须建立健康的民主制度，使人民在州和联邦两个层次上都能行使其民主参与的权利。[3] 与之类似，第六章讨论司法制度。司法机构被称为最不民主的机构，但是，在实践中，它起码有三个问题与民主相关。第一是法官选举的问题，尽管很少见，但时至今日美国很多州的法官均由选举产生；第二，陪审团实践，这是地地道道的民主实践；第三，宪法审查，非民选的法官可以对集中体现民主原则的立法机构所制定的法律进行审查，这到底是否对民主原则构成了侵犯？

　　第二，在学习过程中应该时时注意各章节之间的联系。在一个政治系统中，各种制度构件之间存在密切的关联。而且，不同制度构件之间必须实现功能上的耦合，才

---

①　Sarah Childs. Women in British Party Politics. New York: Routledge, 2008, 75.

②　André Bächtiger. Debate and Deliberation in Legislatures. In: Shane Martin, Thomas Saalfeld, Kaare W. Strom, ed. The Oxford Handbook of Legislative Studies. New York: Oxford University Press, 2014, 145~166.

③　R. A. W. Rhodes, Sarah A. Binder, Bert A. Rockman, ed. Oxford Handbook of Political Institutions, Oxford: Oxford University Press, 2006, 264.

能保证整个政治系统的顺利运转。就像电脑中的各种软件一样，如果相互之间不兼容，则可能导致电脑死机。我们以选举制度为例来说明这一点，作为一项基础性的政治制度，它几乎与每一种政治制度都有着千丝万缕的联系。

首先，选举制度和政党制度。在第八章第三节，我们专门讨论了"迪韦尔热命题"的检验问题。该命题的基本观点就是，选举制度对政党制度会产生决定性的影响：多数决制容易产生两党制，比例代表制容易产生多党制。反过来，政党制度也会影响选举制度。在很多时候，是政党选择了选举制度，并操纵了选举规则。尤其是新兴民主国家的选举改革，在很大程度上可以被视为不同政党之间博弈的结果。

其次，选举制度和行政制度。在第五章第一节，我们讨论了总统制和议会内阁制孰优孰劣的问题。按照林茨的观点，议会内阁制总体而言优于总统制。但是，舒加特的研究发现，总统制表现不佳可能不是总统制本身的问题，而是总统制搭配了不恰当的选举制度。另一方面，行政制度也会对选举产生影响。其中，最典型的一个表现就是，行政官员可以通过选区划分来操纵选举，使选举的局势朝着有利于自己所属的政党方向发展。

再次，选举制度和立法制度。一方面，选举制度可以塑造立法机构的组织结构，影响立法机构的代表性、议席分配和议员行为。在第四章第一节，我们比较了立法机构的不同组织形式；在第二节考察了议员行为方式上的差异。那么，立法机构内部的这种差异性是如何形成的呢？一个很重要的影响因素就是选举制度。由于选举制度可以决定通过何种方式将选票转换为立法机构的议席，政治家必须考虑在给定制度条件下如何当选。因此，议员如何选择自己的行为策略，立法机构如何建立自己的组织机构，都直接地受到议员竞选连任需求的影响。在以候选人为中心的选举制度（如单一选区相对多数决制）中，立法机构更有可能采用去中心化的组织结构；而在以政党为中心的选举制度（如政党名单比例代表制）下，立法机构更有可能采取向心式组织结构，权力集中于政党领袖或议长手中。[①] 另一方面，立法机构也可能通过修改选举法的方式来改变游戏规则。但这个难度很大，在第八章第四节中，我们对此问题略有涉及。

最后，选举制度和司法制度。由于司法遵循专业主义原则，因此，它看上去与作为民主之象征的选举制度关系不大。但是，在实践中，二者仍存在一定的联系。一方面，有些国家和地区的法官是通过选举产生，我们在第六章第二节就考察了美国在州层面的法官选举制度。另一方面，当选举出现争议时，法院可能介入。美国2000年选举就出现了这种情况，最后布什的当选是通过联邦最高法院的裁决来决定的。

其实，每一项具体的制度，我们都可以画出类似的知识网络图（见图0-1），这些知识点散落在不同的章节之中，我们在学习的过程中要注意将其收集起来，这样才能形成较为完整的知识图谱。

---

① Erik S. Herron, Robert J. Pekkanen, Matthew S. Shugart, ed. The Oxford Handbook of Electoral Systems. New York: Oxford University Press, 2018, 304.

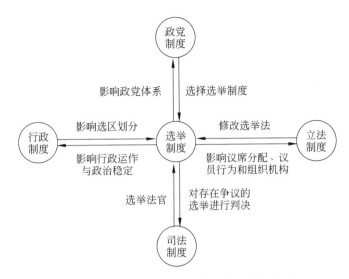

图 0-1　选举制度与其他政治制度之间的关系

第三，在学习过程中应该注意比较政治制度与政治学其他分支学科之间的关系。作为比较政治制度，我们的起点当然首先是要将每一项制度作为制度来看待，但又不能止步于此，我们必须将制度置于具体的政治情境中来加以观察。当我们考察选举制度、司法制度等具体的政治制度时，必须注意权力的分配格局、政治社会分歧状况、政治精英的个性等因素在其中的作用。只有这样，才能更好地理解制度的运行。

从这个意义上来讲，我们在学习比较政治制度时，必须注意将其与政治学的相关课程联系起来，结合政治哲学提出的规范价值和比较政治提出的实证命题，思考政治制度与政治价值之间的关联，以及政治制度与社会状况之间的相互影响。可以举两个例子来加以说明。

1. 权利。权利是政治哲学中非常重要的一个议题，我们在学习政治制度时，应该思考具体的制度安排是如何保护权利的，权利诉求又是如何影响制度安排及其演变的。其中，群体权利特别值得关注。在立法机构中，一个很重要的议题就是女性群体和少数群体的代表权，它们不仅是立法机构代表性的重要指标，而且也是立法本身的重要议题；在司法制度中，违宪审查制度的功能之一就是对权利受到伤害的个人进行救济；在选举制度中，不仅普选权是选举制度产生和演变的一个重要问题，而且在选区划分和选民登记过程中如何保护特殊群体的权利也是选举制度设计面临的考验。

2. 社会分歧。社会分歧是比较政治学和政治社会学关注的一个重要议题。李普塞特认为，研究促进民主的条件，必须把重点放在分歧与共识的根源上。民主理论的一个主要问题是：在什么条件下社会能维护民主制的"充分"参与，而不引入削弱社会凝聚力的分歧根源。[①] 社会分歧可以沿着不同的基线展开，如宗教、族群、语言等。

---

① ［美］西摩·马丁·李普塞特：《政治人：政治的社会基础》，张绍宗译，1、11 页，上海，上海人民出版社，1997。

那么，在政治制度中，这些问题是如何呈现的呢？在国家结构形式中，联邦制产生的动力之一就是因应不同社会分歧而可能爆发的冲突。在第三章中，我们会分析比利时和尼日利亚是如何通过制度调适来化解分歧。在选举制度中，社会分歧会影响选举制度的运行和选民的行为。而且，社会分歧是选举动员最强有力的工具，也是一些新兴民主国家选举走向政治暴力的重要原因。在第八章中，我们会分析社会分歧如何影响意大利选举制度改革的效果，并介绍从这一角度修正"迪韦尔热命题"的努力。在政党制度中，有些政党就是沿着社会分歧的基线展开，形成单一议题政党，它们在现代政党制度中发挥着越来越重要的作用。

由于篇幅的原因，本书不可能专门就这些问题展开论述，但我们在学习过程中，应该时刻提醒自己，不要孤立地看待政治制度，而应将其置于政治学的学科脉络中来加以考察，注意政治制度与大的政治社会环境和重要的政治议题之间的互动关系。

第四，在学习过程中应该不断提醒自己，追问理论的适用性问题。 从政治学学科发展的历史来看，在相当长一段时间里，政治学是以美国为中心发展起来的。[①] 因此，在比较政治制度分析中，很多领域都是首先在美国的政治学研究中展开，其理论原型源于美国经验，并成为该领域的基本分析框架。例如，本书第五章讨论的分立政府问题，早期对于这一政治现象的研究过于集中在美国，而忽视了其他的总统制国家中的分立政府现象，更少关注到非总统制中的分立政府问题，这种状况直到进入 21 世纪才得到改变；第三章关于联邦制的经典研究也起源于美国，并在很长一段时间内是以美国作为联邦制的典范来展开研究的，直到二战后随着一批国家获得独立后采用联邦制，研究者才开始从发展中国家的视角来反思既有研究，一方面思考美国式联邦制的局限性，另一方面提出了基于美国经验提炼出来的理论框架的适用性问题。在其他领域也存在类似的情况。由于美国是一个联邦制国家，它的 50 个州在具体的制度安排（如财政制度）方面差异很大，因此，美国成为一个天然的政治实验室，研究者可以方便地观察不同制度安排的效果。美国政治学在发展过程中，曾利用这一优势对不同的制度安排进行比较，并发展出大量的理论分析框架。随着最近几十年跨国数据的不断积累，学界已经能够对那些基于美国经验发展出来的理论框架进行检验。

从更一般的意义上讲，既有的理论框架即使不是发源于美国或基于美国经验提炼而出，也绝大多数源于发达国家或基于发达国家经验提炼而出。例如，本书第八章讨论的"迪韦尔热命题"，最初就是基于英国和法国的比较研究。那么，在多大程度上，基于发达国家经验建立的制度理论可以帮助我们理解世界上其他地区的同类制度？这是我们在学习和思考政治制度时必须时刻追问的问题。前几年出版的一本关于宪法审查制度的专著中有一篇文章就直面这一问题。通常，学界会将违宪审查分为两种类型：具体审查和抽象审查。前者以美国为代表，后者以欧洲国家为代表。但是，在曾经学习美国的巴西和曾被认为属于欧洲模式的葡萄牙，这两种方式是同时存在的。而且，巴西和葡萄牙并非孤例。因此，作者将文章的标题就定为"超越美国和欧洲"，他认

---

② 谈火生：《政治学的学科传统之争与中国政治学的未来》，载《教学与研究》，2017（5）：63~73 页。

为这种广为接受的两分法过于简单化，它不能准确地描述世界上大多数国家的违宪审查制度。① 理论的适用性问题在政党制度中表现尤为明显，学习过《政治学原理》的同学一定深有体会，感觉课堂上讲授的政党理论与中国的政治现实之间完全对不上号。其原因就在于，现在流行的政党理论是基于欧美经验总结出来的，确实与中国的政治实践有相当的距离。前些年，我们在编写《中国政府与政治》教材时就深刻地体会到这一点。最终，我们选择跳出源自西方的"国家——社会"两分的理论框架，提出"政党——国家——社会"三分的分析框架，以便更好地理解中国的政治现象。我们在学习比较政治制度时，也要时刻记住这一点，不能简单照搬既有的理论来解释中国的政治制度，它们是在不同的政治环境中产生出来的。这也是我们这本书在讨论各种政治制度时没有涉及中国政治制度的原因，因为对于一本教材而言，这是一个过于艰巨的任务。关于中国政治制度的探讨我们留给其他的教材。

但是，这并不意味着本书对于政治制度的探讨对于我们理解中国的政治制度没有意义。尽管这些源自西方的理论有一些并不能直接用来分析中国的政治现象，但它们在发展过程中所遭遇的挑战和应对，以及由此所发展出来的研究方法，对于我们研究中国的政治制度、理解中国的政治现象还是非常有帮助的。也许，我们应该好好地体会托克维尔写于1848年的一段名言："我们把视线转向美国，并不是为了亦步亦趋地仿效它所建立的制度，而是为了更好地学习适用于我们的东西。""我们所要引以为鉴的是其法制的原则，而非其法制的细节。"② 作为他山之石，世界各国的政治制度对于我们思考中国善治不无裨益，源自西方的各种理论对于当代中国政治学的发展也富有启发性。

面对理论自身适用性问题的挑战，我们可以有两种选择。一种是完全否认从发达国家实践经验中提炼出来的理论可以应用于其他地方，因此，必须发展出基于自身经验的替代性解释。一种是试图发展出更具解释力的理论框架，一方面吸收既有的各种理论，另一方面又能对多样性的经验做出合理的解释。理想的状态当然是后者。尽管具体的情境对研究议程具有决定性的影响，但情境性本身不能成为拒斥在更广阔的背景下思考制度的理由。近年来，中国政治学界提倡历史政治学、田野政治学，主张"将政党带回来"，就是一种可贵的努力。基于中国经验提炼概念和理论，并在比较的视野下建立更具解释力的一般性理论框架，这是未来中国政治学应该努力的方向。

最后，交代一下本书的写作分工：前言、第一、二、三、八章，谈火生；第四、七章，张君；第五章，谈火生、张君；第六章，袁贺、谈火生。

---

① Virgílio Afonso da Silva. Beyond Europe and the United States: the Wide World of Judicial Review, In: Erin F. Delaney, Rosalind Dixon, ed. Comparative Judicial Review. Northampton, Mass: Edward Elgar Publishing, 2018, 318~336.
② [法]托克维尔：《论美国的民主》，董果良译，3页，北京，商务印书馆，1988。

目 录 *Contents*

图　目　录

表 目 录

CHAPTER 1
第一章

比较政治制度：问题与方法

本章重点：

➢ 制度既包括正式制度（典章化的法律和组织化的机构），也包括非正式的制度（各种尚未典章化的习俗和惯例）。

➢ 比较政治制度的主题可以归纳为三个相互关联的方面：哪种制度最适于创建"良善"的政府和和谐的社会关系？哪些要素可以用来解释制度安排中存在的大量变体？不同的制度安排会对政治行为、政治权力和政治过程的结果产生什么样的影响？

➢ 政治制度研究有四种基本的研究取向：现代－经验主义取向、形式－法律取向、理念论取向和社会主义取向。

➢ 政治学新制度主义包含三个独立发展起来的流派：理性选择制度主义、社会学制度主义和历史制度主义。

第一节　制度与制度研究

我们可以从我们的日常生活经验中来体会制度，特别是政治制度的重要性。我们可以设想一下，如果没有交通规则，我们今天的世界将会变成什么样子。正是交通规则让交通秩序得以形成，让我们每个人的行为变得可以预期，当我们看到对面开过来的车时，我们知道它会靠右行驶，知道它会遵守"红灯停、绿灯行"的规则。

其实，小到个体行为，大到国家行为，都是依靠一系列的规则来运行的，这些"规则"（无论是以法律形式存在的有形的规则，还是以习俗和惯例形式存在的无形的潜规则）就是我们所说的"制度"。它们不仅规范着社会，也改变着社会。我们知道，40多年来深刻地改变了中国、也改变着我们每一个人命运的改革，就是从安徽凤阳小岗村一个小小的制度变革开始的。人还是那些人，地也还是那么多地，就因为分田到户，一年下来，小岗村的人就翻身了，从饿肚子到家家有余粮。制度就有这么大的力量。

一、什么是制度？

那么，到底什么是"institutions"（制度）呢？这是一个人言人殊的问题。诺贝尔经济学奖得主诺思（D. C. North）人为，"制度是一个社会的游戏规则。更严谨地讲，它们是为了约束人类的互动行为，而认为设定的一些制约"。[①]

按照《牛津简明英语辞典》的解释，制度是指那些"已然确立的法律、习俗、习惯、惯例、机构"（an established law, custom, usage, practice, organization）。其中，最后一个词"组织或机构"（organization）是我们通常所熟悉的对于"制度"的直观感受，依次往前，我们可以把它理解为一种惯例（practice）、一种个人习惯（usage）、一种社会习俗（custom）、一种法律（law）。换句话说，制度之为制度，一般会经过一个演变的过程，从"个人的习惯（usage）→ 群体的习俗（custom）→ 硬性的法律（law）"，最后将其凝结在组织、机构（organization）之中。因此，制度包括两种类型：正式制度（典章化的法律和组织化的机构）和非正式的制度（各种尚未典章化的习俗和惯例）。

正式制度和非正式的制度（我们通常将它们称之为习俗或传统）之间的分别在于，正式制度作为一套规则系统，往往被明确地写入法律或其他的文本中，它们可以被传授，也可以通过研究而被理论化，我们可以对这些规则的有效性给出明确的理由，从而对人们的行为形成约束力。而非正式的制度则是指那些不成文、但是却为社会共享的一些规则,它们在官方指定的渠道之外被创造出来,并为人们所遵守。需要注意的是，千万不要根据"国家－社会"的区分误以为，正式制度就是那些属于国家的实体（如议会、行政机构和法院）和由国家来强制实施的规则（宪法、法律）；而非正式制度就是隶属于社会的各种组织和规则（如宗教、亲属关系、公民团体）。事实上，在国家制度中也有各种指导人们行为的非正式规则，如美国国会里，各种委员会的权力并不都是正式规则所赋予的，有很多是产生于非正式的规则；在人们耳熟能详的"铡美案"这出戏中，从理论上讲，皇帝金口玉言，他的话就是法律，但最终他还是将陈世美斩了，因为他要给后人留下一个"明君"的口碑，在这种非正式规则的约束下，他不得不接受包公铡陈的事实；同样，在利益集团这样的不属于国家的组织也必须遵循大量由官方制定的规则。

事实上，正式制度和非正式制度之间只有量上的差别，而无本质的不同。在一个初民社会中，正式制度和非正式制度之间就基本上没有什么分别。但在现代社会，各种非正式的规则正在逐步地通过法典化而变成正式制度，这在英美普通法传统中表现尤为明显。在中国，我们也能注意到一个事实，整个现代化的过程就是一个法律不断替代习俗的过程，是法律不断向社会生活各个角落渗透的过程。这个过程当然也充满了摩擦和斗争，电影《秋菊打官司》就很生动地为我们展现了这样一幅画面。但是，

---

① [美]道格拉斯·诺思：《制度、制度变迁与经济成就》，刘守英译，3页，上海，上海三联书店，1994。译文有改动。

这一过程不可能无限地进行下去，在很多情况下，以法律替代各种非正式规则不仅执行成本太高，不具有可操作性，而且会使社会丧失自组织能力和必要的活力。因此，为非正式规则留下一定的空间是非常必要的。

在正式制度和非正式制度之间存在着互动。新制度主义的代表人物诺思在其后期研究中，就非常重视非正式制度对正式制度变迁的制约作用。[①] 中国近代以来的现代化步履维艰，乃至戊戌变法的失败，非正式制度的制约作用不能不说是一个重要的因素。而美国奴隶制的废除则为我们展示了非正式制度和正式制度之间相互作用的另外一种类型。以福格尔为代表的一批计量经济史学家耗费巨大的精力证明，美国南方的奴隶制在当时是一项有效的制度。福格尔早期从事民权运动，他研究南方奴隶制的初衷是想证明奴隶制的无效率，但研究后发现，奴隶制是有效率的。这不仅表现在种植园的高效率上，而且也表现在奴隶的生活水平上，南方奴隶的营养状态比北方大都市的下层工人好。既然如此，它为什么会被废除呢？答案是，人们的思想观念变了，奴隶制在当时的人看来已经成为一种无法容忍的罪恶制度，人类对自由的追求压倒了对物质进步的追求。[②] 在这个案例中，非正式制度促进了正式制度的变革。

但不管是正式制度还是非正式制度，它们都具有一些共同的特征，盖伊·彼得斯（Guy Peters）曾将制度的特征归纳为以下四个方面：[③]

第一，制度应具有社会与政治结构上的特征。结构可以是正式的（例如立法机构、官僚或法律结构），也可以是非正式的（例如组织之间的互动所形成的网络、或是一套共享的规范、价值与理念）。

第二，制度的存在，在时间上必须能在长期的发展中具有稳定性。彼得斯曾以喝咖啡聚会为例来说明制度的稳定性。人们也许可以借由午后的咖啡聚会谈心，但这样的行为称不上一套制度。如果人们决定在每周四，在固定的时间、地点聚会的话，那么这样的行为就开始具有制度性的特征。再假设这些人都是参议院的议员的话，那么这样的聚会就可以视为与政治相关的制度。

第三，制度必须能够影响个体的行为。稳定性并不是制度的唯一特征，在上面所举的例子中，如果参与聚会的人对于该聚会不重视，甚或不准时出席，那么该聚会对于成员行为的影响就不大。它同样也称不上是一套制度。

第四，制度必须建构于成员共享的价值或意义之上。即使在新制度主义中最主张个体行动自主性的理性选择学派，在其理论架构中也有共享价值或共享动机的论述。赖特也指出，这不仅关系到制度建立后的有效运作，而且从制度本身的起源上讲，这一点也体现了制度的社会性。也就是说，制度的产生往往不是个体决策的结果，而是在特定条件和背景下匿名地"涌现"出来的。在制度产生的过程中也许有英雄、有主角，

---

① 姚洋：《制度与效率：与诺思对话》，103 页，成都，四川人民出版社，2002。

② Robert William Fogel, Stanley L. Engerman. Time on the Cross: The Economics of American Negro Slavery. Boston-Toronto: Little, Brown and Company, 1974. 转引自姚洋，62 页和 74 页注 6，2002。

③ B. Guy Peters. Institutional Theory in Political Science: The "New Institutionalism". London and New York: Willington House, 1999, 18~19.

甚至有某位理论家对某一制度的有效性提供了清晰的说明，但一项制度能从一个观念、一种愿景变成真实存在的社会安排，它必须让那些将生活于此制度之中的人觉得有意义。[①]

当然，我们也不能完全将"制度"（institution）等同于"组织"或"机构"（organization），制度和组织有区别也有联系。诺思曾用一个形象的比喻来形容二者之间的关系：制度（institutions）是比赛规则，而组织（organizations）则是运动员。具体地讲，制度是关于个人或组织的行为规则，而组织则是为实现共同目标而结合在一起的若干人的集合。当然，组织与制度之间也存在密切的联系，这主要体现在三个方面：一，任何组织都既要建立其成员必须遵守的内部制度（如校规），以保障组织的维续，又要遵守各种外部制度（如法律），以处理和其他组织之间的关系；二，不同的制度往往对应着不同的组织。如中世纪封建制度下产生的庄园，资本主义制度下产生的不计其数的公司；三，制度和组织之间的关系是互动的。在给定的制度条件下，组织会做出相应的调整，或者，新的组织将出现，以适应这个制度；同时，组织也不是制度的被动接受者，相反，它们是制度的制定者。政党组织就是一个很好的例子，可以说，政党政治的出现改变了整个政治运作的模式。在很多情况下，组织的目的就是为了改变制度。在美国有一个名叫 MAD（Mothers Against Drunk Driving）的组织，是由一位母亲发起的，她儿子被酒后开车的人撞死了。该组织目的就是敦促政府制定相应的法律，加强对酒后驾车者的打击力度。各种环保组织、妇女组织在成立之初就将其目标定在改变现行的制度。

二、制度的功能

从我们开篇的例子中就可以看到，制度在整个社会的运行中发挥着十分重要的作用。往小里说，它可以规范个体的行为；往大里说，它可以维护社会的高效运转。具体言之，制度具有以下几种功能：

第一，制度可以型塑个体的动机和偏好。利瓦伊对 5 个不同国家在战时服兵役状况进行比较研究时发现，不仅微观制度而且宏观制度都会对人们的偏好产生影响。政府制度的运作方式，在很大程度上影响了那些为祖国甘愿冒生命危险的"男青年"的百分比。[②] 在理想状态下，制度可以让行动者将制度的目标和程序内化于心，按照制度所设定的模式来解释他们所处的环境，并选择自己的目标，按照制度的规范行事。

第二，通过对个体动机的型塑，制度使人们的行为变得具有可预测性，从而能促成人们之间的合作和整个社会的整合。如果城市之中没有红绿灯的话，人们站在十字路口将手足无措。推而广之，如果制度缺失，行动者将没法进行策略选择，因为他们不知道其他人将会如何行动，而这种信息是他们在追求自身利益时所必须知道的。制

---

① Knight J. Institutions and Social Conflict. Cambridge: Cambridge University Press, 1992, 68.
② [瑞典] 鲍·罗斯坦：《政治制度：综述》，载 [美] 罗伯特·古丁、[美] 汉斯－迪特尔·克林格曼主编：《政治科学新手册》上册，钟开斌等译，197~245 页，北京，生活·读书·新知三联书店，2006。

度的功能就是为实现合作创造条件，为广泛的社会分工合作提供了一个基本的框架，通过规范人们之间的相互关系，减少信息成本和不确定性，把妨碍合作的因素减少到最低限度，从而保证合作的顺利进行。制度建立起某种"政治空间"，正是在这个空间中，相互依存的政治行动者才得以展开行动。①

第三，制度可以降低交易成本，从而提高整个社会的效率。诺思认为，制度的主要作用就是消除或降低社会交往中的不确定性。不确定性的存在对人们的决策具有极大的负面影响。在个人交往的层面上，不确定性使个人失去行为的标准。比如，当你第一次到一个对其文化一无所知的国家时，你会因为不知道和人第一次见面时是应该握手还是拥抱而感到无可适从。在国家层面上，不确定性在严重的情况下会导致国家机器的瘫痪，在一般情况下也会降低社会和经济运行的效率。② 约翰·J.沃莱斯和诺思的实证研究表明，1970年美国国民生产总值的45%被消耗于交易因素。许多制度制定出来的目的就是为了降低交易成本，有效的制度能降低市场中的不确定性、抑制人的机会主义行为倾向，从而降低交易成本。③

第四，制度有一种自我维持的功能。它一旦产生，就会不断地自我强化；它存在的时间越长，地位就越稳固，对其进行改变就变得越难。这首先是因为既定的制度安排为维持某一套制度的群体和个人设置了某些特权。在微观层面上，即使当组织存在的具体环境发生了变化，特定组织中享有特权的个体也会要求固守和维护他们的使命和责任；在宏观层面上，制度的变革也是在既定的组织安排和结构的框架之下进行的，新的改革无疑会受到旧有的制度型塑。而且，即使新的制度设计能够为大多数人带来好处，变革的成本和对不确定性的担忧也会产生出反向的维护既存制度的动力。④

三、政治制度

制度有很多类型，而且我们可以按照不同的标准对制度进行分类。有人按照制度所涉及的领域进行分类，将其划分为政治制度、经济制度、宗教制度、教育制度等；也有人按照制度的层次将它们分为基本制度（如宪法）、中间层次的制度（如部门法）和操作层次的制度（如各种行政法规）；⑤ 或按照制度的起源方式将制度分为内在制度和外在制度，前者指社会自发形成的制度，后者指由国家指定的、从外部强加给社会的制度。⑥

那么，政治制度和其他社会制度之间的差别何在？在"制度"前面冠以"政治"二字，很显然，政治制度主要是与政治事务有关的各种规则。而一谈到政治事务，我们首先

① ［美］盖伊·彼得斯：《理性选择理论与制度理论》，载何俊志、任军锋、朱德米编译：《新制度主义政治学译文精选》，75~94页，天津，天津人民出版社，2007。
② 姚洋：《制度与效率：与诺思对话》，78~79页，成都，四川人民出版社，2002。
③ 卢现祥：《西方新制度经济学》，53页，北京，中国发展出版社，1996。
④ 何俊志：《结构、历史与行为：历史制度主义对政治科学的重构》，第4章，上海，复旦大学出版社，2004。
⑤ ［美］埃莉诺·奥斯特罗姆：《公共事物的治理之道：集体行动制度的演进》，余逊达、陈旭东译，中文版译序，7页，上海，上海三联书店，2000。
⑥ 柯武刚、史漫飞：《制度经济学：社会秩序与公共政策》，韩朝华译，35~37页，北京，商务印书馆，2000。

想到的就是权力，政治学研究其实就是关于公共权力的分配方式和运作机制的研究。因此，政治制度似乎可以被界定为与权力的分配方式和运作机制有关的各种规则。但是，这样的界定是不准确的，因为它忽视了作为政治制度的各种规则的另外一个特征：权威性。规则的产生不能仅仅因为制定规则的人恰好握有权力，他就可以随意地制定各种规则，并将其加之于社会成员的身上（回忆一下韦伯关于权力的经典定义：权力是使他人去做本不愿做的事情的能力），规则还必须要有正当的理由，也就是说，它必须被认为是合法的。这就要求规则不仅具有经验性的一面（实质性的强制性权力），而且具有规范性的一面（制定者具有合法的身份、按照法定的程序制定、规则的内容符合道德的要求）。因此，我们可以将政治制度定义为："由一个或一群被公认拥有权力的人，通过明确的规则和通过决策过程制定的、用来规范集合起来的个体成员及其行为的正式安排，它具有强制性和合法性的特点，通常被视为国家机器的组成部分。"①

迄今为止，人类历史上形成了各种各样的政治制度，但任何一个政治共同体都需要四类基本的政治制度。一，规则设定制度（rule-making institution）：用以做出关于如何规范共同利益的集体决策；二，规则应用制度（rule-applying institution）：用以规范这些决策的实施；三，规则仲裁制度（rule-adjudicating institution）：当人们对在具体情境中如何解释第一种制度设定的规则存在争议时，它用来处理这些争议；四，规则维护制度（rule-enforcing institution）：用以处理和惩罚破坏规则者（无论是内部的还是外部的）的制度。②

但在不同的国家，这四种制度的具体设置是不一样的。罗斯坦曾将现代西方国家政治制度内部的差异归纳为十个最基本的层面（见表 1-1）。

表 1-1　西方资本主义民主制度的不同变体

政党制度	两党制 vs. 多党制
选举制度	比例代表制 vs. 多数决制
立法机构	一院制 vs. 两院制
国家结构	单一制 vs. 联邦制
中央政府	议会内阁制 vs. 总统制
法院系统	事后司法审查 vs. 事前司法审查
地方政府	弱自治 vs. 强自治
公务员	分肥制度 vs. 择优制度
军事力量	职业化 vs. 征召制
国家与经济关系	自由主义 vs. 法团主义

这些差别恰好是我们比较政治制度所关注的对象。比较政治制度的主题可以归纳为以下三个相互关联的方面：一个是规范层面的：哪种制度最适于创建"良善"的政

---

① ［瑞典］鲍·罗斯坦：《政治制度：综述》，载［美］罗伯特·古丁、［美］汉斯－迪特尔·克林格曼主编：《政治科学新手册》上册，钟开斌等译，197~245 页，北京，生活·读书·新知三联书店，2006。

② ［瑞典］鲍·罗斯坦：《政治制度：综述》，载［美］罗伯特·古丁、［美］汉斯－迪特尔·克林格曼主编：《政治科学新手册》上册，钟开斌等译，197~245 页，北京，生活·读书·新知三联书店，2006。

府和和谐的社会关系？另外两个是实证层面的：哪些要素可以用来解释制度安排中存在的大量变体？不同的制度安排会对政治行为、政治权力和政治过程的结果产生什么样的影响？[①]

四、政治学对制度的研究

由于制度在我们的政治生活和社会经济生活中发挥着重要的作用，因此不同的学科对制度的研究投入了大量的精力。从政治学学科的发展来看，自两千年前政治学诞生伊始就认识到制度的重要性。古希腊时期，政治学的鼻祖亚里士多德就曾通过对当时希腊各城邦政治制度的观察与分析，试图建立一套良善的政治制度；霍布斯在英国内战时期主张通过绝对君主制的制度设计来实现和平；洛克和卢梭则为现代民主制度的基本架构奠定了理论基础；孟德斯鸠的分权理论为后来美国三权分立的政治体制指明了方向。可以说，制度研究的传统在政治学领域中一直具有重要的地位，而且源远流长。

现在人们一提起制度研究就想到新制度主义，而且认为政治学对于制度的研究在研究取向上经历了三个阶段：旧制度主义取向→行为主义取向→新制度主义取向。按照这种理解，新制度主义是对行为主义的反拨，正如行为主义是对旧制度主义的反拨一样。但这种说法是片面的，如果仅仅局限于美国政治科学的传统中，这种说法大致是成立的，一旦我们将目光转向欧洲大陆，马上会发现，这种说法是站不住脚的。事实上，正如罗斯（R. A. W. Rhodes）所指出的那样，不仅是在欧洲大陆，即便在英国，行为主义革命和理性选择理论也从没有取代旧制度主义的研究取向。他认为，政治制度研究有四种基本的研究取向：现代—经验主义取向、形式—法律取向、理念论取向和社会主义取向。[②]

按照罗斯的分类，行为主义和各种新制度主义均属于现代—经验主义研究取向，旧制度主义则属于形式—法律研究取向。而且，旧制度主义从未因行为主义的兴起而中断，它和另外两种研究取向一起，平行于现代—经验主义研究取向在发展着。这一点在欧洲大陆表现尤为明显，它一直是欧洲大陆占主流的研究取向。

形式—法律研究取向的兴起是在19世纪，它致力将早期政治学基于政治哲学层面的探讨落实到现实政治生活中，其重心是处理规范性（normative）议题，思考何为最佳的制度设计，其主题是与政府有关的正式面向（formal aspects），特别是关于法律与政府治理体系运作机制的研究。因此，这一研究取向的重心是国家机关，关心的是"宪法的体系结构"。他们对不同国家的宪法及其他政治制度的具体起源和运作方式展开了详细的研究[③]。按照罗斯的解读，旧制度主义研究取向将法律规则和程序视为自变量，而将民主政体的功能和命运看作因变量。例如，迪韦尔热在1950年代末就批评选举法关于

---

① [瑞典]鲍·罗斯坦：《政治制度：综述》，载[美]罗伯特·古丁、[美]汉斯–迪特尔·克林格曼主编：《政治科学新手册》上册，钟开斌等译，197~245页，北京，生活·读书·新知三联书店，2006。

② R. A. W. Rhodes. Old Institutionalisms. In: R. A. W. Rhodes, S. Binder, B. Rockman, ed. The Oxford Handbook of Political Institutions. Oxford: Oxford University Press, 2006, 90~118.

③ [瑞典]鲍·罗斯坦：《政治制度：综述》，载[美]罗伯特·古丁、[美]汉斯–迪特尔·克林格曼主编：《政治科学新手册》上册，钟开斌等译，197~245页，北京，生活·读书·新知三联书店，2006。

比例代表制的规定，认为它使得政党体系碎片化，从而削弱了代议民主制度。

与通常的看法不同的是，形式—法律研究取向对制度的理解并没有局限于成文的宪法文本，而是扩展到与宪法相关的各种信念和习俗。而且，其研究也并不是像后来行为主义者所批评的那样，完全流于静态的描述。事实上，很多"旧"制度主义者采用了一种比他们的批评者所暗示的要复杂得多的分析方法。被誉为旧制度主义殿军人物的英国政治学家赫尔曼·芬纳（Herman Finer）就曾明确说过，他关心的不仅仅是政治制度的法律形式，而且关注它们的运作和演化。在他于1932年出版的《现代政府的理论与实践》中，这一点表现得十分明显。就此而言，后来行为主义对形式－法律研究取向的批评是不公平的。

现代—经验主义研究取向则崛起于1950年代的行为主义革命。

在行为主义革命的影响下，旧制度主义在美国遭到前所未有的批判，认为旧制度主义对制度的定义过于狭隘，从而使得它对政治现象的理解流于静态描述。在行为主义方法刺激之下产生的结构功能主义、系统分析和集团理论倾向于对政治过程采取化约论的解释，认为政治过程是对社会、经济和文化状况的反映，政治的结构不过是个体行为聚集的结果，因此，政治生活的制度形式和组织形式是没有大的差别或没有差别的。在这种思路的指引下，政治学界理所当然地忽视了对政治制度的研究，制度的研究在美国几乎中断。在行为主义者看来，制度只是一个空壳，真正发挥作用的是个人的角色、地位和价值，只要把握了个体的各种特质，并对之进行适当的总括即可，根本就没有必要研究制度，因为制度只是附带出现的现象。①

行为主义在1950年代达到鼎盛后，自1960年代末期开始逐渐走入困境。美国政治学界开始批评行为主义的研究方法，并由此催生了新制度主义（New Institutionalism）。尽管"新制度主义"于1970年代即开始萌芽，但其真正勃兴则要等到1980年代末、1990年代初，当时由于全球政治环境的剧烈转型，民主制度该如何塑造？一时成为世人关注的重心，制度研究于是再度蔚为时尚，新制度主义遂乘势成为一股风潮。1984年，新制度主义的重要代表人物、政治学家詹姆斯·马奇（James G. March）和约翰·奥尔森（Johan P. Olsen）在《美国政治科学评论》上共同发表了一篇题为《新制度主义：政治生活中的组织因素》的文章，倡导政治科学应该重视制度研究，并提出了制度研究应遵循的基本原则。一般认为，该文的发表标志着新制度主义政治学的诞生。5年之后，即1989年，马奇与奥尔森在《重新发现制度：政治的组织基础》一书中，对新制度主义政治学作了更为系统的、完整的理论阐述。②

新制度主义之所以仍被称为"制度主义"，是因为它和旧制度主义一样，将制度置于关注的焦点，矫正了行为主义时期在解释政治现象时过于侧重经济、社会与文化等变项的缺失，重新强调政治"制度"对于政治结果的影响，强调政治制度的"相对

---

① ［美］肯尼斯·谢普斯勒：《制度研究：理性选择理论的启示》，载何俊志、任军锋、朱德米编译：《新制度主义政治学译文精选》，121~138页，天津，天津人民出版社，2007。

② 詹姆斯·马奇、［挪威］约翰·奥尔森：《重新发现制度：政治的组织基础》，张伟译，北京，生活·读书·新知三联书店，2011。

自主性"，认为政治民主化不仅有赖于诸多经济与社会条件，更有赖于政治制度的设计是否得当。官僚机构、立法机构中的委员会不仅是社会力量角逐的场所，它们本身就是政治行动者。新制度主义将政治重归其位，将研究的重心放在经济与社会发展过程中的政治因素，而不是政治发展过程中的经济和社会因素。

但它又被称为"新"制度主义，那是因为新制度主义经历了行为科学的洗礼，并受到实证主义的影响，在分析层次、途径乃至关注的焦点等面向上和传统制度研究有所不同，它在下述问题的看法上已和旧制度主义分道扬镳了：制度的重要性以及这种重要性是如何发挥出来的。新制度主义（特别是理性选择制度主义）汲取了行为主义的合理因素，强调方法论的个体主义（methodological individualism），而抛弃了旧制度主义所惯用的方法论的整体主义（methodological holism），它将个体的偏好、信息和集体行动作为我们理解制度发展的关键，并认为制度的重要性就在于它们形塑、甚至决定了行动者的行为。与传统研究取向相比，新制度主义对检验制度如何影响行为兴趣更浓。如奥斯特罗姆在南加利福尼亚州进行研究时就发现，为管理稀缺资源（比如，水）而建立的自愿性协会如何改变了个体农民对自身利益的看法。[①] 关键的是，新制度主义者不只是关注制度对个体的影响，还关注制度与个体之间的相互作用。

简言之，新制度主义将先前风行的行为研究奠定在合理的制度分析基础上，试图将行为主义和制度分析整合起来。它源于行为主义时期的政治理论，但又超越了它们。新制度主义接受了集团理论的看法，认为围绕着稀缺资源而展开竞争的各个集团之间的冲突是政治的核心。但在解释为什么不同国家的政治后果存在差异和不平等时，它不是像集团理论那样强调集团的作用，而是强调特定政体下的制度组织和经济结构的冲突是如何赋予某些集团以特权，而将另外一些集团排斥在外；新制度主义也接受了结构功能主义的看法，认为政体是由相互作用的各个组成部分构成的一个整体。但是，它反对结构功能主义将个体的社会、心理和文化特征作为驱动政体运作的因素，而是将特定政体的制度组织和经济结构看作型塑集体行动、并产生出差异性结果的主要因素。[②]

理念论取向和社会主义取向则是与制度主义（无论是旧制度主义还是新制度主义）相论争的两种研究传统。

在英国政治科学的脉络中，理念论取向坚持认为，社会和政治制度既不能独立于传统而存在，也不能离开形成它们的各种理念而独活。这一取向对行为主义持严厉的批评态度，认为它忽视了意义、语境和历史。理念论取向的代表人物奥克肖特指出，我们需要对"政治传统和具体的行为方式"进行"真正的历史研究"，政治科学的任务就是"理解传统"，这就意味着我们要与传统进行对话，要进入到传统之中，探索传统所包含的各种意蕴。琼生认为，政治制度表达了各种关于政治权威的观念，因此，制度必然是规范性的，它是"价值交流和传播的手段"。他在分析英国宪法时指出，

---

① ［美］埃莉诺·奥斯特罗姆：《公共事物的治理之道：集体行动制度的演进》，余逊达、陈旭东译，第 2 章，上海，上海三联书店，2000。

② Peter, Hall A., Taylor, Rosemary C.R. Political Science and the Three New Institutionalism. Political Studies, 1996, 44(5): 936~957. 中译文载何俊志、任军锋、朱德米编译：《新制度主义政治学译文精选》，天津，天津人民出版社，2007。

英国宪法就是各种政治习惯，而不是别的什么东西，这些传统的政治习惯从来就没有断裂过，位于其核心的是议会制政府的理念，在英国宪法中，这是一个占有绝对支配地位的理念。因此，政治科学在研究制度必须运用历史的方法方有望成功，因为制度的变迁其实是这些核心理念面对不断变化的环境和挑战时所做出的适应性调整。欧米德在分析伊斯兰教国家政治制度时也指出，不同的观念对于政治制度具有重要的影响。他认为，在伊斯兰教的框架中可以产生出两种截然不同的国家定位。尽管沙特阿拉伯和伊朗都承认国家的存在是为了保护和实现真主所宣示的法律，但是，在沙特阿拉伯，国家的领袖不能通过选举产生，而只能通过各派的共识产生，并按照《古兰经》的教诲来进行统治；而在伊朗则只要求遵从伊斯兰教的教义即可，凡教义未加禁止的即属许可。因此，伊朗可以有选举，也可以有议会和立法活动。[1]

社会主义取向在考察政治制度时当然是将其看作上层建筑的一个重要组成部分，因而坚持经济的决定作用，并在历史唯物主义的指导下强调对历史的发掘。社会主义取向对政治制度研究有一个非常显著的特点：对国家的高度重视，无论是杰索普（Jessop）等人对国家理论的探索，还是安德森等人对国家形态演变历史的分析，在西方政治学研究中都是独树一帜的，并对西方政治科学的发展产生了深刻的影响。同时，我们也应注意到，尽管杰索普的国家理论在欧洲大陆引起了广泛的注意，但在美国和英国的主流政治科学中却受到了不应有的忽视。[2] 这可能与经验主义在英美学界的霸权地位有关。英美政治学界一些马克思主义学者，如斯考切波则试图吸收经验主义的一些有益成分，他们的研究已经成为新制度主义的一个重要组成部分。

以上我们勾勒了政治学在研究政治制度时所采取的一些基本取向，我们看到，新制度主义只是这些取向中的一支而已，尽管如此，它确实是英美政治科学中政治制度研究的主流。鉴于英美（特别是美国）政治学所具有的霸权地位，我们还是需要对近年来蔚然成风的新制度主义花些笔墨。

第二节　三种新制度主义

尽管新制度主义在近 30 年来风靡一时，但其内部充满了分歧，无论是在理论基础、方法，还是在对制度的定义上，各派之间都无法达成共识。唯一相同的就是它们对制度重要性的肯定，以及重新探索制度的研究兴趣。对于新制度主义的分类问题，学界普遍同意豪尔和泰勒所提出来的三分法：理性选择制度主义、社会学制度主义和历史制度主义。这三种制度主义是各自在自己的研究领域中独立发展出来的。[3] 他们的这一观点尽管遭到了一些学者的批评，但还是得到了大多数学者的认同，成为政治学界

---

[1]　R. A. W. Rhodes. Old Institutionalisms. In: R. A. W. Rhodes, S. Binder, B. Rockman, ed. The Oxford Handbook of Political Institutions. Oxford: Oxford University Press, 2006, 90~118.

[2]　R. A. W. Rhodes. Old Institutionalisms. In: R. A. W. Rhodes, S. Binder, B. Rockman, ed. The Oxford Handbook of Political Institutions. Oxford: Oxford University Press, 2006, 90~118.

[3]　Peter, Hall A., Taylor, Rosemary C.R. Political Science and the Three New Institutionalism. Political Studies, 1996, 44(5): 936~957.

关于新制度主义的主流分类范式。

一、理性选择制度主义

理性选择制度主义受经济学新制度主义的影响非常大。事实上，经济学新制度主义的一些代表性著作是政治学的理性选择制度主义最经常引用的对象。它最大的特征是借用了一整套经济学新制度主义的基本概念框架来分析政治问题。尽管在理性选择制度主义内部也存在不同的研究取向，但它们还是拥有一些共同的理论预设。[①]

第一，像经济学一样，它采用了一套典型的行为假设，假定相关行动者都有一套固定的偏好（preference），偏好的最大化是行动的目标；在偏好的满足过程中，行为具有高度的策略性，而策略的选择则是理性计算的结果。当然，对于这样一套行为假设，有两点需要注意：其一，所谓固定偏好并不是说行为者的偏好永远是固定不变的，事实上，理性选择制度主义是承认行为者的偏好是可以改变的，它只是假定在单次的偏好聚合过程中，行为者的偏好结构是固定的；事实上，制度性公共选择理论与大多数理性选择理论的一个重大差别就在于，大多数社会选择理论认为偏好是外生的，而理性选择制度主义则更关注个体是如何在与制度的互动过程中产生出偏好的。[②]其二，不同的学者对偏好最大化的假设和理性计算的适用程度有不同的估量。经济学制度主义本身也对理性假设展开越来越激烈的批评，西蒙（Herbert Simon）将纯粹的计算理性修改为有限理性（bounded rationality），诺思在后期则越来越强调文化的作用。尽管经济学制度主义仍然承认理性假设至少在统计意义上是可靠的，但它同时也警告道，当经济学侵入其他社会科学领域时一定要小心行事，不能盲目地相信理性假设。[③]这一点也是理性选择制度主义最受人诟病的一点。

第二，在理性人的基本假设下，理性选择制度主义倾向于将政治过程视为从个体理性到集体非理性的集体行动困境。他们的基本结论是，在没有制度约束的条件下，当个体为了实现偏好的最大化而采取行动时，尽管每个人的行动都是理性的，但在集体层次上却会产生出次优的结果（即集体的无理性），这就是所谓的"集体行动的困境"。"囚徒困境"和"公用地悲剧"就是其典型表现。这是理性选择制度主义的一个核心观点。据此，当其他的制度主义主要致力于理解制度的特性时，理性选择制度主义则对制度的运作和设计更感兴趣。这一流派的主要工作就是，提前设计出一套制度，利用个体的自利行为产生出有利于整个社会的结果。当他们做这样的预设时，其实也同时预设了只要制度设计中所植入的激励机制和约束机制得当，就能成功地引导个体的行为。这一假定似乎表明，制度的历史很少或几乎没有什么作用，新设计出来的激励机制能轻而易举地带来行为动机的改变。[④]这是理性选择制度主义和历史制度主义的一个重

---

① Peter, Hall A., Taylor, Rosemary C.R. Political Science and the Three New Institutionalism. Political Studies, 1996, 44(5): 936~957. 中译文载何俊志、任军锋、朱德米编译：《新制度主义政治学译文精选》，天津，天津人民出版社，2007。

② ［美］盖伊·彼得斯：《理性选择理论与制度理论》，载何俊志、任军锋、朱德米编译：《新制度主义政治学译文精选》，75~94 页，天津，天津人民出版社，2007。

③ 姚洋：《制度与效率：与诺思对话》，28~35 页，成都，四川人民出版社，2002。

④ ［美］盖伊·彼得斯：《理性选择理论与制度理论》，载何俊志、任军锋、朱德米编译：《新制度主义政治学译文精选》，75~94 页，天津，天津人民出版社，2007。

要差别。

第三，理性选择制度主义强调个体的策略性行为的作用，认为它对政治结果发挥着决定性的影响。他们假定行动者的行为是受策略性计算而不是非个人的历史力量所驱使；而且，这种计算会受到行动者对其他行动者的行为预期的深刻影响。正是在这种预设中，制度的作用被凸显出来。制度塑造行为的方式是，在选择议程上影响替代性方案的范围和排序，或者提供有关其他行动者的信息，从而引导行动者做出某种计算，并认为他可以"从交换中获益"，而且最终通过制度的这种引导作用带来潜在更好的社会结果。而制度本身能否存续则取决于它能否为相关行动者带来最大的好处。在这种思路下，对美国国会活动规则的解释，是通过指出它为国会议员们的交易带来收益的角度来进行的；对英国1689年《权利法案》的解释，也被解释为它为财产持有者带来了好处。

第四，平衡假设。制度得以存续是因为它实现了类似于纳什均衡的某种平衡。也就是说，个体之所以会遵循这种行为模式，是因为偏离会使个体的境况变得更糟。理性选择制度主义认为最优均衡往往是可遇而不可求的，能达成的往往是次优的（sub-optimum）均衡状态。因为在集体行动的逻辑下，行动者之间的单方行动与互动状态并非是静态的。而且，既存的均衡状态也可能并非是处于最有效率的状态。那么，均衡是如何实现的呢？谢普斯勒提出的"结构—诱致均衡"理论应该说是对理性选择制度主义的一个重要贡献。

和其他两种新制度主义相比，理性选择制度主义最大的特点是它在个案分析中对分析模型的运用。它也会和历史制度主义一样将具体的历史个案——如美国内战的制度起源、中世纪欧洲绝对主义政体的历史演化等——作为自己的研究对象，但它在对这些个案进行解析时，往往会构建一个分析模型，如空间代表模型，最优化结构模型等，利用这些模型作为分析的基本框架，并处理相关的经验材料。[①]

二、社会学制度主义

社会学制度主义有其独立的起源，它基本上是从社会学的组织理论中发展出来的，其时间大约在20世纪70年代。尽管社会学制度主义的发展有其内在的理论脉络，并非针对理性选择制度主义而来，但其理论主张却正好与理性选择制度主义形成鲜明对比。

第一，它反对理性选择制度主义在方法论上的个体主义假设。在这一点上，社会学制度主义继承了19世纪社会学大师埃米尔·涂尔干的理论遗产。涂尔干认为，社会秩序不可能被化约为个体行动者的行为。按照这一观点，理性选择制度主义赖以分析的起点——个体的偏好——是有问题的，因为个体的偏好本身是社会建构出来的，它和制度一样是"镶嵌"在文化、社会结构和组织认同等更为基本的结构之中，是文

---

① Ken Shepsle. Rational Choice Institutionalism. In: R. A. W. Rhodes, S. Binder, B. Rockman, ed. The Oxford Handbook of Political Institutions. Oxford: Oxford University Press, 2006, 23~38.

化构筑了政治现象发生的脉络。

第二，它反对理性选择制度主义的理性人假设。早期的组织理论也是从理性人的假设出发来论述行动者或集体行动与社会秩序之间的互动关系。但是，1970年代中后期，人们逐渐对这种以理性和效率为归依的假设产生怀疑。因为行动者的行为在很多时候与场合下，是无法经过深思熟虑的；行动者事实上只是根据习惯在行动。因此，关键的问题其实不是个体的理性，而是认知的过程，因为行动者的理性是建构于文化与环境当中的。经济学里有一个"最后通牒博弈"（ultimatum game）的实验更是充分地表明了文化的作用。在这个博弈里，两个实验对象分一元钱，两个人先抽签，抽中的人先决定自己得到的份额，没抽到的人决定接受或拒绝第一个人留下的份额。如果他决定接受，这一元钱就按第一个人的方案进行分配；如果他拒绝，则两个人一分钱都得不到。显然，理性要求第一个人要求获得99分钱，只留1分钱给第二个人，而第二个人也应该接受这1分钱，因为它总是比什么都没有要好。但是，反复的实验发现，这种赤裸裸的理性行为从来没有发生过。在圣路易斯的华盛顿大学的实验表明，日本学生在作为第一个人提出分配方案时几乎总是只要求拿50分钱，留下另外的50分给第二个人；而犹太裔学生的方案则一般是自己拿70分，剩下30分给第二个人。可见，人们对分配方案的公平问题是有考虑的，且随文化背景而变化。人是生活在一定的文化氛围中的，理性只是他们生活的一个方面而已。[①]

当社会学制度主义将偏好和理性都视为镶嵌在文化之中时，它对"制度"的理解就比理性选择制度主义要宽泛得多，他们所界定的制度不仅包括正式的规则、程序和规范，而且包括为人提供"意义框架"的象征系统、认知模式和道德模板。这样的理解可以说打破了制度与文化之间的界限，[②] 同时也引申出一个问题：文化如何与个体偏好、制度互动？

第三，它对制度与个体行动之间的关系提出了独特的理解。社会学制度主义在理解制度与个体行为的关系时，不仅与理性选择制度主义不同，而且和社会学自身的传统也有一定的差异。老的社会学分析是将制度与"角色"联系起来，即制度赋予角色以"行为规范"，个体通过社会化过程将与角色相联的制度规范内化了。正是从这个意义上讲，人们认为制度对行为产生了影响。但是，社会学制度主义强调，制度影响行为的方式是通过提供行为所必不可少的认知模板、范畴和模式，而不仅仅是因为制度规定什么是某人应该做的，它还必须指明某人在特定的场景中能够把自己想象成是什么样的。在这里，我们可以看到社会学建构主义对社会学新制度主义的影响。与此同时，制度也不仅仅是像理性选择制度主义者所说的那样，只是影响着个体的策略性计算，它还影响着个体的基本偏好和对自我身份的认同。社会行动者的身份认同是由社会生活所提供的制度形式、象征和符号所赋予的。如果说理性选择制度主义者描绘的是一幅个体和组织寻求自身利益最大化的图景的话，那么社会学家们描绘的则是

---

① 姚洋：《制度与效率：与诺思对话》，30~31页，成都，四川人民出版社 2002。
② Peter, Hall A., Taylor, Rosemary C.R. 1996. 社会学制度主义的这一立场也遭到了人们的批评，以致有人惊呼：如果制度"意味着任何事情，那么它就意味着什么也不是"。

这样一个世界：个体或组织寻求以一种具有社会适应性的方式来界定并表达他们的身份。他们所遵循的主要不是理性计算的"工具逻辑"，而是"社会适应"的逻辑。[①]

第四，基于以上的逻辑，社会学制度主义采用了一种独特的方法来解释制度的起源与变迁问题。正如我们在前文所看到的，有些理性选择制度主义者在解释制度的建立时，认为这是因为该制度的效率能够为接受这些制度的人带来物质性利益。但是，与此相反，社会学制度主义者认为，某一组织之所以会采用某一制度，并不是因为它提高了组织的目的—手段效率，而是因为它提高了组织或其参与者的社会合法性。换句话说，某一组织之所以会采用某种特定的制度形式或实践模式，是因为该制度在一个更大的文化环境内具有更大的价值。在某些情况下，有些实践模式对于达到组织的正式目标反而具有某种负作用。索西尔就认为，移民政策之所以被一些国家所采用并成为其追求的目标，并不是因为这一政策能为这些国家带来功能性的目的，而是因为由国际组织所推行的人权概念使得这些政策看起来更为合适，而其他做法在这些国家的当局眼里则不具有合法性。[②]

三、历史制度主义

历史制度主义的兴起和发展是对 20 世纪六七十年代盛行的政治学集团理论和结构功能主义的一种反动。它的理论源自这两个流派，但又试图超越它们。和新制度主义的其他两个流派相比，历史制度主义具有如下几个特征：[③]

第一，它倾向于在相对广泛的意义上来界定制度与个人行为之间的相互关系。历史制度主义不排斥个体的理性计算在策略选择中的作用，但又和社会学制度主义一道批判理性选择理论的人性假设，认为理性选择理论的人性假设过于狭隘，因为政治行动者在很多场合下并不知道全部的信息，甚至也并不清楚他们的最大利益是什么，他们的行动所遵循的主要是一种"满意"标准而不是"最优标准"；它也在一定程度上赞成社会学制度主义对文化的强调，但它要进一步追溯文化来源于何处，正是在对这一问题的追问中，历史制度主义引入了"历史"的维度。在界定制度与个人行为之间的相互关系问题上，历史制度主义采取了一种介于理性选择制度主义和社会学制度主义之间的立场，采取一种兼收并蓄的态度，同时使用理性计算和文化这两种途径来解释制度与个人行为之间的关系，并且将它们放在具体的历史场景中，使得二者之间的关系变得更加动态。如哈塔姆在分析英美两国劳工运动的不同表现形态时就是将两种分析路径融为一体。她和理性选择制度主义一样，认为正是司法机关的保障性权力引导美国的劳工运动偏离了那些容易引起司法审查的策略。在此基础上，她还进一步指出，美国和英国的劳工组织所面对的不同的制度背景促使他们以不同的世界观来选择行动方

---

① Peter, Hall A., Taylor, Rosemary C.R. Political Science and the Three New Institutionalism. Political Studies, 1996, 44(5): 936~957. 中译文载何俊志、任军锋、朱德米编译：《新制度主义政治学译文精选》，天津，天津人民出版社，2007。

② Peter, Hall A., Taylor, Rosemary C.R. Political Science and the Three New Institutionalism. Political Studies, 1996, 44(5): 936~957. 中译文载何俊志、任军锋、朱德米编译：《新制度主义政治学译文精选》，天津，天津人民出版社，2007。

③ Peter, Hall A., Taylor, Rosemary C.R. Political Science and the Three New Institutionalism. Political Studies, 1996, 44(5): 936~957. 中译文载何俊志、任军锋、朱德米编译：《新制度主义政治学译文精选》，天津，天津人民出版社，2007。

式。这种分析方式表明，受到既定制度诱导的策略可能会随着时间的改变而凝结为世界观，而受到正式组织传播的世界观又会形塑卷入其中的行动者的自我印象和基本偏好。

第二，它在分析制度的建立和发展过程时强调路径依赖和未预期后果，这是历史制度主义的一个非常突出的特点。

"路径依赖"是经济学家戴维在一篇讨论技术选择及演化路径的论文中提出的概念，它指的是这样一种现象：当一种技术由于偶然因素被选定时，随后的技术选择便被锁定在特定的开发路径上，而这条路径未必是最佳路径。戴维举 QWERTY 键盘为例，QWERTY 键盘是目前通行的键盘，但据说并不是最好的键盘。直到 19 世纪中后期，打字机键盘没有统一的标准。但 1888 年在辛辛那提举行的一次打字比赛改变了这种局面，这次比赛的获胜者所使用的 QWERTY 键盘后来被所有打字学校所采纳，QWERTY 键盘也随之成为打字机的标准键盘。尽管后来有人发明了更为简单和方便的打字机键盘（如 1936 年由奥古斯特·德沃夏克发明的键盘），但要取代 QWERTY 键盘已经为时已晚。诺思是将路径依赖理论引入制度研究的第一个人，他说："路径依赖意味着历史是起作用的"。这话无疑是对的，历史制度主义也因此倾注了大量的精力来解释制度是如何产生出某种路径的。它强调在政策的初始阶段所做出的结构性选择的重要性，即使后来发生了结构性的变动，起初的选择仍会产生持久的影响。① 和社会学制度主义一样，它拒斥从效率的角度来观察制度的产生和演变，而是强调现存制度所产生出的各种未预期的后果和无效率的现象。

在《制度、制度变迁与经济绩效》一书中，诺思用一章的篇幅来讨论制度变迁中的路径依赖问题。② 他认为制度变迁的路径依赖有两个原因：一个是制度的收益递增和网络外部性，另一个是经济和社会中存在显著的交易成本。制度之所以具有报酬递增性质，是因为它与技术一样，具有以下四个自我强化机制。第一，建立一个制度需要付出巨大的初始成本，而一旦建立，它的运行费用相对较低。第二，制度具有学习效应。一种制度一旦建立，组织和个人就会去适应它，这又反过来强化现存制度。第三，制度还制造强烈的网络效应，因为它为所有的组织和个人提供共同的行动规则，组织和个人对这些规则的遵守对各方都有利。第四，制度为各方提供稳定的预期，而相同的预期又加强各方对这个制度持续下去的信心，于是这个制度果真持续下去了。尽管就长期而言，低效的制度会在竞争中被高效的制度所取代。但是，当经济和政治中存在显著的交易成本时，人们对制度的认知就可能建立在不完全的信息反馈的基础上，而制度变迁的路径就会更多地受到人们的主观认知模式，即意识形态的左右。此时，由于制度的收益递增性质，一种无效制度一旦因为人们主观认知模式而偏离有效的路径，它就会持续下去。③

第三，它尤其关注将制度分析和其他因素整合起来进行研究。尽管历史制度主义极

---

① [美]盖伊·彼得斯：《政治制度：旧与新》，载[美]罗伯特·古丁、[美]汉斯－迪特尔·克林格曼主编：《政治科学新手册》上册，钟开斌等译，303~324 页，北京，生活·读书·新知三联书店，2006。
② [美]道格拉斯·诺思：《制度、制度变迁与经济成就》，刘守英译，第 11 章，上海，上海三联书店，1994。
③ 姚洋：《制度与效率：与诺思对话》，30~31 页，成都，四川人民出版社 2002。

其关注制度在政治生活中所扮演的重要角色，但是，很少有历史制度主义者坚持说制度是影响政治结果的唯一因素。他们更倾向于将制度与其他因素一起定位于因果链之中，他们所设想的世界要比理性选择制度主义的世界——只假定有偏好和制度两个要素——更为复杂。历史制度主义者尤其关注制度与观念信仰之间的相互关系。当然，这种态度也遭到了一些学者的批评，他们认为历史制度主义一方面一再强调政治制度的重要性，另一方面又提出制度不是影响政治结果的惟一原因，这就使得在它们的分析之中有时候很难区分，到底是制度因素还是非制度因素在确切地影响着某一政治后果。[①]

四、三种新制度主义的分歧与融合

通过以上的分析，我们发现三种新制度主义之间确实存在着相当大的分歧，有人曾将三种制度主义各自的特征归纳如下：

表1-2   三种制度主义比较

	理性选择制度主义	社会学制度主义	历史制度主义
科学世界观	方法论个体主义；为实现利益最大化的策略性行动者	整体主义；建构主义；群体认同；共同的经历	修正的利己主义；行动由共同的协议所约束或塑造
典型的研究设计	理性人假设；大规模的数量检测	关于文化、认知联结的案例研究	历史社会学；个案研究
时间范围	短期	长期	中长期
对制度的界定	规则、程序	规范、规则和文化	正式的和非正式的规则
制度在人类行动中的作用	中间变量；情境性和机会	重要的自变量；文化约束	中间变量；在历史中发展起来的约束与机会
偏好的形成	外在于决策模式或对决策的理论解释	由行动者置身其中的制度所构建	内生的；由制度的影响所创设
制度的创设	减少交易成本；解决集体行动困境	演进式的；由新的事件或解释所引起的偶然性突变	自我强化或潜在的自我扩张
制度的演进	交易过程；演进；选择	构建关于共同经历的神话；认知、记忆过程	路径依赖；未预期的后果

资料来源：Mark D. Aspinwall, Gerald Schneider, "Same Menu, Seperate Tables: The institutionalist turn in political science and the study of European integration", European Journal of Political Research, Vol. 38, No. 1, 2000, pp. 1-36.

三种新制度主义之间的分歧不仅表现在基本理论预设上，而且表现在它们对制度研究的两个核心问题的看法上：如何看待制度与个体行为之间的连结，如何解释制度起源与变迁的过程。对于理性选择制度主义来说，它更倾向于认为人能够选择制度。因此，其重心是在制度设计问题上；而对于社会学制度主义来说，制度不是人为选择的，相反，制度更像是逐层沉淀的珊瑚礁，没有任何个人或群体能够决定如何安排整

---

①   何俊志：《结构、历史与行为——历史制度主义的分析范式》，载《国外社会科学》，2002（5），25~33页。

体的结构。不是人选择了制度，而是制度选择了人；[①] 历史制度主义对此的看法则更为动态，它更强调二者之间的互动。

我们可以将不同的新制度主义取向纳入一个连续的光谱之中，光谱的一端是理性行动者（rational actor）视角，另一端则是文化共同体（cultural community）视角。前者将政治生活视为为自我利益进行计算的行动者之间的互动；后者则认为政治生活是通过共享的价值和世界观来加以组织的。理性选择制度主义和社会学制度主义分别处于光谱的两端，历史制度主义则处于中间的位置。但是，需要注意的是，这三种视角并不是相互排斥的，每一种视角都会将其他两种视角看作"特例"。[②]

新制度主义的这三种分析途径都有各自的优势与不足。理性选择制度主义的最大优势在于，明晰的理论假设和精致的模型构建，使得它的理论相当清晰。但是，过于狭隘的人性假设和过于浓厚的功能主义色彩，也使得理性选择制度主义不能解释无效制度的大量存在和广泛传播现象；社会学制度主义由于其致力于从文化层面上进行宏观解释，在对制度展开及其具体的运作过程进行研究时常常会力不从心；历史制度主义由于其研究的具体方法是一种归纳法，归纳逻辑的最大缺陷就是，其理论提升的系统化程度和步伐都明显滞后。[③] 因此，究竟选择哪种研究路径更合适，这要视具体的情况而定。例如，研究选举规则与选举结果的关系，理性选择制度主义是合适的分析工具；但要研究其他的一些议题——如总统制和议会制孰优孰劣、单一制和联邦制的比较，历史制度主义或社会学制度主义可能更得心应手。[④]

正是因为这三种分析途径都存在着各自的优势与不足，维维恩·施米特（Vivien Schmidt）提醒我们，方法的选择取决于我们要解决什么问题，在实际研究中，问题导向的学者往往是混合使用不同的研究路径。[⑤] 豪尔和泰勒就发现，一些重要的理性选择制度主义者（如加雷特、温加斯特等人）在对集体行动和长期存在的制度进行分析时，已经将"文化"和"信仰"纳入了他们的分析框架。与此类似，一些社会学制度主义者（尤其是斯坦福学派）在对制度的产生过程进行研究时，也认识到关键行动者在制度创设过程中的重要作用，从而在他们的分析框架中也为个体的能动性留下了一定的空间。这两种分析框架的新近发展已经清楚地表明，他们的交流和对话实际上已经在充分地展开了。[⑥]

应该说，经过30年的发展，新制度主义理论已经发展出一套可以用来分析当代治理问题的概念工具，成为今天政治学研究的重要理论范式。

① ［瑞典］鲍·罗斯坦：《政治制度：综述》，载［美］罗伯特·古丁、［美］汉斯－迪特尔·克林格曼主编：《政治科学新手册》上册，钟开斌等译，197~245 页，北京，生活·读书·新知三联书店，2006。

② James March, Johan P. Olsen. Elaborating the "New Institutionalism". In: R. A. W. Rhodes, S. Binder, B. Rockman, ed. The Oxford Handbook of Political Institutions. Oxford: Oxford University Press, 2006, 3~20.

③ 何俊志：《新制度主义政治学的交流基础与对话空间》，载《教学与研究》，2005（3），45~51 页。

④ ［美］盖伊·彼得斯：《政治制度：旧与新》，载［美］罗伯特·古丁、［美］汉斯－迪特尔·克林格曼主编：《政治科学新手册》上册，钟开斌等译，303~324 页，北京，生活·读书·新知三联书店，2006。

⑤ Vivien Schmidt. Institutionalism. In: Colin Hay, Michael Lister, David Marsh, ed. The State: Theories and Issues. Basingstoke: Palgrave Macmillan, 2006, 116.

⑥ Peter, Hall A., Taylor, Rosemary C.R. 1996. 社会学制度主义的这一立场也遭到了人们的批评，以致有人惊呼：如果制度"意味着任何事情，那么它就意味着什么也不是"。

思　考　题

1. 什么是政治制度？
2. 比较旧制度主义和新制度主义的异同。
3. 理性选择制度主义的基本理论预设是什么？
4. 历史制度主义和理性选择制度主义的分歧何在？
5. 什么是路径依赖？中国的渐进式改革是不是路径依赖？

进一步阅读指南：

- [瑞典]鲍·罗斯坦：《政治制度：综述》，载[美]罗伯特·古丁、[美]汉斯－迪特尔·克林格曼主编：《政治科学新手册》上册，钟开斌等译，197-245页，北京，生活·读书·新知三联书店，2006。

- 何俊志、任军锋、朱德米编译：《新制度主义政治学译文精选》，天津，天津人民出版社，2007。

- 何俊志：《历史制度主义》，上海，复旦大学出版社，2005。

- [美]马克·利希巴赫、[美]阿兰·朱克曼：《比较政治：理性、文化和结构》，褚建国等译，北京，中国人民大学出版社，2008。

- R. A. W. Rhodes. Old Institutionalisms. In: R. A. W. Rhodes, S. Binder, B. Rockman, ed. The Oxford Handbook of Political Institutions. Oxford: Oxford University Press, 2006, 90~118.

- B. Guy Peters. Institutional Theory in Political Science: The "New Institutionalism". London and New York: Willington House, 1999.

- Vivien Lowndes, Mark Roberts. Why Institutions Matter: The New Institutionalism in Political Science. Hampshire: Palgrave Macmillan, 2013.

- Kenneth A. Shepsle, Mark S. Bonchek. Analyzing Politics: Rationality, Behavior, and Institutions. New York: W. W. Norton, 1997.

- Jeremy Waldron, Political Political Theory: Essays on Institutions. Cambridge, Massachusetts: Harvard University Press, 2016.

CHAPTER 2
第二章

现代政治制度的建构原则

本章重点：

➢ 合宪性原则：合宪性原则主张以具体的宪法规范来规范政府的组成及权力的行使，建构一个有限政府，以保障人民的基本权利的一种政治理念。它包含三个方面的基本内容：个人权利的优先性、"有限政府"、权力的分立与制衡。

➢ 民主原则：民主理想本身体现了人类对于平等价值的不懈追求，在现代社会，这一理想具体体现为人民主权原则和代议制原则。前者解决的是权力的来源问题，后者解决的则是人民主权在现代社会条件下的具体实现形式问题。

➢ 法治原则：从历史的经验看，法治的原则起码应该包含以下三个方面的要求——法治而非人治、政府应接受法律的约束、法律的形式合法性。

政治制度可以按照不同的原则来加以建构，如果我们稍具历史常识或对人类学的研究略有涉猎的话就会发现，古往今来在世界不同的地方无论是生活习俗还是政治制度都千差万别，在这千差万别的表现形态背后又蕴涵着迥异的组织原则。在此，我们不可能像历史学家或人类学家那样对它们进行"深描"，而只能就当今世界占主流地位的现代政治制度及其构建原则作一个粗浅的描述。就现代政治制度而言，其构建原则主要有三个：合宪性原则、民主原则和法治原则。

第一节　合宪性原则

在过去几十年里，世界不同地区相当数量的国家尽管各自条件极为迥异，却不约而同地选择了立宪作为他们摆脱各自困境的方式。如拉丁美洲的阿根廷、巴西、巴拉圭和乌拉圭，欧洲南部的葡萄牙、西班牙和希腊，南非、俄罗斯以及中欧、东欧的前社会主义国家，这些国家都将宪政作为设定他们未来经济、社会、文化和政治发展框架的基本目标。

　　何谓合宪性原则？简单地讲，就是主张以具体的宪法规范来规范政府的组成及权力的行使，建构一个有限政府，以保障人民的基本权利的一种政治理念。[①] 需要注意的是，在西方语境中，"宪法"一词虽非新创，但古今用法有别。在古代，宪法一词指法律所调整后的状态；而在现代，宪法一词则转而指向调整此状态的规范本身。现代宪法专指借助法律文件的形式，通过系统而详尽的要求，规定国家权力应该如何建立和行使。[②] 合宪性原则的核心是保障个人权利，为此，它确立了个人权利的优先性，并将"有限政府"作为自己的目标。为了实现这一目标，它又发展出权力的分立与制衡原则。

一、有限政府原则（limited government）

　　我们只要翻开《中华人民共和国宪法》就会发现，我国宪法的基本结构是"序言、总纲——公民的基本权利和义务——国家机构——国旗、国徽、首都"。将"公民的权利和义务"放在"国家机构"之前，这其实也是各国宪法的通例。[③] 将"公民权利"置于"国家机构"之前，其背后的理念是"公民权利"优先于"国家权力"，也先于法律甚至宪法。不管宪法或法律是否承认人民拥有某些权利，人民都天然地拥有某些不可让渡的权利。之所以要做这样的假定，是因为如果认为法律先于权利的话，将在实践上产生非常严重的后果。如果法律能赋予公民以权利的话，那它也随时可以剥夺这些权利。第二次世界大战中，德国法西斯屠杀犹太人的罪行就是以国家法律的形式来执行的，希特勒通过立法剥夺了犹太人的生命权。殷鉴不远，二战的惨痛教训提醒世人，必须假定权利先于宪法和法律，权利既不是社会赠予的也不是政府赠予的，它们是每个人所固有的；权利既不是由宪法授予的，也不是源于宪法，它们先于宪法。[④] 宪法和法律只能"发现"人民本来就具有的各种自然权利，而不能无中生有地"创造"出各种权利，并将其赋予人民。据此，"基本权利在国家和社会之间划出界限。从国家的角度看，这些界限就是其行为的框架；从社会角度观察，它们就是防御权"。[⑤]

　　合宪性原则最核心的观念就是政府的强制性权力应该受到约束，[⑥] 它认为政府的存在是为了保障人民的权利，人民的权利就是政府权力的界限所在；鉴于强制性权力本身所具有的扩张性，必须对政府权力进行约束，而约束的手段就是宪法，通过宪法来确认人民权利的优先性，划定政府权力的边界。故此，孙中山先生才将宪法称为"人

---

① ［美］阿兰·S. 罗森鲍姆：《宪政的哲学之维》，郑戈、刘茂林译，5 页，北京，生活·读书·新知三联书店，2001。
② ［德］格林：《现代宪法的诞生、运作和前景》，刘刚译，59~60 页，北京，法律出版社，2010。
③ 在世界历史上的第一部成文宪法——美国宪法——中没有关于公民基本权利的条款，而是通过宪法修正案的形式来完成对公民权利的确认。
④ ［美］路易斯·亨金：《宪政与人权》，载［美］路易斯·亨金编，《宪政与权利》，郑戈等译，509~525 页，北京，生活·读书·新知三联书店，1996。
⑤ ［德］格林：《现代宪法的诞生、运作和前景》，刘刚译，71 页，北京，法律出版社，2010。
⑥ ［美］斯科特·戈登：《控制国家——西方宪政的历史》，应奇等译，5 页，南京，江苏人民出版社，2001。

民权利之保障书"。

众所周知，保障个人权利、建立有限政府的观念是相当晚近才兴起的。正如贝拉米所指出的那样，合宪性原则在这种意义上来说是对现代性两种条件的回应：第一，在代表中世纪社会特点的世俗权威与教会权威的平衡被打破之后，接下来所出现的一元君主统治的国家权力；第二，人人生而自由的理念，在这里个人对义务的承担是基于其利益而非其他。在16、17世纪现代世界的形成过程中，当基督教—封建秩序瓦解后，人不得不自己创造出一种秩序来。[①] 这种新的秩序观在理论上的表现形态就是社会契约论，洛克在其社会契约论中非常明确地提出了有限政府的主张。

在《政府论》下篇中，洛克论证道，在组成政治社会和政府之前的自然状态下，人人享有根据自然法而来的自然权利——生命权、自由权和财产权，人类天生都是自由、平等和独立的，如不得本人的同意，不能把任何人置于这种状态之外，使之受制于另一个人的政治权力。但是，在自然状态之下，这些自然的权利是不稳定、不安全的。因此，人还有另外一项权利，即自然法的执行权，当他们认为自己的自然权利遭到侵犯时，他们可以启用这项权利来为自己讨回公道。由于自然状态中缺乏共同的权威来保障自然法的有效执行，因此，为了有效地保护他们的自然权利，人们通过协议联合组成国家，将自己置身于政府之下，甘愿放弃自然状态中由每个人自己亲自行使的审判与惩罚的权利，将其交给他们中间被指定的人来专门加以行使，以便安稳地享受他们的财产，并且有更大的保障来防止共同体以外任何人的侵犯，以谋求他们彼此间的舒适、安全和和平的生活。[②]

在此，国家或政治共同体建立的基础是人民的同意，而且，其存在的目的是为了保护人民的自然权利。基于此，洛克提出了有限政府的观念，他认为政府的权力来自于人民的同意与信托，人们交出自己一部分的权利，组成政治共同体。换言之，政府手中的权力是人民有条件地"借"给政府的，这个条件就是有效地保护人民的自然权利，如果政府做不到这一点，人民随时有权将其收回。而且，人民"借"给政府的权力只是人民所享有的自然权利的一部分（即审判和惩罚的权利，或者叫自然法的执行权），而不是全部，生命权、自由权和财产权仍在人民自己手中，这就是政府权力的界限。

1776年7月4日美国大陆会议通过的《独立宣言》即直接引述洛克的自然权利、社会契约论以及有限政府的观点，宣称"我们认为这些真理是不言而喻的：人人生而平等，他们都从他们的造物主那里被赋予了某些不可转让的权利，其中包括生命权、自由权和追求幸福的权利。为了保障这些权利，所以才在人们中间成立政府。而政府的正当权力，则系得自被统治者的同意。如果遇有任何一种形式的政府变成损害这些目的的，那么，人民就有权利来改变它或废除它，以建立新的政府。"[③]

---

① Bellamy, Richard. Constitutionalism, Democracy and Sovereignty: American and European Perspectives. Aldershot: Avebury, 1996.

② [英] 洛克：《政府论》（下篇），瞿菊农、叶启芳译，第8、9章，北京，商务印书馆，1964。

③ 董云虎、刘武萍编：《世界人权约法总览》，272页，成都，四川人民出版社，1990。

二、权力分立与制衡

合宪性原则的终极价值在于保障人权，为了实现这一价值，就要求在制度上对政府权力的行使进行控制，而控制的方式就是分权。1789 年法国《人权宣言》第 16 条称："国家若不保障人民的权利，并没有采用权力分立的制度，可以视为没有宪法"。但政治思想家们最初在思考这一问题时，首先想到的是所谓"纯粹分权"的制度设计，先思考国家有哪些职能，再将这些职能划分给不同的部门，政府的每个部门仅限于行使自己的职能，不允许侵蚀其他部门的职能。但是，这种"铁路警察，各管一段"式的纯粹分权在现实社会中是无法有效运作的。因此，后来的思想家们又对之进行了修正，导入了制衡的观念，从而形成完整的分权制衡理论。[①] 作为现代合宪性原则核心的分权制衡原则其实包括两个部分：权力分立(separation of powers)和相互制衡(check and balance)。

从理论上讲，权力分立与相互制衡这两个要素之间有四种可能的组合关系：一、既不分权又不制衡，传统的君主专制政体和极权主义政体是其典型；二、分权但不制衡，如现代国家中司法权内部，高度分权但却各自独立；三、既分权又制衡，现代民主宪政国家多采此制；四、不分权但制衡，即政府权力尚未分割，但却有来自外部的制衡，例如 1215 年英国贵族迫使英王约翰签订《大宪章》。[②]

尽管人们常常将权力分立思想追溯到亚里士多德，认为从他的政体理论中演化出的政府职能的思想和混合均衡政体理论是后世分权学说的关键要素。但是，严格来讲，其思想与近代为达成"有限政府"的目标而发展出的权力分立与制衡理论还是有很大的差别。现代分权学说产生于 17 世纪的英国，它作为一种融贯的政府理论被称为是"自由和优良政体的重大秘密"。[③] 系统阐述现代分权学说的重要理论家是洛克和孟德斯鸠。

洛克在《政府论》下篇中提出了权力分立的思想。他认为国家的权力可以分为立法权和执行权（含对外权，或译外交权）。我们马上会注意到，洛克的分权不是我们今天所熟悉的立法、行政和司法这三权的分立，而是两权分立。之所以如此，是因为洛克写作的年代是正在确立立法部门在国内事务上拥有至高无上地位的年代。而且，洛克明确意识到，内部事务和外部事务的性质是非常不同的，政府在对外事务上不是在"执行"，不是在"实施"法律，而是在行使一种相当不同的职能。[④]

洛克坚定地认为，立法权体现人民的共同意志，是国家的灵魂，是政府中的最高权力，其地位优先于执行权。可见，洛克并未如后世那样将它们视为具有同等地位的权力，也不认为它们之间应该相互制衡。但是，他确实主张立法权和执行权应该由不同的人来掌握。其原因是，"如果同一批人同时拥有制定和执行法律的权力，这就会给人们的弱点以绝大诱惑，使他们动辄要攫取权力，借以使他们自己免于服从他们所

---

① M. J. C. [英] 维尔：《宪政与分权》，12~13，17 页，苏力译，北京，生活·读书·新知三联书店，1997。
② 任德厚：《比较宪法与政府》，107~109 页，台北，三民书局，2002。
③ M. J. C. [英] 维尔：《宪政与分权》，3 页，苏力译，北京，生活·读书·新知三联书店，1997。
④ M. J. C. [英] 维尔：《宪政与分权》，56 页，苏力译，北京，生活·读书·新知三联书店，1997。

制定的法律，并且在制定和执行法律时，使法律适合于他们自己的私人利益，因而他们就与社会的其余成员有不相同的利益，违反了社会和政府的目的"。① 正如维尔所评述的，"就权力分立学说的精髓而言，恐怕没有什么比这更明确的陈述了"。②

但现代分权理论最完整的表述却是在孟德斯鸠手上完成的。在洛克提出分权理论的 50 余年后，孟德斯鸠提出了三权分立理论。他的分权学说基于一种相当灰暗的关于人性的观点，他认为人有一种趋恶的普遍趋势，这种趋势体现在自私、骄傲、嫉妒和对权力的追求上。在政治上，这会产生严重的后果：每一个拥有权力的人都容易滥用权力。但是，这种滥用权力的倾向却可以通过政府的政制和法律来加以节制。他发现制度安排对保障英国人的自由具有关键作用，各项政府的权力不集中于同一人手上，自由就有保障，"为了防止权力滥用，就必须以权力约束权力"。③ 基于此，他提出了著名的行政权、立法权与司法权分立且相互制衡的"三权分立"学说。

在《论法的精神》第十一章第六节中，孟德斯鸠系统地阐述了其分权学说，其理论重心主要有二：第一，将洛克的"两权"扩充为"三权"。孟德斯鸠在分析英国政治制度时指出："任何一个政府都有三种权力：立法权、取决于国际法事务的执行权、以及取决于民事法律事务的执行权"。表面上看来，孟德斯鸠重述了洛克关于政府职能的分类与用语，但他对人们所熟悉的 17 世纪术语（立法权和执行权）的采用只是暂时的，他随即重新界定了这些术语。孟德斯鸠指出，执行权这个术语仅涵盖执政者宣布战争与和平、派遣和接受大使、建立公共安全以及防止入侵的职能，亦即将执行权限于对外事务。换言之，他把洛克的"外交权"解读为执行权，而将行政权涵盖了内政事务。最重要的是，他将第三种权力——即惩罚罪犯或解决个人间纠纷的权力——称之为"裁判权"（power of judging）。正如维尔所指出的，孟德斯鸠对"裁判权"的讨论显示出他最伟大的意义，他将裁判权作为与政府其他两种职能同等的职能，并因此相当坚定地确立了立法、执行和司法的三位一体。这样，孟德斯鸠就完成了政治术语从古代到现代的转换。更为重要的事实是，他将裁判权从立法机构中的贵族部分中分离出来，并毫不含糊地将其授予国家的一般法院。④

第二，孟德斯鸠虽主张三权分立，而且强调各部门的人事不能重叠，但他并不主张"纯粹的权力分立"，而是进一步将权力分立的原则与混合政体以及制衡的思想相结合起来。而且，他在理论上比消极的制衡说走得更远，主张积极的制衡，将控制各部门的权力置于这些部门以外的其他部门手中。这一点最充分地体现在他关于行政权与立法权关系的讨论中。⑤ 为了避免立法的集权，孟德斯鸠一方面让行政首长有权对立法机关所通过之法律行使否决权，让行政权有参与立法的机会；另一方面又进一步

① ［英］洛克：《政府论》（下篇），瞿菊农、叶启芳译，第 12 章，北京，商务印书馆，1964。
② M. J. C.［英］维尔：《宪政与分权》，58 页，苏力译，北京，生活·读书·新知三联书店，1997。
③ ［法］孟德斯鸠：《论法的精神》，张雁深译，154 页，北京，商务印书馆，1982。
④ M. J. C.［英］维尔：《宪政与分权》，81 页，苏力译，北京，生活·读书·新知三联书店，1997。
⑤ 值得注意的是，孟德斯鸠并未给予司法部门控制其他部门的权力。他认为法院仅是法律的代言人，它代表每个个人，不代表国家的任何社会力量，不被视为一种制约，也不必对它实施制约。这种见解显然与美国后来司法权的发展有很大的不同。［英］维尔：《宪政与分权》，87 页，1997。

将国会分为两院,其中一院是由人民选举代表组成,另一院是由世袭的贵族组成。此外,为了使立法权能够制约行政权,他认为立法机关有权审查它所制定的法律的实施情况,并具有弹劾的权力。

孟德斯鸠的分权理论包括以下四个要素:一,政府有三个不可或缺且必须履行的职能;二,将政府机构分为行政、立法与司法三个部门;三,三个部门由不同人员所组成,即贯彻"人事分离"(separation of persons)的原则;四,"相互制衡"(checks and balances)原则,也就是说,政府权力不仅必须分属于不同的政府机关,同时,权力之间还要相互监督与牵制(checks)。为了做到这一点,在分散政府权力时,必须注意权力彼此之间在性质与大小上,维持一种相对平衡(balances)的状态。权力如果失衡,权力较弱的政府机关势难监督与牵制权力较大的政府机关。简言之,"分权"与"制衡"是孟德斯鸠分权学说的两大内涵,两者互为依赖、互为条件。"分权"的特征在于"分",以限制政府权力,保障人民权利;"制衡"的重点在于"合",以避免国家因分权导致各自为政、分崩离析。

至此,现代权力分立的理论基本趋于完整,通过孟德斯鸠的努力,权力分立理论已不再是一种英国的理论,而是变成了一种关于立宪政府的普适标准。[①] 后来,权力分立原则经由美国建国时期先贤们的诠释,在美国宪法与政治实践中得到落实。

但是,在各国的具体实践中,权力分立与制衡原则的表现形态存在较大差异。如三权分立的具体落实,在中央层面,美国是将行政权归总统、立法权划归参议院与众议院两院、司法权归联邦最高法院;法国是将行政权归总统与总理、立法权归国民议会与参议院、司法权则归宪法委员会与法院。三权之间的相互制衡程度也各有不同。一般而言,在以美国为代表的总统制国家,立法权所通过的法律,行政权可以否决,司法权可以对之进行违宪审查;在以英国为代表的内阁制国家,国会可对内阁提出不信任案,内阁亦可以申请由国家元首解散国会;在以法国为代表的半总统制国家,原则上以内阁制运作为其基础,但总统却享有部分行政权力,而总理又对总统的权力具有某种程度的制衡作用。如果以美国的标准来看,法国的权力分立明显不够。因为参议院权力有限,法国总统主要的担心是来自国民议会的对抗;同时,总统可以发动国会改选。[②] 英国的权力分立就更不明显了,立法和行政之间是融合而不是分立,首相和内阁各部部长均由议员担任。

不过,近年来以美国为代表的分权模式受到学者们的批评。美国宪法学家布鲁斯·阿克曼喊出了"别了,孟德斯鸠"的口号,他直言不讳地指出,权力分立是一个好主意,但是没有理由认为经典作家已经将分权制设计得尽善尽美。如果将美国的分权模式推销到其他的国家,可能会给这些国家带来灾难。阿克曼基于其"二元政治观",以当代德国、加拿大、西班牙、南非、印度等国的经验为基础,提出了一种新分权模式,他将其称之为"有限议会制":一方面,通过公民投票"找回人民"。他认为,与其将

---

① M. J. C. [英]维尔:《宪政与分权》,12~13 页,苏力译,北京,生活·读书·新知三联书店,1997。

② [美]布鲁斯·阿克曼:《别了,孟德斯鸠:新分权的理论与实践》,聂鑫译,21 页,北京,中国政法大学出版社,2016。

立法权划分给众议院、参议院和总统，不如尝试将立法权划分给国会与人民：前者在日常政治中管理政府的日常决定，后者在非常态政治中通过精心构建的分阶段公民投票程序来表达其意志。另一方面，通过宪法审查制衡立法权。设立宪法法院，将人民批准的原则转化为可以运作的现实，防止国会多数对人民主权的侵蚀。[①]

当然，除了三权之间的相互制衡这种制度设计之外，有些国家还采取了很多其他类型分权制衡的制度设计，其中最常见的是第四权的设计。例如，在欧洲国家和一些英联邦国家就建立了监察长制度，在议会下面设置监察使或监察长，对政府官员进行日常性的监督。一旦发现问题，首先给予警告，责令改善；如果不改善的话，可以进一步要求国会弹劾该官员。另外，有些国家还有一些特殊的制度设计，如审计权。印度尼西亚、德国、以色列都设有独立的审计院；美国设有审计总署，负责对政府所有机关进行日常性的监督。据统计，美国审计总署每年平均要花200多天到国会，报告政府各部门的预算执行情况，国会的制衡机制非常依赖审计总署的运作。不仅如此，美国还特别规定审计长任期是15年，要经过四任总统才能任命一位审计长，这种制度设计的目的就是为了保证审计长能维持其独立公正、超越党派利益的立场。当年副总统切尼卷入得州一家公司的丑闻，审计总署要求调查切尼的财务状况，以及他和这家公司的来往状况，遭切尼拒绝，结果审计总署一状告到国会，请国会惩处副总统。

另需注意的是，权力分立与制衡都有狭义与广义之分。狭义的权力分立仅指中央政府层级的权力划分，也就是"水平层面的权力分立"。广义的权力分立除了水平层面的权力分立外，还包括"垂直层面的权力分立"，即中央与地方之间的权限划分；另外，还包括部门内部的分权，如为避免立法权过度集权，将立法机构分为两院行使。当然，两院之间权力的分配可以有不同的配置。在美国和德国，两院之间的权力旗鼓相当；但在英国和加拿大，第二院的权力则非常有限，甚至仅仅是象征性的。

狭义的制衡仅指限于宪法层次的制衡，存在于行政、立法、司法三个部门之间。广义的制衡则不限于宪法层次，而且包括政府部门内部的制衡（如有些国家将立法权区分为两院，形成立法权内部的制衡；半总统制国家的行政权分由总统与总理行使，这也可视为行政权内部的制衡）和社会力量（如媒体和各种社会运动）对政府权力的制衡。

第二节　民　主　原　则

在现代社会，大概没有哪个国家会公然否认民主的价值，即使是菲律宾的马科斯这样的威权主义者也声称，他不是不搞民主，只是条件还不成熟，等条件成熟了，他要建设比西方国家更加民主的政治制度。可以说，20世纪是民主原则大行其道的世纪。但萨托利在《民主新论》中曾提醒我们，"民主"一词在20世纪之前一直都是很负面的形象，直到19世纪末20世纪初，人们对"民主"才开始产生好感。"大约从1945

---

① ［美］布鲁斯·阿克曼：《别了，孟德斯鸠：新分权的理论与实践》，聂鑫译，47~48、74页，北京，中国政法大学出版社，2016。

年以后发生了戏剧性的变化"，民主成了"一个好词、一个受到赞誉的词"，"当然也就成了一个褒义词"。①

　　民主的理想本身则源远流长，起码从古希腊开始，民主就成为人类政治生活的理想之一。民主理想本身体现了人类对于平等价值的不懈追求，在现代社会，这一理想具体体现为人民主权原则和代议制原则。前者解决的是权力的来源问题，后者解决的则是人民主权在现代社会条件下的具体实现形式问题。

一、人民主权原则

　　人民主权是现代政治的一个核心概念，甚至可以说是现代政治的根基。其核心主张是，相对于君主主权论将国家最高统治权归属君主一人所有，人民主权论则强调国家主权应归于全体人民所有，也就是主权在民。尽管这一观念最典型地表现在17世纪以降的社会契约论理论中，但它并非现代的发明，它是中世纪思想遗产的一部分，它首先诞生于教会之中，是一个宗教观念。近代以来，思想家对人民主权观念进行了世俗化改造，这一改造过程沿着两个方向展开，其一是以霍布斯和卢梭为代表，其二是以洛克和美国革命中的联邦党人为代表。通过这种改造，人民主权观念成为现代政治的核心理念。

　　尽管有学者将人民主权的观念追溯到古希腊、罗马时期，② 但本文不采用这一立场，而是主张将其限定在中世纪晚期，特别是11—12世纪，将这一时期基督教思想家关于这一问题的论述作为人民主权观念的真正起源。诚如朱莲·富兰克林所言："从11世纪开始，人民主权的原则作为罗马法的复兴和对古典哲学的经院研究的结果而逐渐被世人所熟知。"③ 在此，富兰克林提请我们注意到人民主权观念兴起的一个重要背景：罗马法的复兴。中世纪的经院哲学家们在援引罗马法的过程中，将《查士丁尼法典》中的格言——"与全体有关者必得全体赞同"（what touches all should be approved by all）——加以创造性解读，使之成为现代人民主权观念的发轫。经院哲学家对罗马法的重新解读还产生了另外一个重要的后果，那就是对法律概念本身的改造，将立法权和人民的意志关联起来。这一点成为现代人民主权观念诞生的重要一环，因为所谓的主权，最核心的成分就是立法权。在中世纪晚期之前，立法权一直都是由上帝垄断的，法律是自然规范或上帝意志在社会习俗中的体现，人（即使贵为王侯）只能发现法律，解释或适用法律，而不能立法。

　　在罗马法的复兴过程中，人民主权原则逐渐为人们所熟悉，但这一过程在中世纪晚期是沿着两个方向展开的：一个方向是世俗的城市—国家（city-state）方向，另一个方向则是教会内部。

　　根据佩里·安德森的考察，在罗马帝国崩溃的废墟上建立起来的西欧封建主义有

① ［美］乔万尼·萨托利：《民主新论》，冯克利、阎克文译，543页，北京，东方出版社，1998。
② ［美］梅莉莎·莱妮：《掌控公职人员的人民主权：亚里士多德论古希腊民主政治》，载［英］理查德·伯克、［英］昆廷·斯金纳主编：《历史视域中的人民主权》，张爽译，54~75页，上海，上海人民出版社，2021。
③ ［美］斯科特·戈登：《控制国家——西方宪政的历史》，应奇等译，362页，南京，江苏人民出版社，2001。

一个结构性的特点：主权的封建分裂化产生了中世纪的西欧城市。这些城市的特点是，它是自治的公社，它是建立在平等者之间相互忠诚的誓约上的联盟，这大约是历史上最接近于正式的"社会契约"的事物之一。① 这种自治的实践其实已经蕴含着人民意志（popular will）和默示同意（tacit consent）的理念。② 城市共和国的实践迫使经院哲学家们对之做出理论上的解释。这其中，帕多瓦的马西略和罗马法学者巴托鲁斯的观点尤为重要。③

马西略在《和平的保卫者》第一部分就讨论了世俗政治权威的来源和本质，强调"人民的同意"是良好统治的基础。受亚里士多德自然主义国家观的影响，马西略的国家观有两点值得注意：一、他认为国家是自然的，有其自身的目的，拥有完全的自主性。自然的国家和超自然的教会是完全分离的两个领域，马西略也无意去弥合二者之间的鸿沟；二、他认为国家是一个公民的集会（congregation of citizens）。这个简单结论蕴含着革命性的内容。一方面，国家完全是由公民所构成，而不管这些公民是否是基督徒，也不管他们是教士还是俗人。这就和传统的观念形成鲜明对照。在传统的观念中，只有虔信的基督徒才有做人的资格，异教徒是没有这个资格的；在虔信的基督徒中又有教士和俗人之分，只有教士才有特殊的品质，并因此而拥有发言权，俗人是没有这个资格的。马西略的公民概念则将这些差别全都抹平了，无论是教士还是普通人，他们作为公民的功能是没有差别的，他们的身份是一样的，每个人都具有同等的价值。据此，民主所要求的量的原则才得以取代传统的质的原则，成为国家的主导原则；另一方面，"人民"或"公民团体"是政治共同体原初的、最高的、也是终极的权威。

至此，人民主权中的"人民"这一元素在马西略这里基本得到解决，但"主权"二字尚未落实。我们知道，近代兴起的"主权"概念中最重要的元素是"立法权"，而不是法律的执行权。在中世纪，立法权是属于上帝的，人（即使贵为王侯）只能发现法律，而不能立法。马西略如何处理这一问题呢？在《和平的保卫者》中，他首先区分了两种基本的法律：神法，由上帝颁布；人法，由人类立法者（human legislator）建立。他认为，人法和神法应该保持一致，并相互强化，人法不应传播任何与上帝意志相违背的内容。这看上去和传统基督教的信条并没有什么差别，但他拒绝了传统基督教信条中的一个重要特征：人法是否与神法发生抵触，应由教士来加以判定。马西略认为，这一权力应该留给信仰者个体。就是这个小小的但书，让马西略在事实上悄悄将立法权从上帝那里转移到人民的手中。因为在他看来，法律是用来规范生活于国家之中的人的，因此，是人自己（即公民）将法律的这种强制性特征灌注于行为的规则之中，法律不仅不是由具有特殊品质的教士们为人民设定的（given），而且也不是由具有特殊品质的官员们为人民设定的，它是由人民自己创造出来的，它来源于人民的意志。而且，这里的人民并不是指某个或某一部分公民，而是公民的全体，公民全

① ［英］佩里·安德森：《从古代到封建主义的过渡》，郭方等译，153~154、204 页，上海，上海人民出版社，2001。
② Ullmann, Walter. Medieval Political Thought. Harmondsworth: Penguin Books Ltd., Repeinted 1979, 161.
③ ［英］昆廷·斯金纳：《近代政治思想的基础》（上、下），奚瑞森、亚方译，107~112 页，北京，商务印书馆，2002。

体就是"人类立法者"。他还补充道：立法者的意志必须由"全体公民大会上发表的言论来表达"，这个大会乃是讨论一切法律和政治事务的最权威的讲坛。[①]

人民主权原则在教会内部的兴起则源于 15 世纪的大公会议运动。大公会议运动是教会内部改革运动，它发端于公元 1378 年西方教会因教宗选举纷争而发生的"教会大分裂"（the Great Schism），罗马和法国阿维尼翁各立教宗，分别是乌尔班六世和克莱蒙七世。当时对于教廷的分裂，基督教内部产生了相互对峙的两派理论：一方认为唯有重振"教皇至上论"（papal supremacy）方能统一教会；而另一方则认为，教宗不但不是解决问题的办法，它就是问题本身，恰恰是因为教宗权力过大才酿成了各不相让的分裂局面，因而主张以"大公会议"作为基督徒普世教会的最高权力机构。

在康斯坦茨会议上，一批来自巴黎大学的宗教学者为大公会议运动提供了理论基础，会议推导出一个结论：由各教区推派代表而组成的"大公会议"是教会中有关教义或其他问题（如分裂、改革事项等）的最高权威机构，明确地将大公会议的权威置于教宗之上，从此，尽管教宗制度仍然存在，教宗虽是教会领袖，却也只是作为整体的教会的一部分，他只是接受宗教会议的"委托"来领导行政，只是"主事者"而非"主权者"。[②] 这一点在实践上其实是剥夺了教宗的立法职能。[③] 正是通过与"全体公民大会"相对应的宗教"大公会议"，马西略的人民主权理论进入教会，形成了大公会议理论这一宗教形态的人民主权理论版本。

随后，在1570—1700 年这 100 多年的时间里，西方思想史上涌现出各式各样相互论争的人民主权理论。其中，霍布斯对宗教形态人民主权理论的世俗化在现代人民主权理论发展过程中作用尤为突出。所谓将人民主权理论世俗化其实是在处理政治权威的最终来源问题上，如何安排上帝、国王和人民三者之间的关系。当我们追溯这一问题在西方政治思想史中的脉络时会发现，它可以有几种不同的排序方式，如图 2-1 所示：

方式1：上帝 ⇨ 国王 ⇨ 人民

方法2：上帝 ⇨ 人民 ⇨ 国王

方式3：人民 ⇨ 国王

图 2-1 上帝、国王和人民三者之间的关系

这三种方式中，第一种和第二种在中世纪时期均已出现，只有第三种是全新的，而这个全新的说法恰好是霍布斯所提出来的。和前面两种方式相比，它起码具有两个特点：一是，上帝隐匿了；二是，上帝隐退后，霍布斯将政治权威的最终来源锚定在"人民"身上。正是人民的同意才是创造一个主权者的唯一基础。但是，霍布斯的人

---

① ［英］昆廷·斯金纳：《近代政治思想的基础》（上、下），奚瑞森、亚方译，107 页，北京，商务印书馆，2002。
② 陈思贤：《西洋政治思想史·中世纪篇》，第 1 章，台北，五南图书出版公司，2004。
③ Ullmann, Walter. Medieval Political Thought. Harmondsworth: Penguin Books Ltd., Repeinted 1979, 222.

民主权理论在霍布斯的整个理论体系中没有占据核心的位置，他只是需要人民主权来赋予君主的主权以合法性。但为了保证君主主权的绝对性，他只能让人民主权方生方死，在完成了合法化的任务之后马上退出舞台。他的这种世俗化版本的人民主权并没有成为民主制度的基石，相反，倒是成为绝对君主制的辩护词。后来卢梭抛弃了霍布斯关于人民的想象，如果说霍布斯是用君主的意志代替人民的意志，以克服从个体意志到集体意志过渡的难题的话，那么，卢梭则是用"共同意志"（general will）这个充满争议的概念来解决这一难题。通过"共同意志"概念，卢梭将人民主权与民主焊接在了一起，使之成为现代民主制度的核心原则。^①和霍布斯不同的是，卢梭认为主权不仅源自人民，而且应该永远属于人民，不因契约之建立而转移到国家或统治者之手。卢梭一方面保留了布丹和霍布斯所赋予主权的核心特征：绝对性、不可分割性和永久性；另一方面，他又将主权的承载者从君主那里转移到了人民的身上。因此，在卢梭看来，"被统治者"即是"统治者"，而不是霍布斯笔下的"臣民"。公民应该主动参与政治，通过共同集会来制定影响集体生活的法律。

　　现代人民主权理论的另外一个思路则是由洛克首先发展出来的。在《政府论》中，洛克所反对的不仅是费尔默的君权神授论，而且包括霍布斯的绝对君主制。洛克同意霍布斯的一个基本观点：所有的政府都是基于人民的同意而建立的，政治社会起源于个人与个人之间订定的契约。但是，他不能同意霍布斯的绝对君权论，因为如果经人民同意而成立的政府的权力不受限制，那社会契约与卖身契何异？在绝对君权下，人民的处境会比在自然状态中更恶劣。^②为了避免霍布斯绝对君权论的问题，洛克改变了霍布斯"人民——国王"的公式，他在中间插入了一个"政治社会"："人民——政治社会——国家（或政府）"。三者之间，每一层都是一种委托的关系，从理论上讲，人民是最终的裁判者。因此，当人民发现立法行为与他们的委托（trust）相抵触时，人民仍然享有最高的权力来罢免或更换立法机关。人民的这种最高权力并不在政府的结构之中，而是一种高居于政府之上的、在日常政治中备而不用的权力，非至政府解体时不能产生并运用，而运用的途径就是反抗与革命。^③这里带来的一个问题是，由于人民的最高权力缺乏制度化的保障和规范，人民的最高权力和立法权这两种最高权力之间的对抗要么导致立法权绝对至上，人民的最高权力根本无法落实；要么以革命的形式来落实人民的最高权力，而导致政体不稳。二者之间缺乏转圜的空间。这一问题洛克本人并没有解决，倒是后来美国的宪政实践为其提出了一个解决方案。

　　在《联邦党人文集》中，麦迪逊等人阐释了一种独特的二元论政治观念：诉诸公共利益的、非常规的公德政治和常规政治。就地位而言，前者高于后者，在《联邦党人文集》的第63篇，麦迪逊以斜体字写道：完全排除人民的集体权能正是常规政治时期美国宪法的标志。^④那么，体现人民主权的公德政治如何获得制度上的保障的呢？

① 谈火生：《民主审议与政治合法性》，第三章，北京，法律出版社，2007。
② [英] 洛克：《政府论》（下篇），瞿菊农、叶启芳译，55~57页，北京，商务印书馆，1964。
③ [英] 洛克：《政府论》（下篇），瞿菊农、叶启芳译，第13章、第19章，北京，商务印书馆，1964。
④ [美] 布鲁斯·阿克曼：《新联邦主义？》，载 [美] 埃尔斯特、[挪] 斯莱格斯塔德编：《宪政与民主》，潘勤等译，173~223页，北京，生活·读书·新知三联书店，1997。

这要得益于美国宪法，它被认为是人民意志的体现。但对宪法的保障却不是诉诸人民，而是诉诸司法审查，诉诸法官，特别是最高法院的大法官的推理理性来制度化地保障人民主权，这的确是美国宪法实践的一项独特创造。作为被授权的权威（delegated authority）之一的司法权被赋予了在正常的民主政治过程中判断宪法以及人民意志之真义的机构，美国宪政共和主义这种司法至上的制度创新是否有违人民主权的基本原则？这在美国语境中一直是争论不休的话题，所谓"反多数难题"即对此而发。可见，人民主权原则在政治实践中究竟如何落实，仍是一个悬而未决的问题，近年来，美国法学家阿克曼提出的"二元民主"设想和德国思想家哈贝马斯对"人权和人民主权"问题的分梳，均是试图解开这一难题的努力。[①]

二、代议制原则

前面我们已经简单地提到了人民主权和议会主权之间的紧张，在此，我们需要进一步追溯这种紧张关系的起源，即为什么在现代社会需要通过议会这种方式来落实人民主权？这主要是由于现代民族国家这种新的国家形态所致。我们知道，在欧洲国家的发展演变过程中，先后经历了城邦国家、帝国、封建国家、等级君主制国家、绝对君主制国家和现代民族国家等不同的国家形态。自 18 世纪左右现代民族国家这种新的国家形态在西欧产生之后，它就随着殖民主义的扩张在全世界范围内蔓延开来，经过两次世界大战，现在全世界近 200 个国家几乎全部被卷入民族国家的体系之中。在西方列强的强势作用下，其他的国家形态要么被消灭，要么实现转型，将自身也变成民族国家。

从西欧历史上来讲，民族国家和此前的封建国家乃至绝对君主制国家最大的区别在于：一是公民直接面对国家权力，各种中间层次（各级诸侯、领主）被取消；二是承认人民是权力的最终来源；三是国家的规模急剧扩张。正是这三个特点导致了代议制原则的产生。在绝对君主制之前，哪怕贵为君主，也没有立法的权力，自然更不需要什么代议；在绝对君主制时期，立法权从上帝那里转移到了君主的身上，也不需要代议；只有到了民族国家时期，以立法权为核心的主权从君主那里转移到人民身上，而且由于国家规模的扩张，卢梭式的由人民直接行使主权的设想已然不可能，这时代议制原则才成为现代民主不可或缺的载体和形式。

在西方政治思想史上，第一次明确地阐明代议制原则的是约翰·密尔。在《论代议制政府》第三章中，尽管密尔坚守"人民主权"的原则，明确宣称人民的直接参与是最理想的政府形式："能够充分满足社会所有要求的唯一政府是全体人民参加的政府；任何参加，即使是参加最小的公共职务也是有益的……只有容许所有的人在国家主权中都有一份才是终究可以想望的。"但是，密尔又指出，人民主权原则肯定的只是一种根本性的权利，它并不能简单地被认为是全体公民在任何时候都直接地参与到

---

① ［美］布鲁斯·阿克曼：《我们人民：宪法变革的原动力》，孙文恺译，北京，法律出版社，2003；［德］于尔根·哈贝马斯：《在事实与规范之间》，童世骏译，北京，生活·读书·新知三联书店，2003。

政府的活动中。民主的实现还需要一个中介，那就是代议制。原因有二：其一，规模问题，因为"在面积和人口超过一个小市镇的社会里除公共事务的某些极次要的部分外，所有的人亲自参加公共事务是不可能的"；其二，现代社会的复杂性和人与人智力上的差别。密尔认为，发达的智力是政府管理有方的必要条件，但由于现代社会的复杂性，要求每个人都具备丰富的知识，都对社会问题有充分的理解能力，这既不可能，也没有必要。政治问题应该交给那些受过教育的少数人来处理，对一般人来说，只要他们具备一定的判断能力，能明智地评价更高的才智就足够了。因此，"选民应该选择比他们自己更有智慧的人作他们的代表，并且应该同意按照那个较高智慧来统治自己"。据此，密尔认为，关于代表制的正确理解应该是人民选择他们的领导者，而不是由他们自己事无巨细地亲自处理公共事务、判断公共问题。"一个完善政府的理想类型一定是代议制政府"，"全体人民或一大部分人民通过由他们定期选出的代表行使最后的控制权，这种权力在每一种政体都必定存在于某个地方，他们必须完全握有这个最后的权力"。①

一般认为，和直接民主制相比较而言，基于代议制原则建立起来的代议民主制起码有两个明显的优点：

第一，它可以克服由于规模而导致的民主参与难题。在西方政治思想史上，一直到 18 世纪末，政治学家们对"大国是否适宜于民主政治"这一问题几乎都给予了否定的回答。卢梭就认为，公民有效地参与决策的机会总是和规模成反比变化：公民的数量越大，其所享有的决策权就越小。平等、参与、对政府的有效控制、政治合理性、友谊、公民之间的同质性都会随国家人口的增加和地域的扩大而降低。② 孟德斯鸠也说："小国宜于共和政体，中等国宜于由君主治理，大帝国宜于由专制君主治理。"③ 但是，美国的创立在实践上反驳了古典民主的观念，第一次在一个大国实行了民主制度。

第二，它有助于克服直接民主所可能包含的非理性成分。在直接民主制之下，总有这样一种危险：最有智慧和能力的人会湮灭在多数人的无知、无能和缺乏经验的阴影中，④ 这就是密尔所担心的由民主所带来的"集体平庸"。密尔在《论自由》中指出，没有任何一个民主的政府能避免平庸，除非拥有主权的多数人由有教养、有天分的少数人来引导。集体平庸所造成的危害包括：一、多数意见的认同压力会对自由造成危害；二、多数意见的认同压力威胁到人的原创性和生活方式的多样性，并进而威胁到民主制度本身；三、较低的知识水准和兴趣会淘汰对真理的追求，从而导致思想的停滞。在商业主义和大众传媒主导的现代社会，集体平庸会借助这些力量而大行其道。基于这种担心，密尔主张用代议民主来消解集体平庸的危害，让人民"通过由他们定期选出的代表来行使最后的控制权"。麦迪逊也认为，通过代议制的运作，大众的观

---

① ［英］J. S. 密尔：《论代议制政府》，汪瑄译，55、181、68 页，北京，商务印书馆，1997。
② ［法］卢梭：《社会契约论》，何兆武译，第一卷第 5 章，第二卷第 9、10 章，第三卷第 1、3、4、13 章等处，北京，商务印书馆，2003。
③ ［法］孟德斯鸠：《论法的精神》，张雁深译，126 页，北京，商务印书馆，1982。
④ ［美］戴维·赫尔德：《民主的模式》，燕继荣等译，135 页，北京，中央编译出版社，1998。

点可以得到"升华和扩展",选举本身迫使公共问题得以澄清,而那些通过选举当选的少数人可能比其他人更胜任其职,并有能力"辨别国家的真正利益所在"。①

尽管在 1990 年代以后,西方学界重新燃起对直接民主的热情,批评代议民主制度,但新兴的"协商民主理论"(deliberative democracy)并未否认代议原则本身,它只是指出了代议民主制度所存在的不足,并试图在代议制框架中扩大协商民主的分量,以此完善民主制度。

第三节 法 治 原 则

"法治"一词在中文中最早见于先秦诸子文献,在《管子·明法》中即有"以法治国,则举措而已"的表述,《韩非子·心度》亦云:"治民无常,唯治为法"。但中文古典文献中的"法治"一词的含义和它所对应的英文"rule of law"还是有所差别的,尽管它们都有作为一种治国方略或社会控制方式的含义,但中文的"法治"观念更接近于英文的"rule by law"(以法统治)。可以说,这种思考一直影响到我们现在对"法治"的理解。

"法治"(rule of law)一词在西方的出现则要晚得多,据考证,17 世纪的英国共和主义者詹姆斯·哈灵顿在其名著《大洋国》中第一次使用"法治"一词。当然,法治观念的诞生则远早于此,古希腊的政治哲学就已经提出了以法律至上来对抗个人意志的任意性。② 更有学者指出,探讨近代西方的制度性法治时,法律理论家"几乎不可避免地都回头求助亚里士多德在《政治学》中的著名论断"。③ 但值得注意的是,在中世纪的绝大部分时间里,希腊思想在西方完全不为人知,直到 12 至 13 世纪重新被宗教学者们发现,才得以重见光明。因此,"法治"思想作为一个连续性传统其实是植根于希腊黄金时代之后的那 1000 年里。④ 换句话说,"法治"思想的真正源头其实是在中世纪。

一、法治原则的渊源

塔马纳(Brian Z. Tamanaha)认为,在整个中世纪,法治传统是以一种缓慢而无规划的方式逐渐形成的,我们很难找到一个确切的起点,也没有单一的源头,但起码有三个因素为法治传统的形成做出了贡献:王权教权之争、日耳曼习惯法和《大宪章》。⑤

从公元 11 世纪开始的王权教权之争是我们理解西方政治、法律发展的一个必不可少的维度。在王权教权之争的背景下,教俗两种权力只有通过对法治的共同承认,

---

① [美]戴维·赫尔德:《民主的模式》,燕继荣等译,117 页,北京,中央编译出版社,1998。
② [瑞士]丽狄娅·芭斯塔·弗莱纳:《法治在西方主要法律传统中的历史发展》,载夏勇、李林主编:《法治与 21 世纪》,3~19 页,北京,社会科学文献出版社,2004。
③ 高道蕴:《中国早期的法治思想?》,载高道蕴、高鸿钧、贺卫方编:《美国学者论中国法律》,227 页,北京,中国政法大学出版社,1994。
④ Brian Z. Tamanaha. On the Rule of Law: History, Politics, Theory. Cambridge: Cambridge University Press, 2004, 7.
⑤ Ibid. 15~31.

即承认法律高于它们两者，才能够和平共处。这一方面体现为，在教会体系内部存在对教皇权力的所谓"宪法性限制"，使即便是崇尚权力的教皇英诺森四世也不得不承认，如果教皇的命令包含着有损教会的不公正的内容，便可以不服从教皇。

另一方面，它也在世俗领域确认了王权应服从法律的原则，因为法律乃是上帝意志的体现。基督教广泛运用的"灵魂与身体"的隐喻促进了法治原则的形成。正如著名的中世纪专家乌尔曼所指出的那样，"尽管各种法律的表述不同，但它们都体现着正义的观念……在这个隐喻中，'灵魂'象征着正义的观念。毫无疑问，这就是中世纪的'法治'观念，它表现在法律的崇高性观念之中"。[①] 在基督教思想支配的中世纪，人们逐渐把法律当成信仰的精髓。公元 1220 年左右，德意志第一部法律著作《萨克森明镜》一书的作者即指出："上帝自身即是法律，故法律为上帝所钟爱。"[②] 这样，社会由体现着基督教正义的法律所统治，君主作为基督徒，他要和其他人一样服从法律。从罗马法中继承而来的绝对君主模式就这样被转化为一种新的形态：法律之下的君主。

而且，这一原则通过政治实践不断得到强化。如加冕礼仪式就强化了权力应臣服于法律的观念。加冕礼是中世纪王权获得自身合法性的一项重要程序，而加冕礼的一个重要组成部分就是起誓。在起誓的仪式中，国王要明确地承诺，遵守神圣的法律和世俗的法律。即使是绝对君主制的代表路易十四，他在 1667 年举行的仪式上也发誓道："请不要这样讲，说主权者不服从其国家的法律……一个王国要想走向繁荣富强，就必须是臣民服从国王，而国王服从法律"。塔马纳提醒我们，千万不要低估了这些不断重复的誓言和自愿的确认所具有的重要意义。君主们一次又一次地确认他们是受法律（不管是习惯法、实证法、自然法还是神法）约束的。

在中世纪时期，大量的法律是习惯法，而不是成文法或制定法。其中，日耳曼习惯法的影响尤其巨大，所谓"王在法下"的主张就来源于日耳曼习惯法，它是"法治"原则的一个独立渊源。"按照日耳曼的政治观念，国家的目的就是确定、维持和保存依据古老而良好的法律建立起来的现存秩序"，[③] 国王是法律的守护者，他无权创造新的法律，如果哪个国王胆敢声称他创造了某部法律，那无疑是亵渎神明。日耳曼习惯法中的这种法律观后来和基督教的"法律即正义"观念融合在一起，将法律和道德打成一片。另外，日耳曼习惯法中还有一个对法治原则的形成助益颇大的遗产，那就是"抵抗的权利"。它认为，任何一个国王，如果他破坏了法律，就应该遭到人民的遗弃。这种观念贯穿于封建体系的各种社会关系之中，国王必须遵守各种封建义务和契约，后来的《大宪章》就是封建贵族们依据这一原则强迫国王签订的。

1215 年在泰晤士河畔签订的《大宪章》无疑是法治思想史上一个宏伟的篇章，英国 17 世纪最著名的法学家科克曾将其视为"反抗任意性权力的象征"。其重要之处在于，它将"王在法下"的信念凝聚成了具体的法治原则和规则，为公民反抗国王的任

---

① Ullmann, Walter. A History of Political Thought: The Meddle Ages. NY: Penguin, 1965, 103.

② [美]哈罗德·J. 伯尔曼:《法律与革命》, 贺卫方等译, 628 页, 北京, 中国大百科全书出版社, 1993。

③ Kern, Frits. Kingship and Law in the Middle Ages. NY: Harper Torchbook, 1956, 71.

意性权力奠定了制度性基础。如《大宪章》第 39 款规定："任何自由民都不受逮捕、监禁、没收财产、褫夺公权、放逐或任何方式的伤害，……除非那么做是按照与他地位相等的人的合法判决或按照国家法律"。在此，《大宪章》确认了判决必须建立在普通法的基础上，而不是国王的欲望基础上。它以法律的语言规定了政府与人民之间的关系，后来一再为法学家和政治学家们所引用，不仅在理论上，而且在实践中促进了法治原则的形成和发展。在以后的历史中，通过对《大宪章》条款的重新阐释，人们改变了这一法律文件的封建性质，使之成为现代宪政和法治之"母"。例如，第 39 款中的"任何自由民"所蕴涵的"机会平等原则"，在随后的几个世纪被解释为所有公民，而不是像《大宪章》中那样仅仅局限于贵族。①

二、法治的含义

相较于法治传统生成与发展的波澜壮阔的画面，理论家们对法治的解释未免有些令人沮丧。由于法治内涵的丰富性和复杂性，不同的学者有不同的解说。就法治理论而言，19 世纪的英国法学家戴雪（A. V. Dicey）通常被视为近代西方法治理论的奠基人，他第一次比较全面地阐述了法治概念。在《英宪精义》（1885 年）中，他指出：构成宪法基本原则的所谓"法治"有三层涵义，或者说可以从三个不同的角度来观察。首先，法治意味着法律具有至高无上或居于主导地位的权威，它排除政府方面的专擅、特权乃至宽泛的自由裁量权的存在；其次，法治意味着法律面前的平等，或者，意味着所有的阶层平等地服从由普通法院实施的国家一般法律；最后，权力不是建立在抽象的宪法性文件之上，而是建立在法院做出的实际判决上。②

戴雪对法治概念的阐释影响深远，被称为是"最为著名的'法治'概念"。但是，由于其明显的英国法特点，其普适性也遭到了各方的质疑。如昂格尔就只同意戴雪的前两层意思，认为第三层意思只是英国政治史和近代自然权利理论的产物，不宜作为法治定义的组成部分。③但戴雪所提出的经典法治概念及其所激发出来的往返辩难，确实引导人们努力寻求更为确定、更具普适性的法治概念。

其后，富勒（Lon L. Fuller）在《法律之德》一书里把法律之德区分为内在之德和外在之德，认为法治是法律内在之德的一部分。在他看来，具备法治品德的法律制度由八个要素构成：普遍性、公布或公开、可预期、明确、无内在矛盾、可循性（conformability）、稳定性、同一性（congruence）。这八项要求表述了法治的两个基本原则，一是必须要有规则；二是规则必须能够被遵循。富勒的重心放在后者上面，而为了能够被遵循，法律必须具有某些特征。富勒的后七项要求表述了符合法治要求的法律所必须具备的两个特征："可知性"（know-ability）和"可用性"（perform-ability）。

①　[瑞士] 丽狄娅·芭斯塔·弗莱纳：《法治在西方主要法律传统中的历史发展》，载夏勇、李林主编：《法治与 21 世纪》，3-19 页，北京，社会科学文献出版社，2004。
②　[英] 罗杰·科特威尔：《法律社会学导论》，潘大松等译，184 页，北京，华夏出版社，1989。
③　[美] R. M. 昂格尔：《现代社会中的法律》，吴玉章、周汉华译，第二章，注释 11，北京，中国政法大学出版社，1995。

为了让规则的接收者知道他们被命令去做什么，命令必须是公开的、不矛盾的、清楚得足以明白的，而且不能改变过快；为了规则的接收者去做他们被命令去做的事情，命令必须是可预期的（不溯及既往）、不相矛盾的，并且对被命令的人来讲是可能遵循的，无论是在物理上、精神上，还是在环境条件上。[①] 富勒对法治含义的归纳方式可能是现代法学家在理解法治时的一种最典型的方式，后来拉兹（Joseph Raz）和菲尼斯（John Finnis）等人的论述，尽管在法治的具体构成要素上和富勒有所不同，但思考的路径并无实质性的差别，他们都把法治作为法律制度的一种特定品德，而且，他们对这种品德的把握有着相当程度的一致。

但是，仔细思之，他们所归纳的这些要素基本上是形式上的要求，似不足以涵括法治的丰富内涵。当然，这样讲并不是要否定这些思想家，他们的总结其实是很有意义的，但他们的理论前提是，在法治已然确立的条件下，如何使之更加完善。因此，他们的思考便自然主要集中在法治的形式要素上。但对于我们而言，仅此是不够的。从历史的经验看，法治的原则起码应该包含以下三个方面的要求：

第一，法治而非人治（rule of law, not man）。在我们以往的政治话语中，我们通常使用的词汇是"法制"，而不是"法治"。"法治"一词第一次明确地出现在中央文件中是 1979 年《中共中央关于坚决保证刑法、刑事诉讼法切实实施的指示》。此后，"法治"一词的使用日见频繁，这一词语使用上的转换也标志着我们认识上的提高：要从一般性地要求"加强法制"到要求告别人治。

我们常常将"法治"和"人治"进行对照：法治体现的是理性，而人治体现的则是各种激情；法治是非任意的，而人治所遵循的则是人的任意的意志；法治是客观的，而人治则是主观的。这些对比的背后所体现的观念是，在法治之下，任何个人所服从的都不是他人不可预测的、反复无常的行为，无论这个"他人"是君主、法官、政府官员还是普通公民。法治可以为我们建起一道防火墙，据此，我们可以抵御人性的各种弱点——偏见、无知、贪婪、错误和无根的幻觉——可能对我们造成的侵袭。在这个意义上，法治的前提是对他人的不信任。[②]

但是，法律自己不会说话，还得靠人来对它进行解释和应用。换句话说，法治的实现离不开人的参与。这就引申出一个问题，只要有人的参与，人性的各种弱点就有可乘之机，一不小心，就可能是具法治之名，而行人治之实。具体言之，"法治"可能变成"法官之治"（rule by judges）。因为只要法律的权威在，法律的解释和应用就是由法官说了算，他能决定法律规则的含义究竟是什么。这其中的危险就在于司法公正之不保。培根说，一次不公的判决比多次不公的行为祸害尤烈，因为后者不过弄脏了水流，前者却败坏了水源。[③] 为了避免这种情况的出现，我们就需要设计相应的制

① 夏勇：《法治是什么？——渊源、规诫与价值》，夏勇、李林主编：《法治与 21 世纪》，40~68 页，北京，社会科学文献出版社，2004。
② Brian Z. Tamanaha. On the Rule of Law: History, Politics, Theory. Cambridge: Cambridge University Press, 2004, 122.
③ [英] 培根：《培根论说文集》，水天同译，193 页，北京，商务印书馆，1983。

度，使法官尽可能地摆脱自身的偏见和激情的控制，仅仅以法律为准绳来对案件进行审判；同时，还要防止法官滥用手中的权力。法官选任制度、司法独立制度和弹劾制度就是为了实现这一目标而设计的。

第二，法律高于政府，政府应接受法律的约束（government limited by law）。这里的"政府"包括一切掌握国家权力的个人、群体、组织或机构，而不仅仅指行政机构。任何社会里的法律皆有权威，法治所要求的法律权威乃是立于政府之上的权威，政府应在特定的法律框架内活动。在西方历史上，这一成果可谓来之不易，是经过了长期的血与火的斗争才获得的，其主要目标就是防止主权者的暴政。我们可以在两种意义上来理解这一要求：一、政府行为应与目前有效的实定法保持一致。虽然法律可以由合法授权的官员加以变更，但在没变之前，即使是这些合法授权、有权改变法律的官员也必须遵守现行的法律。二、即使这些官员想改变现行的法律，他们也不能随心所欲地改变它们，必须对他们的立法权施加限制。有些事情是绝对不允许他们以法律之名随意加以变更的。在中世纪，这些限制由自然法、神法或历史悠久的习惯法来加以实施；在现代，则由人权或公民权来加以确认。①

法治原则的这一要求存在一个困境：作为主权者（不管主权者是君主还是议会），法律就是由他创造并执行的，他如何可能受法律的约束呢？霍布斯就曾明确地认为这是不可能的，因为这意味着主权者自己约束自己，"他只受他自己的约束，这等于没有约束"。在前现代社会，由于国家还不具备立法的权力，因此，这种困境仅仅体现在上述第一种意义上，即如何约束君主的权力？当时，对主权者的约束是由教会代表上帝来执行，或由人民的反抗来执行。但在现代社会，当上帝隐退、国家取得立法权后，在上述两种意义上都出现了这一困境。

为了回应上述第一种意义上的困境，现代社会最重要的制度设计之一就是将司法从其他的政府部门中独立出来，给予司法机关以一定的权力，使它能够监督政府其他部门是否在法律的框架内活动。司法独立的制度设计就是为了保障法官个人免于外部压力，独立于除法律权威以外的一切权威，因此对于保持法治颇为关键。为了实现这一目的，司法的自主性和对司法裁决的尊重是必须的。为了回应上述第二种意义上的困境，即如何约束议会？我们还必须对立法权本身施加限制。②其中，最重要的是将人权和公民权作为其界限，将人权和公民权视为发现之物，而非发明之物，并从程序上保证法律修改的严肃性和法律的稳定性。特别是宪法的修订，各国通常采用较高的门槛（绝对多数，而不是简单多数或相对多数），其道理即在此。

从法治在西方的发展历史来看，法治而非人治、法律高于政府这两项要求是在中世纪向近代转变的过程中逐步完成的，当自由主义在西方取得主导地位之后，西方法

---

① Brian Z. Tamanaha. On the Rule of Law: History, Politics, Theory. Cambridge: Cambridge University Press, 2004, 122.
② Ibid. 115~119.

治的重心开始转向法治的第三个方面——形式的合法性。

第三，形式的合法性（formal legality）。法治在这个方面的要求是西方学者们所着力阐发的主要内容，很多学者其实都将法治原则等同于对法律的形式合法性要求，如哈耶克、富勒、拉兹、菲尼斯等人均是如此。尽管各人所开列的清单不一，但共识程度还是比较高的。具体言之，起码有以下几个方面的要求：

1. 法律的可预期性。哈耶克就明确指出：法治的法律，是事前宣告的一般原则，它使个人能够预见政府将如何使用强制工具，或预见他和他的同胞在某一环境下将被允许做什么或不得不做什么。[①] 这意味着规则之存在须在时间上先于按规则审判的行为。"法无明文不罚"，无人能遵循溯及既往的法律，因其行动时该项法律并不存在。所以，既不能制定、也不能适用溯及既往的法律。[②] 可以说，法律的可预期性是法治的基石，形式合法性的其他几个方面的要求（稳定性、公开性、明确性、内在的一致性等）都是为了保证可预期性，或者说是可预期性的内在要求。

2. 法律的稳定性。规则不能改变过快以至难以学习和遵守。若法律变动过于频繁，人们便难以了解在某个时候法律是什么，而且不可能在法律的指导下作长远的规划。当然，法律应该适应社会的发展和变动，及时地废、改、立。但是，频繁改变的法律和溯及既往的法律一样危害法治。美国宪法的制定者之一詹姆斯·麦迪逊对当时美国议会频繁改变法律给予了严厉谴责，他认为，法律随着政策的变化而变化，将会使立法成为有权有势、胆大妄为者的专利，成为勤奋劳动、消息闭塞者的圈套。[③]

3. 法律必须为公众所知晓。法律要想具备可预期性，它首先必须为公众所知晓，正如富勒所言："法律只有公布后才能由公众评价并约束其行为"。这不仅仅是将法律公布出来即大功告成，它还需要相应的制度支撑。菲尼斯在解释"公布"时指出，"公布不是单单通过印制许多清晰易读的法规、决定、格式和先例的官方文本就可以完全达成的；它还要求存在一个职业的律师阶层。律师们从事在浩瀚的法律书典里寻知引路的工作，任何需要知道自身处境的人都可以从律师那里获得咨询，而无需遭遇不应有的困难，付出不应有的代价"。[④]

4. 法律的明确性。法律要想为公众所知晓，它必须能够为公众所理解。早在两千年前，商鞅就认识到了这个道理，在《商君书·定分篇》中，他指出法律应该是为普通人而不是为圣贤订立的规则，所以"圣人为法必使之明白易知，名正，愚知遍能知之"。如果立法机关所制定的法律模糊不清，就会对法治构成危害。

---

① 哈耶克：《通往奴役之路》，王明毅、冯兴元译，83 页，北京，中国社会科学出版社，1997。
② 夏勇：《法治是什么？——渊源、规诫与价值》，夏勇、李林主编：《法治与 21 世纪》，40~68 页，北京，社会科学文献出版社，2004。
③ 夏勇：《法治是什么？——渊源、规诫与价值》，夏勇、李林主编：《法治与 21 世纪》，40~68 页，北京，社会科学文献出版社，2004。
④ 约翰·菲尼斯：《自然法与自然权利》，董娇娇等译，216 页，北京，中国政法大学出版社，2005。此处采用的是夏勇的译文。

5. 法律的内在一致性。法律必须保持内在的一致性，不仅同一部法律内部的不同条款之间不能相互矛盾，而且，法律和法律之间也不能相互打架。法律如果不能保持内在的一致性，老百姓就会无所适从，法律的可预期性也就化为泡影。在现实生活中，常见的情况是，当一部法律与另外一部法律出现了冲突，公认的解决原则是"后法优于前法"，基本法优于派生法。

三、形式性的法治理论和实质性的法治理论

法学界一般将各种法治理论分为两种类型：形式性法治理论（formal theories）和实质性法治理论（substantive theories）。形式性法治理论的关注点在合法律性（legality）的适当渊源和形式，它不要求对法律的内容本身作出判断，它们不关心"法律是良法还是恶法"这样的问题，只要求一项法律符合法治的形式规则。而实质性法治理论则没有止步于此，它认为应在此基础上进一步要求法律的内容（常常要求它与正义原则或道德原则保持一致）；应在法治的基础上引申出各种实质性的权利，法治的作用就是为各种权利奠定基础。基于此，实质性法治理论会区分良法和恶法，凡有助于确立权利的法律即为良法，否则就是恶法。[①]

当然，在形式性法治理论和实质性法治理论内部又可以再细分为几种类型，塔马纳曾依据其各自要求的多寡将每种类型细分为三种（见表 2-1）：[②]

表 2-1　法治理论的不同形式

	薄 ···▶ 厚		
形式性法治理论	1. 通过法律来统治	2. 形式合法性	3. 民主 + 合法性
	法律是政府行动的工具	普遍的、可预期的、清晰的、确定的	由同意来决定法律的内容
实质性法治理论	4. 个体权利	5. 尊严和正义的权利	6. 社会福利
	财产权、契约权、隐私权、自治权		实质性平等、福利、共同体的维系

其中，第一种法治理论是最弱的一种版本，它仅仅要求"政府的任何举动都应通过法律来执行"，它的一个极端版本认为，"主权者的话就是法律，因为它们出自主权者之口"。如果按照这种方式来理解法治，则法治没有任何真正的意义。这也是我们前些年讨论颇为热烈的所谓"法治"（rule of law）和"法制"（rule by law）之间的分别，这种版本的法治理论其实就是我们所说的"法制"。

第二种版本的法治理论就是我们前面讨论的富勒和拉兹等人主张的要求形式合法

---

① Brian Z. Tamanaha. On the Rule of Law: History, Politics, Theory. Cambridge: Cambridge University Press, 2004, 7.
② Ibid. 91.

性的法治理论，前文已述，无须赘言。但需要补充的是，拉兹注意到，这种法治理论其实也可能和第一种法治理论一样，为威权政体服务。之所以如此，一个很重要的原因在于，它没有一个标准来区分法律的内容正义与否、是好还是坏。尽管拉兹的观点确实有点惊世骇俗，但我们只要想想美国当年奴隶制的合法存在也就释然了，没有谁认为那时的美国没有法治。

第三种版本的法治理论则将民主注入到形式合法性之中，强调法律的内容必须通过民主的方式来决定。但是注意，它并不对法律的内容本身是什么指手画脚，只要求其产生必须经过人民的同意。近年来于尔根·哈贝马斯在《在事实与规范之间》中所阐释的法治理论即属此类。

从第四种版本开始，均要求法律不仅要符合某些形式性的要求，而且要有助于确立各种权利。第四种版本的法治理论仅仅要求法律要有助于保护各种个体权利，如财产权、契约权、隐私权、自治权等，其代表人物是罗纳德·德沃金（Ronald Dworkin）。第五种版本的法治理论则进一步要求法律应有助于促进人的尊严，促进正义的实现。第六种法治理论可能是最强的一种版本，它要求法律能有助于实现各种社会福利性的权利。如果说第四种版本还严守着自由主义的立场，还只是消极地防御，试图通过法律来限制政府，以保障个体自由；那么，第六种版本则要求政府以积极的态度承担起责任，使人们过上更加美好的生活，采取更有效的手段来实现分配正义。

思　考　题

1. 为什么要假定政府是有限的？
2. 权力的分立与制衡原则如何体现在具体的制度安排之中？
3. 人民主权原则有哪些表现形式？
4. 法治原则应满足哪些基本要求？
5. 法治理论有哪些基本类型？

进一步阅读指南：

- [美] 阿兰·S. 罗森鲍姆：《宪政的哲学之维》，郑戈，刘茂林译，北京，生活·读书·新知三联书店，2001。
- [美] 斯科特·戈登：《控制国家——西方宪政的历史》，应奇等译，南京，江苏人民出版社，2001。
- [美] M. J. C. 维尔：《宪政与分权》，苏力译，北京，生活·读书·新知三联书店，1997。
- [美] 埃尔斯特、[挪] 斯莱格斯塔德编：《宪政与民主》，潘勤等译，北京，生活·读书·新知三联书店，1997。

- [美] 萨托利著：《民主新论》，冯克利译，北京，东方出版社，1997。

- [美] 哈罗德·J. 伯尔曼著：《法律与革命》，贺卫方等译，北京，中国大百科全书出版社，1993。

- Jeremy Waldron. Political Political Theory: Essays on Institutions. Cambridge, Massachusetts: Harvard University Press, 2016.

- Donald S. Lutz. Principles of Constitutional Design, Cambridge. New York: Cambridge University Press, 2006.

- Brian Z. Tamanaha. On the Rule of Law: History, Politics, Theory. Cambridge: Cambridge University Press, 2004.

CHAPTER 3
第三章

单一制与联邦制

本章重点：

➤ 没有一个国家完全是单一制，同样没有哪个国家是完全的联邦制。这个时代一个有趣的趋势是单一制努力向稍带联邦制的方向转变，而联邦制国家则向更加单一的方向缓慢演进。

➤ 简单地将集权和单一制对应起来，并将分权和联邦制相匹配是一种误解。集权与分权的问题其实是单一制和联邦制所面临的共同问题，这一问题的实质是如何处理中央与地方的权力配置关系。

➤ "联邦制天生就是不稳定的"，它所面临的最大难题就是如何维持联邦制的稳定。联邦制失败的原因主要有两类：非制度化的因素（如种族、宗教冲突的剧烈程度，有无与联邦制配套的政治文化）和制度化因素。

所有的现代国家都以地域为基础划分为中央和地方机构，但如何划分，在不同的国家却大相径庭。而且，不同的表现形式背后的理念也有差别，它们可能会对个人自由、经济社会发展和政治稳定造成不同的影响。

一般而言，现代国家处理中央与地方关系的方式主要有两种：单一制（unitary）和复合制（compound）。按照其内部整合程度，复合制又分为邦联制（confederation）和联邦制（federal system）。邦联制在很大程度上只能算是一种国家联盟，而不是一个独立的国家。就如罗斯金所言，由于它十分松散以至于经常很短命，要么发生分裂，要么像美国那样很快演变成联邦。[①] 因此，我们此处只讨论单一制和联邦制这两种形式。

---

① ［美］迈克尔·罗斯金等著：《政治科学》，林震等译，265页，北京，华夏出版社，2001。

第一节　单一制与联邦制：渊源与性质

在当今世界约 200 个国家中，绝大多数国家都是单一制国家，联邦制国家只有 25 个。[①] 有人可能会认为联邦制不重要。值得注意的是，就是这 20 多个联邦制国家占了世界 49% 的面积和 37% 的人口。[②] 而且，世界上领土面积排名前 10 位的国家（俄罗斯、加拿大、中国、美国、巴西、澳大利亚、印度、阿根廷、哈萨克斯坦、阿尔及利亚），有 7 个是联邦制国家；世界人口排名前 10 位的国家（截至 2002 年的数据，它们是中国、印度、美国、印度尼西亚、巴基斯坦、尼日利亚、巴西、孟加拉国、俄罗斯、墨西哥），也有 7 个是联邦制国家，印度尼西亚也正在考虑是否改为联邦制。为什么会这样呢？这可能要从单一制与联邦制的性质说起。

一、单一制

单一制指国家制度是一个由中央控制的统一整体，这意味着中央政府代表了国家的全部主权，而且，除了宪法规定的公民基本权利所施加的限制外，它几乎具有无限的权力；而地方政府只是中央政府的分支，有义务服从中央的命令。从理论上讲，在单一制之下，权力的流向是自上而下的，因此，主权权力为中央所保有，除了授权给地方政府负责的部分外，其他的权威均保留给中央政府。与此同时，地方层次不固定，中央政府可以依照其意志随意变更地方单位。例如，1974 年，英国政府重组地方自治单位，对之进行合并、裁减，扩大或缩小某些地方的管辖区域；中国在 50 年代撤销大区、80 年代和 90 年代从"地区制"到"市管县"。这些都是单一制逻辑的具体体现。这种情况在美国这样的联邦制之下就很难发生，因为美国的宪法阻止了这样的行动，美国各州的疆界 200 年没有什么变化。[③]

由于地方政府的权力是由中央政府授予的，因此，从理论上讲，中央政府随时可以收回这些权力，地方政府不具备宪法保障的自治权力，中央政府可以通过法规或命令的形式超越并取消地方政府的规定。当然，这并不是说地方政府完全是消极的，只能听从中央政府的摆布，而只是说中央政府对地方政府具有很强的控制力。事实上，即使在单一制之下，地方政府还是有很大的自主性。不过，在不同的单一制国家其自主性程度有所不同。在英国这样的比较重视地方自治传统的单一制国家里，地方的自主性比较强。而在法国这样有着长期中央集权传统的单一制国家里，地方的自主性则要弱一些。正是有鉴于此，罗德·黑格（Rod Hague）进一步将单一制国家区分为"二元体系"（dual system）和"融合体系"（fused system），前者以英国为代表，后者以法国为代表。[④]

① Herman Bakvis, Grace Skogstad, ed. Canadian Federalism: Performance, Effectiveness, and Legitimacy. London: University of Toronto Press, 2020, 33.
② W. Phillips Shively. Power and Choice. New York: McGraw-Hill, 2003, 211.
③ Herbert M. Levine：《最新政治学争辩的议题》，王业立等译，312 页，台北，韦伯文化，2003。
④ [英] 罗德·黑格、[英] 马丁·哈罗普：《比较政府与政治导论》（第 5 版），张小劲等译，339~340 页，北京，中国人民大学出版社，2007。

英国地方政府的运作与中央政府的行政系统有明确区分，享有部分的自治权。虽然地方政府也由中央政府所创造，但地方政府一旦被中央的法律所创造后，就具有独立于中央政府的法律实体地位，并就地方性的公共事务享有自治权。这种二元体系在精神上是联邦制的，公共权威被看作是分离的而不是整合的，其差别仅在于其权力来源于中央政府，因此也不排除中央的监督；而以法国为代表的融合体系贯彻了中央集权的精神，地方政府不仅由中央政府所组建，并且作为中央政府的派出机构，在地方性事务上执行中央的指令。法国在 1982 年地方分权改革前即属于这种体制。

二、联邦制

联邦制的突出特征就是合法主权由中央政府与有制宪权的地方政府分享。联邦主义（federalism）这一术语最早出现于 16 世纪，开始是一个神学政治术语，它所描述的联盟式约定是一种平等的伙伴关系，由契约建立，并受契约制约，至 18 世纪才成为一个严格的政治术语。①

在西方政治思想史上，系统地用圣约思想来阐述联邦主义的第一位重要学者是 17 世纪初期德国的约翰尼斯·阿尔色修斯（Johannes Althusius），他把对联邦主义的宗教理解与联邦主义的政治理解结合起来，构建了基于圣约的联邦主义政治理论。其后，新英格兰殖民地的清教徒们在 17 世纪开始了联邦主义的政治试验，他们所发起的联邦主义运动是联邦主义发展史上的一个转折点，为后来联邦主义兴起与扩展铺平了道路。② 100 年后的 1787 年，美国制宪会议在人类历史上第一次将联邦制付诸实践。

在理论上讲，走向联邦制有三条路径：1. 原本独立的政治实体走到一起，创立一个新的中央权威，如美国；2. 为了防止分裂，单一制国家从现存的中央政府转让某些主权给地方政府，如比利时、奥地利、尼日利亚；3. 两个过程的结合，如加拿大、印度和马来西亚。③ 美国的故事大家耳熟能详，无须赘言；比利时自 1830 年建立就一直因法语区与荷兰语区的区分而备受困扰；20 世纪 70 和 80 年代的两次修宪赋予了两个语言区以更多的权力，1983 年比利时终于宣布自己是联邦制国家。④

尽管联邦制国家数量不多，但其内部也存在很大的差异。塔尔顿（Charles D. Tarlton）曾从不同的角度来理解联邦制内部的差异，他认为可以将联邦制分为一致的联邦制（congruent federalism）和不一致的联邦制（incongruent federalism）。前者指具有相似的社会和文化特征的领土单位组成的联邦；后者指组成联邦的各成员单位之间不仅在社会构成和文化构成上大相径庭，而且它们与整个联邦也差别很大；⑤ 我们也可以从联邦制的内部权力结构入手将联邦制分为两种类型：对称的联邦制

---

① ［美］丹尼尔·J. 伊拉扎：《联邦主义探索》，彭利平译，19 页，注释 1；6~7 页，上海，上海三联书店，2004。

② ［美］丹尼尔·J. 伊拉扎：《联邦主义探索》，第 4 章。

③ John Loughlin, John Kincaid, Wilfried Swenden. Routledge Handbook of Regionalism and Federalism. New York: Routledge, 2013, 27.

④ ［英］罗德·黑格、［英］马丁·哈罗普：《比较政府与政治导论》（第 5 版），张小劲等译，北京，中国人民大学出版社，325 页，2007。

⑤ ［美］阿伦·利普哈特：《民主的模式》，陈崎译，142 页，北京，北京大学出版社，2006。

（symmetric federation）和不对称的联邦制（asymmetric federation）。在前者之中，各地方政府的地位是平等的，如美国各州在参议院中均拥有平等的两票；而在后者之中，各州的地位是不对等的，如比利时的法语区和荷兰语区、加拿大的魁北克地区，它们拥有比其他各省更大的自主权。剧变后的俄罗斯，89 个地区单位中有 21 个"共和国"可以拥有自己的宪法，选举自己的总统，并设有能够制定法律的议会。[①]

也有学者从中央政府和地方政府之间的关系将联邦制分为两种类型：二元联邦制（dual federalism）和合作联邦制（cooperative federalism）。前者以美国为代表，政府间分立、仅仅通过宪法契约而连接起来。按照美国国父们的理解，联邦主义原则是中央政府与州政府各自独立运作，各级政府都在各自的宪法范围内自主运行。尤其是联邦政府，必须将其活动限制在宪法所明确分配给它的职能之内。在 18 世纪的环境条件下，联邦政府与州政府之间的广泛合作被认为是既不需要也不可行的。后者以欧洲各国为代表，各层级政府间相互依赖而非各自独立。如德国，其联邦制依赖于不同层级的政府间合作的观念，这种团结一致表达了对于一种统一社会的共同承诺，人们期待着中央政府和州政府为了追求整体利益而精诚合作。显然，这与麦迪逊"以野心对抗野心"的设想大异其趣。[②] 但是，需要注意的是，这并不意味着它们是一成不变的。事实上，美国在 20 世纪后也在强调中央与地方之间的合作，至 30 年代新政时期，更是明显地转向合作联邦制。

这些类型学划分从不同维度揭示了联邦制内部的差异。

三、单一制与联邦制的历史发展

从历史发展的角度来看，当 19 世纪现代民族国家开始大规模出现之时，早期的民族国家大多采用的是单一制而不是联邦制。当时有两类国家都渴望走上统一之路，一类如德国、意大利，在政治上高度碎片化；一类是由奥匈帝国和奥斯曼帝国解体后形成的小国。对于他们而言，法国的单一制模式具有强大的吸引力。其中，有些国家在 19 世纪初随着拿破仑的征服已然采用了法国式的单一制，如荷兰、西班牙和葡萄牙；有些国家则是在挣脱了帝国的束缚后主动向法国学习，如希腊和比利时，以及中东欧的很多国家。意大利在统一后尽管也出现过采用联邦制的呼声，但最终还是选择了法国模式。当然，这一时期也有一些国家选择联邦制，主要是西欧和英联邦制国家，如瑞士（1848 年）、加拿大（1867 年）、巴西（1891 年）、澳大利亚（1901 年）和奥地利（1918 年）。[③]

但是，二战以后，情形就完全不同了。随着二战后的去殖民化运动，那些新独立的国家面临着管理上的困境：一边是由殖民者建立的行政区划，一边是历史悠久的按照种族、语言和宗教建立起来的各种共同体，但二者之间并不重合。此时以美国为代表的联邦制成为一种受人青睐的模式，它提供了一种协调的方式，使得这些新建立的

---

①　王丽萍：《联邦制与世界秩序》，4 页，北京，北京大学出版社，2000。

②　[英]罗德·黑格、[英]马丁·哈罗普：《比较政府与政治导论》（第 5 版），张小劲等译，北京，中国人民大学出版社，329-330 页，2007。

③　John Loughlin, John Kincaid, Wilfried Swenden. Routledge Handbook of Regionalism and Federalism. New York: Routledge, 2013, 7~8.

民族国家能够整合内部的多样性。典型的例子是马来亚（1948 年）、印度（1950 年）、尼日利亚（1954 年）、巴基斯坦（1956 年）和马来西亚（1963 年）。

1990 年代的苏东剧变带来了联邦制的复兴，不仅前苏东很多国家采用联邦制，而且一些单一制国家开始转向联邦制或混合体制。例如，比利时在 1993 年走向了完全成熟的联邦制；南非在 1996 年建立了兼具联邦制和单一制特征的混合体制；阿根廷（1994 年）、委内瑞拉（1999 年）、尼日利亚（1999 年）采用了新的联邦宪法。这一波复兴的势头一直延续到 21 世纪，最近的例子就是 2007 年 12 月 28 日，尼泊尔通过临时宪法修正案，宣布废除君主制，建立联邦民主共和国；意大利也在朝着联邦制的方向迈进；英国虽然仍抱持着单一制的架构，但它采取了一系列重大的措施，将权力下移给苏格兰、威尔士和北爱尔兰。就如伊拉扎所言，21 世纪初世界见证了范式的转换：从单一制民族国家占主导的世界转向一个越来越多带有联邦制色彩的国家所组成世界。很多国家都在不同程度上兼具单一制和联邦制的成分。[1]

四、单一制与联邦制的对比

单一制和联邦制至少存在以下几个方面的差别：第一，权限划分方式不同。联邦制国家多以宪法来划分中央与地方的权限，而在单一制国家中，中央与地方权限的划分多由中央决定。因此，联邦制国家中央与地方的权限比较固定，因为要修改宪法很不容易，绝大多数国家都设定了较高的门槛，如美国要求国会 2/3 多数通过，或 3/4 的州通过；而在单一制国家中，中央与地方的权限划分变更起来比较容易。

第二，地方自治的保障不同。联邦制国家对地方自治的保障强，单一制国家对地方自治的保障弱。联邦制国家的中央政府不能单方面地剥夺地方政府的权力。在单一制国家则不然，地方政府的自治权不是由宪法所授予的，当然没有宪法的保障。中央政府对于地方政府的权力可以单方面地予以增减，无须征求地方政府的同意。

第三，自主组织权之有无不同。联邦制国家地方政府有自主组织权，单一制国家地方政府无自主组织权。所谓自主组织权，就是地方政府有自行决定地方政府的根本组织法的权力。在联邦制国家，地方政府可以通过各自的议会制定州宪法和州的法律，只要它们与联邦宪法不相冲突即可。单一制国家的地方政府虽可拥有立法权，但不能制定地方性宪法。

第四，地方政府的体制不同。联邦制国家地方制度颇为多样，而单一制国家地方制度则较为统一。联邦制国家地方政府既有自主组织权，则各地方政府自然没有必要采用千篇一律的地方制度。以美国为例，尽管各州议会多采用两院制，但也有采用一院制的。议员的任期、州长的任期，各州规定不一。州制如此，州以下的市制分歧更大，有市长制，有委员制，还有经理制。要想在美国找出几个组织体制完全相同的市是非常困难的。

从以上对单一制和联邦制的对比中，我们已经可以体会二者各自的优缺点了。具体言之，联邦制有如下几个优点：第一，联邦制通过将权力分属于两个不同层次的政

[1] John Loughlin, John Kincaid, Wilfried Swenden. Routledge Handbook of Regionalism and Federalism. New York: Routledge, 2013, 20.

府，可以对权力的滥用构成有效制衡。就像麦迪逊所言："在美国的复合共和国里，人民交出的权力首先分给两种不同的政府，然后把各政府分得的那部分权力再分给几个分立的部门。因此，人民的权利就有了双重保障。两种政府将互相控制，同时各政府又自己控制自己"。[1] 第二，联邦制有利于兼顾地区差异，为沿着不同基线发生分裂的社会提供一种制度化的整合机制。族群、宗教、少数群体是现代国家挥之不去的梦魇，20世纪80年代以来文化多元主义的勃兴正说明了这一点，而联邦制正是对治这一困境的良药。美国联邦制最大的成就还不在于为早期13州的统一奠定了基础，更在于它提供了一种制度化机制，使美国能够吸收19世纪中期以来移民增加所带来的压力；印度的联邦制缓和了印度教徒、伊斯兰教徒、锡克教徒和基督教徒之间不断加剧的紧张关系；瑞士的联邦制整合两个半语种（即德语和法语，加上意大利语）以及两种宗教（天主教和新教）。第三，联邦制作为一种多中心的政治结构，可以降低政策试验和政策学习的成本。联邦各成员单位就像一个个独立的政策实验室，共同服务于作为整体的国家，通过自身的政策试验，为整个国家的制度创新提供经验。就像《现代民治政体》的作者布赖斯所言：在州这个层次上，"犯了错误也不会很严重，并很快能够得到纠正"，其他的州却可以从它的试验中获得教益，无论是成功的经验还是失败的教训。[2]

联邦制也有它的缺点，而且缺点是和优点相伴而行的。第一，联邦制过于复杂，以至于常常陷入无效率之中。最典型的例子就是1996年，当一个人持枪在澳大利亚所属的塔斯马尼亚岛杀死了35人之后，联邦制的澳大利亚试图在全国范围内统一加强枪支控制，但遇到了一些政治难题。与之对照的是，当类似的事件在苏格兰邓布兰的一个小学里发生之后，单一制的英国很快就做出了反应。[3] 美国在2020年以来的抗击新冠疫情过程中更是将联邦制的这一缺陷暴露无遗，联邦与各州之间的对抗、各州之间对于抗疫物质的相互争夺，使抗疫工作完全缺乏协调。第二，联邦制的复杂设计为民主问责（accountability）造成了难题。在联邦制（特别是合作联邦制）中，中央政府、州政府和地方政府之间的关系是如此复杂，以至于经常难以确定不同层级的政府官员应该负何种责任。现在，中央政府和州政府都在教育、卫生、公共福利和环保等领域扮演着重要的角色，普通公民已经很难搞清谁应为政府的行动负责。而民主政治要求责任必须明晰，如此公民才能在选举时做出理性的判断。但高度分权的联邦制削弱了民主政治的这一重要原则。[4] 第三，很多时候，联邦制的本意是试图为分裂社会提供一种制度化的整合机制，但在实践中，它恰恰可能会加剧族群和宗教冲突，强化既有的社会分歧，并将其制度化和永久化。奴隶制和种族主义之所以长期以来成为美国挥之不去的阴影，与其联邦制的制度安排有直接关系。赖克在其名著《联邦制》中就曾感叹："在美国，如果你不赞成种族主义，那么，你也应该否定联邦制"。[5] 第

---

① ［美］汉密尔顿、［美］杰伊、麦迪逊：《联邦党人文集》，程逢如等译，265~266页，北京，商务印书馆，1995。

② Thomas O. Hueglin, Alan Fenna. Comparative Federalism: A Systematic Inquiry. Toronto: University of Toronto Press, 2015, 43.

③ ［英］罗德·黑格、［英］马丁·哈罗普：《比较政府与政治导论》（第5版），张小劲等译，北京，中国人民大学出版社，333页，2007。

④ Herbert M. Levine：《最新政治学争辩的议题》，王业立等译，329页，台北，韦伯文化，2003。

⑤ William H. Riker. Federalism: Origin, Operation, Significance. Boston: Little, Brown and Company, 1964, 155.

四，联邦制的政策实验室功能常常只是理论上的推导，在实践中很少达到人们的预期。一方面，地方政府官员可能缺乏制度创新的动机，他们更愿意搭便车。尤其是在选举的压力之下，创新是有风险的，一旦失败，再次当选的可能性就很小了；[①]另一方面，联邦制的特定结构使得即使真有制度创新发生，其扩散的可能性也很小，因为相互割据的状态使得创新信息的传播反倒不如单一制下通畅。近年来，韩博天（Sebastian Heilmann）发现，作为单一制国家的中国在这方面具有独特的优势，其分级制政策试验模式能降低改革成本，而且有助于创新的扩散。[②]

最后需要强调的是，以上关于单一制和联邦制的描述都是韦伯意义上的"理想类型"。事实上，正如罗斯金所言，没有一个国家完全是单一制，同样没有哪个国家是完全的联邦制。即使在高度的单一制体系中也有一定的地方输入和控制权，而联邦制国家也会给中央保留相当权力。这个时代一个有趣的趋势是单一制努力向稍带联邦制的方向转变，而联邦制国家则向更加单一的方向缓慢演进。[③]法国和西班牙是两个由权力高度集中的中央政府向半联邦制转化的例子；在美国，以前华盛顿对州和城市的有限权力在过去几十年中不断增长。

正如罗斯金所指出的，断言这两种体系最终会走向折中还为时尚早，因为它们都背负着数个世纪的制度性和文化性的历史包袱。因此，我们的任务不是简单地将国家分为"单一制"和"联邦制"，而是考察他们在实际中是怎么运作的。

第二节　单一制、联邦制与分权问题

从历史上讲，以往有君主制传统的国家在向现代国家转型的过程中比较倾向于采用单一制，如英国、法国、中国、日本均是如此；那些较小的民主国家，尤其是那些没有剧烈族群冲突的国家，也比较倾向于采用单一制，如北欧诸国；而有着集权总统统治历史的拉丁美洲，几乎所有的小国都采用了单一制。这似乎暗示着单一制比较集权。但这样的结论下得太早了，单一制并不一定总是中央集权的。实际上，20世纪70年代以来许多单一制国家都在不同程度上在进行放权的尝试。同样，联邦制也不意味着一定是地方分权的，而且，从发生学的意义上讲，很多国家联邦制产生的最初目的不但不是为了分权，相反倒是为了权力的相对集中，[④]美国就是典型的例证。从近期的发展趋势来看，联邦制国家（除了加拿大之外）的主要变化方向也是集权而不是分权。[⑤]

这里需要稍作解释的是，所谓集权其实就是权力的集中（centralization），它的对立面是权力的分散（decentralization），而分散的形态则有权力的下放（devolution）

---

① Susan Rose-Ackerman. Risk Taking and Reelection: Does Federalism Promote Innovation? The Journal of Legal Studies, 1980, 9(3): 593~616.

② 韩博天:《红天鹅：中国独特的治理和制度创新》，石磊译，92~93、96、103~107页，北京，中信出版社，2019。

③ [美]迈克尔·罗斯金等著:《政治科学》，林震等译，274页，北京，华夏出版社，2001。

④ 王丽萍:《联邦制与世界秩序》，3页，北京，北京大学出版社，2000。

⑤ Paolo Dardanelli, et all. Dynamic De/Centralization in Federations: Comparative Conclusions. Publius: The Journal of Federalism, 2018(11).1~26

和权力的划分（division of power）两种，二者的运作逻辑是不一样的。前者指权力从中央政府向地方政府的转移，它使得单一制政府体系内最大程度的分权成为可能。在这种形式下，获得放权的实体并不能分享主权；[①] 权力最终仍控制在中央手中，地方作为中央的派出机构，从中央接受权力，发展地方事务。后者不仅意味权力是分开行使的、一方不能代替或阻止另一方行使权力，而且还意味着权力的归属不同。如美国联邦制中，州不能裁定州际贸易纠纷，因为州不具备这种权力。联邦不能干预各州州议会的投票程序，因为那纯属州的权力范围。放权是中央政府通过行政手段来实行的，放权的尺度完全掌握在中央手中，伸缩性很大。而权力的划分是通过宪法或其他基本法实现的，分什么权，按什么程序分，如何保障分开的权力的合理性和不可剥夺性，需要通过立法明确地予以规定。但放权和权力的划分之间也不存在不可逾越的界限，某些权力长期下放后将难以重新集中，结果放权也可以导致事实上的权力划分。

简单地将集权和单一制对应起来，并将分权和联邦制相匹配是一种误解，[②] 集权与分权的问题其实是单一制和联邦制所面临的共同问题，这一问题的实质是如何处理中央与地方的权力配置关系。因此，单一制和联邦制的区别不在于是否分权或分权的程度，而在于地方政府的自主性是否得到宪法保护。[③] 单一制国家地方政府的权力从属于中央，而且缺乏宪法的保护；而联邦制国家中央政府的权力来源于地方政府的让与，中央和地方的权力均由宪法来界定，并受其保护。单一制可能以分权为特征，联邦制也可能以集权为特征，关键在于如何既能保持中央的权威，又能调动地方的积极性。在单一制和联邦制中，这一问题的表现形态有所不同，在单一制中这一问题更多地表现为如何调动地方的积极性；而在联邦制中这一问题更多地表现为如何保持中央的权威。美国建国之初 1812 年与英军一战，英军轻而易举占领联邦首都，就将中央联邦政府的软弱无力以非常尖锐的形式凸显出来。利普哈特曾按照分权程度对他所考察的 36 个国家进行了分类（表 3-1）：[④]

表 3-1   36 个国家的地方分权程度（1945—1996 年）

	完全符合的国家	大部分符合的国家	部分符合的国家	分权程度
地方分权的联邦制	澳大利亚、加拿大、德国	瑞士、美国	1993 年后的比利时	高 ▲ ⋮ ⋮ ⋮ 低
中央集权的联邦制	委内瑞拉		奥地利、印度	
准联邦制	以色列	巴布亚新几内亚	1993 年前的比利时	
地方分权的单一制	丹麦、芬兰、日本	挪威、瑞典		
中央集权的单一制	巴哈马、巴巴多斯、博茨瓦纳、哥伦比亚、哥斯达黎加、希腊、冰岛、爱尔兰	牙买加、卢森堡、马耳他、毛里求斯、新西兰、葡萄牙、英国	法国、意大利、特立尼达和多巴哥	

---

① [英]安德鲁·海伍德：《政治学核心概念》，吴勇译，297 页，天津，天津人民出版社，2008。
② 王丽萍：《联邦制与世界秩序》，1、24 页，北京，北京大学出版社，2000。
③ John Loughlin, John Kincaid, Wilfried Swenden. Routledge Handbook of Regionalism and Federalism. New York: Routledge, 2013, 20.
④ [美]阿伦·利普哈特：《民主的模式》，陈崎译，137~138 页，北京，北京大学出版社，2006。

一、为什么分权？

集权的名声在 20 世纪不太好。事实上，集权本身是无可厚非的，任何一个国家的中央政府都必须在一定程度上集权，在某些特定时期，加强中央集权甚至是非常必要的，只是它不能超过一定的限度。

分权有利有弊。从有利的角度来讲，第一，存在重大分歧的情况下，分权有利于维持国家的统一。例如，1922 年，由于未能向爱尔兰分权，导致南爱尔兰从英国分离出去。而英国的分权在一定程度上是为了消解北爱尔兰、苏格兰和威尔士分离主义的压力；[①] 第二，分权有利于推动制度创新。分权使得地方政府有机会也有动力进行政策试验，地方政府之间的竞争有利于促进制度创新的扩散；第三，分权有利于推动地方政府更加亲民，并促进居民政治参与。在全国范围内，个人对政策制定和执行的影响微乎其微，人们因此常常扮演"搭便车者"；而对于地方事务，居民比较了解，因此更有兴趣也更有信心参与。从不利的角度来讲，第一，分权可能会让分离主义的火焰燃烧得更加猛烈。尽管分权可能会让温和的分离主义者安静下来，但也可能使激进的分离主义者热情高涨，进一步提出完全独立的要求；第二，分权可能导致公共服务的供给变得不均衡。在集权情况下，各地区之间公共服务的供给相对均衡；分权程度越高，地区之间的差异越大；第三，分权会带来政府层级和官员数量的增加。还是以英国为例，分权改革使得英国的代表机构变成 5 个层级：市镇议会、郡议会、地区议会、威斯敏斯特议会和欧洲议会，多重的代表机制会模糊责任边界，并可能因相互之间争夺地盘而导致混乱。[②]

尽管有种种不利因素，在全球化、民主化和经济发展的压力之下，20 世纪 70 年代以来，无论是联邦制的美国、德国、加拿大，还是单一制的英国、法国都积极加入了分权的大合唱。

一般认为，分权主要有两种基本形式：政治分权（political decentralization）和行政分权（administrative decentralization）。政治分权又称民主分权，它是权力的下移（devolution），这是分权化改革最彻底的形式，指中央政府将重要的任务、功能、活动、职责经由修改宪法、法律或法案等途径，下放到地方政府，上级政府不再拥有事前核准或是事后否决的权力，这意味着中央与地方政府之间并不存在上、下之分，二者地位是对等的；行政分权又可以分为两种形式：委托授权（delegation）和权力分散（deconcentration）。前者指由地方政府（而不是中央政府的分支机构）来负责提供某些公共服务，同时接受中央政府的监督。在委托授权的情况下，政府间财政转移的设计，以及中央监控的程度和性质将影响中央和地方决策之间的平衡；后者指在各地方政府作为中央政府代理机构的情况下，中央政府将部分权责委让给中央机构的地方分支以及代理性质的地方政府，其目的不在于赋予地方政府更大的权责，主要是用以提高中

---

① Russell Deacon, Alan Sandry. Devolution in the United Kingdom. Edinburgh: Edinburgh University Press, 2007, 3.

② Russell Deacon, Alan Sandry. Devolution in the United Kingdom. Edinburgh: Edinburgh University Press, 2007, 4.

央政府政策执行的效率。权力分散是分权化改革最弱的一种形式。[①]

从世界各国的分权程度来看，联邦制国家并不比单一制国家表现更突出。世界银行曾编制分权指数，对 182 个国家和地区截至 2005 年的分权情况进行排名（见表 3-2），有意思的是，通常被认为是联邦制典范的美国，无论是总排名还是分项排名，都并不是很靠前。相反，排在最前面是单一制国家。按照总排名，前 10 名中只有瑞士、美国和韩国是联邦制国家。与此同时，联邦制国家在政治分权方面得分较高，而单一制国家在行政分权方面得分较高；在财政分权方面，单一制和联邦制基本平分秋色。

表 3-2　世界银行分权指数排名（前 10 名）

	财 政 分 权	政 治 分 权	行 政 分 权	总 排 名
1	中国香港	瑞士	芬兰	丹麦
2	新加坡	日本	挪威	瑞典
3	瑞士	美国	丹麦	瑞士
4	美国	希腊	瑞典	中国香港
5	丹麦	乌拉圭	阿尔巴尼亚	新加坡
6	加拿大	巴西	瑞士	芬兰
7	卢森堡	加拿大	亚美尼亚	日本
8	冰岛	墨西哥	摩尔多瓦	挪威
9	新西兰	意大利	匈牙利	美国
10	澳大利亚	23 个国家并列	加拿大	韩国

数据来源：Maksym Ivanyna and Anwar Shah. "How Close is Your Government to its People? Worldwide Indicators on Localization and Decentralization", *Economics*, Vol. 8, No. 3, 2014, pp. 1-61.

二、单一制国家的分权

回顾英国和法国这两个不同类型的单一制国家的分权实践，可能有助于我们了解单一制国家所面临的分权问题。

传统上，英国的政治重心在地方，地方政府有较大的自治权。自撒克逊时代开始，英国就形成了自治观念，经过漫长的演变，最终形成了前文所述的"二元体系"。即便如此，由于英国是单一制国家，而且是议会主权至上，因此，地方政府实际上就是受议会控制，如未得到议会许可，地方政府不能独自承担任何地方事务，这就是所谓的"议会立法原则"。换句话说，地方政府的权威必须是被给予的，受议会立法原则的影响。[②]

在整个 20 世纪的上半叶，由于两次世界大战的影响，地方政府改革一直未能展开，仅有的一项改革措施就是 1929 年颁布的《地方政府令》，废除了济贫部，将其职

---

① Rondinelli D A, Nellis J R. Assessing Decentralisation Policies in Developing Countries: The Case for Cautious Optimism. Development Policy Review, 1986, 4(1):3~23. 也有学者在这两种基本形式之外单列出一个经济分权（decentralisation on economic grounds），并将其细分为财政分权（fiscal decentralisation）和公共管理决策分权（decentralisation of public management decision-making）两种形式。事实上，就前者而言是兼具政治分权和行政分权的性质，就后者而言基本属于行政分权。这种三分法其实不可取，因为政治分权和行政分权所依据的原则是权力的性质，而经济分权所依据的原则是权力所针对的对象，标准并不统一。

② Hampton, W. Local Government and Urban Politics. London: Longaman Press, 1987, 2.

权移交给地方政府。① 二战后，随着资本主义的迅速发展，各种政治、经济、社会问题接踵而来，尽管地方政府的职能日渐增加，但由于许多问题并非单凭地方政府的力量就可以解决，这时中央集权似乎是解决这些问题最有效的方法。因此，从 50 年代到 70 年代的管理理念是"官僚父权主义"（bureaucratic paternalism）。但在 70 年代前后，英国开始走上改革之路。其主要动力有二：一、"官僚父权主义"的管理模式开始遭到民众的责难，因为中央集权下的决策不能迅速有效地响应地方需求，官员缺乏责任感，条块分割会产生盲点。据 1974 年的英国社会态度调查显示，选民基本上不太相信政府会把所谓的全民利益放在政党利益之前（占受访者的 57%）。② 二、60 年代后期苏格兰和威尔士民族主义的兴起，而且，其民族主义政党在 70 年代成长起来，并在议会中获得了好几个议席，这促使权力下放提上政治议程。

尽管少数工党政府在 1978 和 1979 年提出了放权议案，但是没有成功。在随后的撒切尔政府和梅杰政府时期，确实实施了地方政府的改革，但改革的结果是中央干预的范围越来越广，集权化的程度越来越高。1998 年，工党终结了保守党长期一党执政的状态，为了一洗过去的颓势，遂自命为"新工党"。布莱尔上台后提出一系列地方制度改革的措施，如改革地方议会的选举、赋予地方政府以更多的财政裁量权等。特别是那些在传统上处于弱势的地区，在这次地方政府改革中获得了更大的自主权，如苏格兰议会获得了变更税率权以及内部政策领域的首位立法权。但宪法议题、防卫、对外事务、国家安全及与欧盟关系的控制权仍归英国议会。

如果说近代英国史是一部民主宪政发展史的话，那么法国近代史则是一部中央集权发展史。法国地方行政体制的变迁，其背后其实就是一部集权与分权交替、此消彼长的的历史，从由庄园、教区、自由城市构成的分散化的地方体系到中央集权体系，再由高度集权体系走向地方分权体系，这一过程充满了艰辛和血泪。

1982 年 3 月 2 日，密特朗总统公布《市镇、省与大区权力与自由法》，拉开了法国地方分权改革的序幕。在随后的 20 多年里，法国政府制定了近千项法令，这些法令的颁布和实施使法国中央集权的程度大为降低。按照密特朗的理解，"过去法国的形成应归功于一个强大而集中的中央政权。今天，要维持法国的统一不至于分裂，却需要一个分权的政府体制"。

就中央与地方关系的类型而言，法国的传统模式是中央授权中央派驻地方的机关以国家的名义对地方自治进行监督。早在 1871 年制定的《省议会法》中，法国就确立了中央对"省"的"监护"关系。但是，1982 年地方分权法的第一条就明文规定："通过法律来规定市镇、省、大区与中央之间的权限分配"。这就废除了法国长期以来的行政监护制度，而通过法律列举的形式，作为地方政府权限的依据。1982 年的改革使法国的中央与地方关系发生了彻底的改变：由以往上下隶属的"监护"关系转变为平等的"监督"关系。而且，监督的范围也明显缩小，监督方式也由事前行政监督改为事后司法监

① 阎照祥：《英国政治制度史》，440 页，北京，人民出版社，1999。
② Rao, Nirmala. Reviving Local Democracy: New Labour, new politics?, Bristol, UK : Policy Press, 2000, 78.

督。法国宪法学者将改革后中央与地方的权力结构称之为"地方分权的单一制"。

1982 年的地方分权法不仅改变了中央地方的权力分配方式和结构，更重要的是改变了运行 100 多年的省级机关的权力游戏规则，将地方事务的管理权由中央政府的代表——省督——的手中转移到地方民选机关——省议会——的手中，省的自治权史无前例地增强了，民选议会走上政治舞台的中心。改革前，省议会并非常设机关，只是作为省督对地方事务的咨议机关而存在，省督可"出席"省议会会议，并有发言权；改革后，省督仅能"列席"，但没有发言权，除非经省议会议长同意或总理特别要求。省议会的决议具有全权的性质，无须事先得到批准或许可，中央仅能透过国家驻省的省督实施合法性监督。

1986 年 3 月，席哈克被任命为总理，法国进入有名的左右共治时期；席哈克认为1982 年以来地方分权改革走过了头，命令停止地方分权改革。1988 年密特朗连任成功，地方分权改革重整旗鼓。1992 年 2 月 3 日颁布《地方当选者权责行使法》，强调权责行使的民主化与透明化。同年 2 月 6 日又颁布《地方行政权归属法》，对长期以来的主要体制进行了根本性的变革，其主要目标是使分权成为处理中央地方关系的基本途径，形成以国家和地方政府合作为基础的合作性分权。2005 年开始施行的《有关地方自由及责任法》，将中央权限大幅转移到地方，并予以明确列举。

至此，一个有 200 年历史的、典型的中央集权的单一制模式，已脱胎换骨成为地方分权的单一制模式。法国的地方分权改革几乎割断了法国中央集权的历史传统，重组了法国中央与地方的权力架构。但无论如何，所有这些举措都必须依据宪法，在不损及国家统一原则的框架之下进行。因此，单一制国家的地方分权改革还是有一个底线，那就是不能变成联邦制。法国宪法委员会在 1990 年的一个判决将这一点以一种非常戏剧化的方式凸显了出来。该年，宪法委员会宣告一项立法违宪，因为该法有"科西嘉人民是法国人民的组成部分"的字样。宪法委员会认为，只能有一个法国人民。[①]

随着单一制国家分权化进程的不断加速，单一制国家面临着如何处理中央与地方权限争议的问题。如法国，在分权化改革之前，中央与地方的关系是一种"上下监护"的关系，地方政府作为中央的派出机构，只是中央政策的执行机关。因此，其权限均来自中央，地方政府并没有自主决策的权力；分权化改革尽管对中央和地方的权限进行了明确的列举，但由于此时中央与地方的关系已经由"上下监护"变成了"平行监督"。因此，当它们之间的权限范围发生争议时，无法再遵循以往的模式来加以裁决，而只能将裁决的机关转移到了行政法院。[②]

三、联邦制国家的分权

从前面利普哈特的表中我们可以看到，联邦制国家中除了委内瑞拉是纯粹的中央集权之外，基本上采用的都是分权设计。但联邦制的分权和单一制的分权有所不同，单一

---

① 刘文仕：《立足统一 迈向分权：法国地方分权制度的嬗变与前瞻》，载《东吴政治学报》，2007（2）：65~122 页。

② 徐正戎：《法国地方制度之剖析——摆荡于中央集权制与地方分权制之间？》，载《东吴法律学报》，2001（1）：1~40 页。

制的分权是单中心的，权力分流的方向是自上而下的；而联邦制的分权是多中心的，就其纯粹形式而言，权力的流向是自下而上的或平行的。正是在这个意义上，伊拉扎认为联邦制是非集权的，宪法架构所彰显的是权力的分散与分享。在联邦模型中，权力呈现为一种"矩阵"结构，而不是单一制中的那种"金字塔"结构。它有多个各自独立的权力中心，由一个权力适当配置的网络结合起来。网络中的沟通管道与各式各样的决策迫使这些权力中心之间产生互动，互动方式不是单一制中的命令，而是讨价还价或协商，以及在此基础上的合作。地方政府不是中央政府的代理人，而是网络多元中心的一环。[①]

从原则上讲，联邦制的分权是一项需要高度政治智慧的技艺，它必须刚柔相济。一方面，它必须具备足够的刚性，以防止某一层级的政府（无论是联邦政府还是地方政府）侵占另一层级政府的权力；另一方面，它又必须具备足够的灵活性，使中央与地方之间的权力边界有游移的空间，以因应经济、社会、文化和政治的发展。正因为如此，联邦制国家一般都会通过宪法的形式对中央和地方的权限进行明确划分，但这种规定又是粗线条的，而且这种模糊表达是有意为之。一如有的学者所言："现代联邦制是一种排斥过于具体化的政治形式"，正是通过对具体化的排斥为中央政府和地方政府的灵活性预留了转寰的空间。

尽管如此，不同的国家还是有所差别，联邦制国家的分权形式可以分为三种类型：第一种为美国模式——联邦列举、成员单位概括保留。即由宪法列举联邦政府的事权，凡未列举的剩余事权均归之于各邦。美国、德国、瑞士、苏联均采取这种方式；第二种为加拿大模式，加拿大宪法对联邦和各省双方的事权均一一列举，如有未列举的事权发生时，其性质属于全国性者归联邦，仅关系一省者归之于省。委内瑞拉、印度、巴基斯坦、缅甸等国均属此类；第三种为旧南非模式，南非在实施联邦制度时期是列举各邦事权，而以未列举的事权推定属于中央。[②] 南非的这种体制与一般联邦宪法的做法背道而驰，就权力来源的设定而言接近于单一制，但就分权的保障而言还是联邦制的。

这就引申出一个问题：由于完全列举权力清单是不可能实现的，因而总有权力清单上未被列举的权力在日后的政治实践中破土而出，这种权力在宪法理论上称之为"剩余权力"（residuals），有的宪法将其称之为"保留权力"，最早见于美国宪法第十条修正案："本宪法所未授予合众国政府，也未禁止各州政府所行使的权力，均由各州或由人民保留之"。话虽如此说，真碰到新出现的事权时，往往需要对其性质进行认定，当事权本身的性质认定发生疑问时怎么办？这在加拿大模式中尤其容易发生，即便是在美国模式中，对具体事权的性质认定亦是难题（如1819年发生的著名的马卡洛诉马里兰州案）。如果没有有效的争议解决机制，不仅中央和地方的权力得不到保障，分权也没有法律意义上的约束力。为了解决这一问题，各国均由宪法确定了相应的权力划分的争议解决机制。有学者将其归纳为四种方式：争端的正式解决、争端的非正式解决、争端的避免和争端的大众解决。[③]

---

① ［美］丹尼尔·J.伊拉扎：《联邦主义探索》，彭利平译，42~45页，上海，上海三联书店，2004。

② 王丽萍：《联邦制与世界秩序》，22页，北京，北京大学出版社，2000。

③ ［澳］麦克尔·克罗米林：《联邦制中的争端解决》，载《国际社会科学杂志》（中文版），2002（1）：123~128页。

　　争端的正式解决是通过正式的行政或司法程序来解决争端。如德国就在行政院专门设立"中央与地方权限争议处理委员会"，负责协调和处理中央与地方、地方与地方之间权限的具体争议，遇有权限争议问题，交由该委员会调解；美国则将这一重任交给最高法院，通过诉讼来解决权限划分的争议。

　　争端正式解决这一方式有其缺点，它花费高，时间长，而且闹得沸沸扬扬；引起争端的事情一旦交由法律裁决，就可能谁都控制不了。这使得政府有时不愿采用这一方式。于是人们开始寻找一些技巧来处理联邦制度中的冲突，如加拿大在排除省际贸易障碍时即尝试通过协议的方式来化解争端。

　　除此而外，联邦制国家还有各种避免争端的技巧，它们既可以是宪法工具、政府间宪法论坛，也可以是政府间非宪法论坛。

　　最有意思的要算瑞士，它采用的是争端的大众解决，即诉诸全民公投来决定关于联邦政府和地方政府的权力。根据瑞士宪法，如果5万名公民或8个省要求就任何一项联邦法律进行投票，就必须把这条法律交给人民，让他们决定是否决还是通过这条法律。这一机制使联邦立法受制于大众（而不是司法）的审查。

第三节　联邦制的稳定性问题

　　前文已述，联邦制的核心特征就是在多样性中创造统一性，使多样性和统一性同时并存。这就要求联邦制必须在统一性和多样性之间维持微妙的平衡，并在此基础上履行联邦作为统一国家的各项职能。[1] 但要完成这一任务是颇为不易的，它所面临的最大难题就是如何维持联邦制的稳定。迄今为止，世界上能维持40年以上的联邦制国家只有18个；其中，至今仍存活的维持了50年以上的联邦制国家只有7个；1945年以后创立的联邦制国家能维持20年以上的只有9个；但寿命不足10年的则有15个（见图3-1和图3-2）。[2]

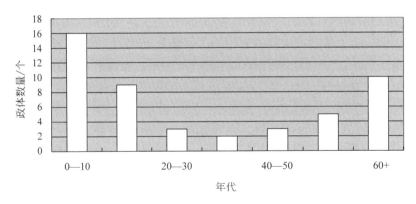

图3-1　全部联邦政体的维续时间

①　王丽萍：《联邦制与世界秩序》，140页，北京，北京大学出版社，2000。
②　Filippov, Mikhail, Peter Ordeshook, Olga Shvetsova. Designing Federalism: A Theory of Self-sustainable Federal Institutions. Cambridge: Cambridge University Press, 2004.80; John Loughlin, John Kincaid, Wilfried Swenden. Routledge Handbook of Regionalism and Federalism. New York: Routledge, 2013, 26.

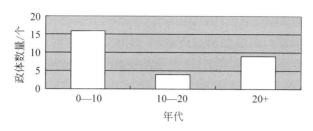

图 3-2　1945 年以后建立的联邦政体的维续时间

托马斯·休格林（Thomas O. Hueglin）统计了 20 世纪以来的失败联邦，它们分为两种类型：解体或转变为单一制。即便是还没有失败的联邦，很多也面临着严重的分离主义威胁，如加拿大的魁北克分离主义、西班牙加泰罗尼亚的独立要求等。[①]

早在 1964 年，赖克（William, H. Riker）就感叹道："联邦制天生就是不稳定的"，因为它的中央政府必须既强大，又有限：强大到足以实现集体的共同利益，又虚弱到足以保持地方自治的活力。[②] 按照温格斯特（Barry R. Weingast）的解读，联邦制的稳定性难题有两种表现形式：其一，如何防止联邦中央政府以压倒性优势凌驾于地方政府之上，以至于摧毁联邦体制；其二，如何防止联邦的成员单位搭便车或以其他的方式破坏合作，以至于破坏联邦体制。[③] 前者的威胁在于，联邦制可能因此而蜕变为单一制；后者的威胁则在于，中央政府的权威可能因此而衰落，联邦本身甚至可能因此而解体。联邦制的困境在于，通过相应的制度安排，可能可以防止其中的一种危险，但同时，它却会加剧另外一种危险。那么，究竟是哪些因素影响联邦制的稳定呢？学界从宪法学、社会学和政治学路径对这一问题展开了持续的研究，将威胁联邦稳定的因素分为两种类型：非制度化因素和制度化因素。

一、威胁联邦稳定的非制度化因素

尽管 20 世纪 80 年代赖克的经验研究表明，文化或种族分裂、联邦的富裕程度和成员单位的政治自由度等因素与联邦的稳定性之间并不存在较大的相关性。[④] 但是，威廉姆·莱芬顿（William S. Livingston）认为，联邦制在本质上是一种社会多样性现象，而不是一种宪政结构。联邦制最本质的特征蕴于社会本身之中，而不在于政治权力的划分。联邦制不过是将原本就存在于社会之中的各种经济、社会、政治和文化力量转译为一种制度性安排。从这一视角出发，联邦制是否能取得成功，这要取决于政府结构与社会多样性之间的一致性程度，以及基本的共识是否能够达成。因此，沿着族群、语言、宗教和文化等基线展开的社会分歧就成为影响联邦制长治久安非常重要

① Thomas O. Hueglin and Alan Fenna. Comparative Federalism: A Systematic Inquiry. Toronto: University of Toronto Press, 2015, 48、343.

② Riker, William, H. Federalism: Origin, Operation, and Significance. Boston: Little, Brown, 1964.

③ Rui J. de Figueiredo, Barry R. Weingast. Self-Enforcing Federalism, Journal of Law, Economics, and Organization, 2005, 21(1): 103~135.

④ Riker, William H, Lemco, Jonathan. The Relation Between Structure and Stability in Federal Governments. In: Riker, ed. The Development of American federalism. Boston: Kluwer, 1987, 113~134.

的因素。①

第一，族群、语言、宗教等因素之间的不相容和不平衡。1. 成员单位之间的不平衡。这体现在两个层次：一是不同层级的政府之间（垂直维度的不平衡）；二是各成员单位之间（水平维度的不平衡）。例如，1965 年，宗教、语言和经济差异最终导致马来西亚和新加坡分道扬镳。2. 成员单位内部的不相容性，其表现之一是宗教和族群问题。例如，1847 年，瑞士的清教徒和天主教徒之间的对抗差一点导致联邦解体；1947 年，宗教之间的不相容使得印度南亚次大陆组建联邦的努力归于失败。当然，这并不是说这一问题就没有办法解决，印度和尼日利亚就通过增加成员单位的数量来解决这一问题。有意思的是，这一进程到今天仍未结束，至 2001 年，印度达到 28 个省；尼日利亚在 1999 年达到了 36 个省。② 雷梦珂分析了族群等因素发挥作用的条件。他承认族群因素确实会对政治稳定造成影响，但这种影响是有条件的，当族群界线与联邦成员单位的地理界线重合时，它与政治不稳定之间确实存在高度相关性。同时，他也提醒我们注意，族群是一个高度流动性的概念。某一族群的人可能有多重的认同，族群本身也可能扩张或重新划定其边界；与此同时，族群认同也可能是人为的，它可能被族群领导和政府的政策所操纵。这一点非常重要。意识形态本身并不能解释异议或分离运动的兴起，是分离主义运动的领袖们将分离主义倾向转化为实际的分离主义行动。③

第二，认同问题是影响联邦制稳定的重要因素。在一个联邦制国家中，联邦认同和基于宗教、族群等认同之间存在着巨大的张力，当联邦制无力对多样性认同进行调节时，联邦制就会失败。④ 近年来，有学者强调应更充分地认识到认同问题的复杂性和流动性，仅仅将联邦制视为权力和资源分配的技术性制度安排，这可能是导致联邦制走向失败的主因。例如，埃塞俄比亚—厄立特里亚的联邦制经验显示，沿着宗教（基督教——伊斯兰教）展开的认同在政治上的重要性；在南斯拉夫，族群和宗教因素交织在一起。在观察发展中国家的新兴联邦政体时不能简单照搬发达国家（特别是美国）的模式，美国的联邦制模式并不能为多民族国家提供一个有用的蓝图。事实上，试图通过美国联邦制模式来解决种族或其他群体的对抗是非常危险的。即使是美国自己，其联邦制的成功也是得益于一系列独特的历史事件，是这些历史事件阻止了"族群、种族和经济差异等因素的发酵"。用句通俗的话来说，美国的成功只是因为它的运气比较好。⑤ 与通常的看法不同的是，这一派学者甚至认为，联邦制的失败是一种常态，而联邦制的成功倒是一种例外情况。⑥ 因此，对联邦制的选择需慎之又慎。

① William S. Livingston. A Note on the Nature of Federalism. Political Science Quarterly, 1952, 67(1): 81~95.

② U. K. Hicks. Federalism: Failure and Success: A Comparative Study. London: Macmillan, 1978, 173~180.

③ Jonathan Lemco. Political Stability in Federal Governments. New York: Praeger, 1991, 91~92.

④ Emilian Kavalski, Magdalena Zolkos. Approaching the Phenomenon Federal Failure. In: Kavalski, Emilian, Magdalena Zolkos, ed. Defunct Federalisms: Critical Perspectives on Federal Failure. Burlington, VT: Ashgate Publishing Limited, 2008, 1~16.

⑤ John McGarry, B. O'Leary. The Political Regulation of National and Ethnic Conflict. Parliamentary Affairs, 1994, 47(1): 94~115 .

⑥ Emilian Kavalski, Magdalena Zolkos, ed. Defunct federalisms: critical perspectives on federal failure. Burlington, VT: Ashgate Publishing Limited, 2008, 3、6.

　　第三，政治意识形态对于联邦制稳定的重要性。1960 年代以后，一批新的联邦国家在"第三世界"诞生，它们的历史经验对研究者提出了新的问题。弗兰克在《联邦为什么会失败？》一书中追问：为什么"经典联邦制"理论无法解释后殖民时期的新兴联邦的失败？他比较了 4 个联邦（东非联邦、中非联邦、西印度联邦、马来西亚联邦等），得出的结论是：这些联邦失败的共同原因是，缺乏有效的政治意识形态的支持，以至于政治精英和民众不将联邦本身视为最重要的价值，而是将联邦视为实现其他价值的手段。但问题是，从西方移植过来的经典联邦制模式并不能成为一种有效的机制，使之能在短期内即可收到立竿见影的效果。一旦其效果不彰，作为工具的联邦制很快就被人弃之如敝屣，弗兰克认为这是它们失败的主因。联邦制要想稳定，就必须承认联邦本身就是目的，承认它本身就是善。否则，联邦制即使不是不可能，其成功的概率也是极低的。[①] 弗兰克还得出一个非常重要的结论：美国、加拿大、瑞士和澳大利亚的成功经验对于亚洲和非洲那些新独立的国家无甚助益。西方式的联邦制模式不能被简单地复制到发展中国家，如果这么做，其结果往往是灾难性的，它会成为联邦崩溃的主因。就此而言，他认为对西方模式的复制甚至比分离主义更危险。[②]

　　第四，其他非制度性因素。伊拉扎强调，除了族群、语言和宗教之外，还有一些非制度性因素也很重要：联邦体制是由外部强加的，缺乏内部支持（如喀麦隆、加纳）；强人支配地位（如利比亚的伊德里斯国王随着自身力量的强大而破坏联邦结构）；缺少足够的共同利益（如孟加拉从巴基斯坦分离出来、新加坡从马来西亚分离出来）；缺少倾向于联邦制的政治文化。[③]

　　以上所分析的这些因素都是非制度化的，就我们课程本身的目标而言，我们更关注的则是威胁联邦稳定的制度化因素。同时，我们也应该看到，这些非制度化的不稳定因素的存在并不必然会威胁到联邦的生存，因为在很多时候选择联邦体制的初衷就是为了化解族群冲突或构建共同利益，如印度和尼日利亚就成功地通过联邦体制平息了早已达到暴力冲突阶段的族群冲突。只有当这些因素难以为体制吸纳时，它们才成为不稳定因素。因此，问题的关键还在联邦体制本身。但问题就在于，有些联邦体制本身非但无力消解这些非制度化的不稳定因素，而且它自身就蕴含着各种制度化的不稳定因素。

二、威胁联邦稳定的制度化因素

　　1987 年，赖克和雷梦柯通过研究自 1798 年以来的 40 个联邦，考察了联邦制的结构性特征与政治稳定之间的关系。[④] 4 年后，雷梦柯出版的《联邦制政府的政治稳定》一书，进一步深化了相关论述。

---

① T. M. Franck, ed. Why Federations Fail. New York: New York University Press, 1968, 171~177.
② T. M. Franck, ed. Why Federations Fail. New York: New York University Press, 1968, 197.
③ [美] 丹尼尔·J. 伊拉扎：《联邦主义探索》，彭利平译，289~294 页，上海，上海三联书店，2004。
④ William H. Riker, Jonathan Lemco. The Relations between Structure and Stability. In: W. Riker, ed. The Development of American Federalism. Boston: Kluwer Academic Publishers, 1987, 113~134.

首先需要注意的一个制度化因素就是联邦成员单位的数量。赖克和雷梦珂认为，构成联邦的成员单位越少，联邦就越不稳定。因为当成员单位很少时，每个成员单位都会感到留在联邦内或退出联邦对自身的影响并不大，但退出却会对联邦造成很大的影响。但是，如果联邦的成员单位很多时，某个成员单位的退出对联邦的影响不大，但自己反倒要面对一个强大的联邦。后来，雷梦珂又对 1945—1990 年世界上 32 个联邦制国家联邦成员单位的数量和其稳定性的关系进行了研究，其结论也支持上述观点（图 3-3）。因此，他认为理想的联邦架构应该是由数量众多的成员单位构成，而且这些成员单位将其第一忠诚赋予一个强大的中央政府。[①]

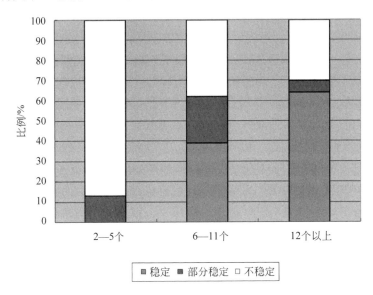

图 3-3　联邦成员单位数量与联邦稳定性的关系

尼日利亚的经历或许正可以为赖克和雷梦珂的这个观点做一注脚。尼日利亚拥有 100 多个部落或族群，国内的族群冲突十分剧烈。为此，尼日利亚政府对其联邦制结构进行了两次较大的改组，通过增加州政府的数量来应对族群多样性所带来的威胁。1960 年尼日利亚刚成立时只有 3 个州，后来逐渐扩展到 4 个、12 个、19 个、21 个、30 个，到 1997 年，州的数量已经达到 36 个。而且，它的州数量的扩张并不是像美国那样随着领土面积的不断增加而自然扩张的，而是在领土面积不变的情况下，联邦政府有意为之。应该说，它的这一策略是非常有效的，通过增加成员单位的数量这一制度设计比较有效地消化了族群多样性所带来的威胁，从而增强了联邦的稳定性。

第二个需要注意的制度化因素是联邦结构的非对称性和不平衡性，即有无特大成员单位的存在。赖克和雷梦珂认为，如果存在特大成员单位，联邦不稳定的可能性就会加大。尽管它不必然导致联邦的不稳定乃至解体，但它确实可能成为联邦不稳定乃至解体的重要原因。以加拿大为例，安大略省和魁北克省试图在政府决策过程中获得与其规模相当的影响力，而那些较小的省份则希望一视同仁。这种争论如果走向极端，

① Jonathan Lemco. Political Stability in Federal Governments. New York: Praeger, 1991, 44, 49.

就会威胁到联邦的存在。超大规模的安大略省具有绝对优势的权力，而同样超大规模的魁北克由于无法取得这样的地位则倾向于分离出去。[①]雷梦柯对联邦制国家有无特大成员单位和其稳定性的关系进行了量化研究，数据表明，在统计意义上，存在超大规模成员单位的联邦，其稳定性远远小于没有超大规模成员单位的联邦。[②]

第三个需要注意的制度化因素是代表制。代表是联邦制的一个核心功能，联邦由不同的成员单位构成，各个成员单位不论贫富、强弱、大小都应该享有联邦整体以及作为整体代表的联邦政府同等的影响力，也就是说，应该享有平等的代表权。但是，在任何一个联邦中，各成员单位之间又存在巨大的差别，因此，联邦需要设计出恰当的代表规则，使之既能避免较大成员单位的主宰，又能避免较小成员单位不适当的优势。[③]正因为如此，联邦制国家的立法机构一般都采取两院制的制度设计，以实现其对代表的要求。一院以地域为基础，由每个成员单位选出同等数量的代表组成，这种制度安排体现的是各成员单位在国家事务中所拥有的平等的发言权；另一院则以人口数量为基础，使数量大体相同的人口拥有等额的代表，从而使各成员单位的特殊利益得到保障。

第四个需要注意的制度化因素是政党组织。早在 1964 年，赖克就指出联邦的维续需要一个充分（但不是必要）条件：分权式的政党系统，它可以强化联邦的结构。赖克的这一结论当然是基于美国的政治经验。在美国，以分权为其特征的政党系统扎根于地方之中，它在维持联邦的运转方面发挥着重要的作用。它促进了组织化分权和意识形态多样性的发展，并使立法机关在制定法律时更多地考虑到各种权力集团和州与地方的利益，这些因素保护了联邦中各成员单位自身的安全。据此，赖克得出了他最重要的结论：政党系统的结构是最重要的变量，它决定着联邦制的性质，正是借助分权式的政党系统，各种有助于联邦制存在的社会条件才得以发挥作用。[④]

应该说，赖克和雷梦柯以量化的方式对联邦制的稳定性问题所做的研究迄今为止仍是最全面的。但是，他们的结论只是一种统计意义上的规律，就具体的案例而言，其成败究竟如何解释，还需做进一步的深入研究才有可能得到一个较为合理的解释。例如，当我们看到雷梦柯所开列的这些制度性条件时，我们可能不禁想问：如何解释苏联这样的极端案例？

苏联的联邦体制有俄罗斯这样的超大规模成员单位、其成员单位数量较少（苏联只有 15 个加盟共和国，相比之下，只有不到其面积 1/2 的美国却有 50 个州）、成员单位拥有的较大的政治自由度（苏联宪法规定，加盟共和国可以自由退出联邦，这是联邦制国家中所绝无仅有的），与此同时，苏联存在严重的民族问题，有学者甚至用"阿基里斯之踵"来形容民族问题对于苏联的严重性。[⑤]而且，苏联各成员单位的地理界

① Jonathan Lemco. Political Stability in Federal Governments. New York: Praeger, 1991, 43.

② Jonathan Lemco. Political Stability in Federal Governments. New York: Praeger, 1991, 49.

③ 王丽萍：《联邦制与世界秩序》，143 页，北京，北京大学出版社，2000。

④ Riker, 1964. xiii, 51, 96, 100~101, 135~136.

⑤ [美]S·恩德斯·温布什：《苏联的穆斯林边疆地区》，载[美]罗伯特·康奎斯特编：《最后的帝国——民族问题与苏联的前途》，刘靖兆等译，330~345 页，上海，华东师范大学出版社，1993。

线和族群界线是重合的，这鼓励了基于族群的民族主义的发展，并在这些加盟共和国中发展出一套准主权的制度性实体，对联邦制结构构成威胁。[1] 按照雷梦柯的观点，苏联的联邦体制可以说是千疮百孔。但是，苏联的联邦制存在了 70 年之久，这不能不说是一个奇迹，这到底是为什么？仅仅停留在雷梦柯的这种统计意义上的结论上是不够的。菲力波夫等人合著的《设计联邦制度》就试图回答这一问题。[2]

菲力波夫等人在一定程度上延续了赖克的思路，将政党系统作为联邦制自我维续的重要一环。正是依靠发育良好的政党系统，苏联的整个架构才被黏合起来。按照这一分析框架，正是由于苏联建立了一个高度整合的全国性政党系统，才使得苏联的结构性缺陷所具有的潜在破坏作用得以化解，苏联不同的地区和民族被团结在一起。苏共的中央委员会是一种独特的联邦机制，使得不同地区和不同领域都或多或少地获得了平等的代表权。苏共中央委员会由 300—400 人组成，其中一半来自各加盟共和国，由他们来代表不同地区的政治、经济利益，而且他们的地位大致平等。这种制度安排使克里姆林宫掌握了控制地方的手段。[3] 但是，80 年代末期戈尔巴乔夫的改革削弱乃至破坏了这套协调机制，这时，联邦原有的各种结构性缺陷才爆发出它们的破坏性力量。当全国性民主政党尚未来得及发育起来之前，那些原来潜伏着的种族民族主义已经迅速动员起来，率先抢滩，分裂主义的势头一浪高过一浪。

赖克和菲力波夫等人对于政党与联邦体制稳定性的解释看起来似乎相反，一个要求的是分权式的政党体系，一个要求的是集权式的政党体系。但仔细思之，二者并不矛盾，当中央—地方之间的协商机制是民主式的时候，分权式的政党体系更有利于联邦的稳定；当中央—地方之间的协商机制是非民主式的时候，集权式的政党体系更有利于联邦的稳定。[4] 苏联联邦体制的解体恰恰是由于它在转型过程中，民主的协商机制尚未建立起来之前就为民族主义的浪潮所冲毁。

思　考　题

1. 单一制和联邦制有何差别？
2. 有哪些制度安排可以用来解决权限划分的争议？
3. 影响联邦制稳定的制度性因素有哪些？
4. 如何理解族群、民族和语言等因素在国家结构形式演变中的作用？
5. 试以英国和法国为例，分析历史传统在制度演化中的作用。

进一步阅读指南：

• [美] 丹尼尔·J. 伊拉扎:《联邦主义探索》，彭利平译，上海，上海三联书店，2004。

---

[1]　Filippov, M, P. Ordeshook and O. Shvetsova., 2004, 89.

[2]　Filippov, M, P. Ordeshook and O. Shvetsova., 2004.

[3]　Filippov, M, P. Ordeshook and O. Shvetsova, 2004, 92~93.

[4]　Filippov, M, P. Ordeshook and O. Shvetsova, 2004, 101.

- [美] 阿伦·利普哈特著:《民主的模式》,陈崎译,北京,北京大学出版社,2006。

- 王丽萍:《联邦制与世界秩序》,北京,北京大学出版社,2000。

- Filippov, Mikhail, Peter Ordeshook, Olga Shvetsova. Designing Federalism: A Theory of Self-sustainable Federal Institutions. Cambridge: Cambridge University Press, 2004.

- Riker, William. Federalism: Origins, Operation, and Significance. Boston: Little Brown, 1964.

- Stepan, Alfred. Toward a New Comparative Politics of Federalism, (Multi)Nationalism, and Democracy: Beyond Rikerian Federalism. In: Alfred Stepan. Arguing Comparative Politics. Oxford: OUP, 2001, 315~361.

- Lemco, Jonathan. Political Stability in Federal Governments. New York: Praeger, 1991.

CHAPTER 4
第四章

比较立法制度

本章重点：

> 立法机构的组织形式有一院制和两院制之分。相对而言，两院制无论是其组织形式还是其运作都比一院制要复杂得多。

> 议员究竟应该是反映选区选民要求的代理人，还是作为国家整体利益的受托人？这不仅对于现代政治中的民意代表是一个艰难的选择，而且是我们在进行制度设计时需要留心的一个重要问题。

> 世界各民主国家立法机构中的专业委员会已然成为立法机构的重心。正如美国总统威尔逊所言："立法工作是在委员会会议室里达成的"。

> 与历史上任意性很强的专断统治相比，现代立法过程不仅有着一套严格的立法程序、立法规则，而且涉及各方利益的博弈以及立法授权等问题。

> 探讨立法与行政的关系绕不开宪政制度的总体设计，我们必须在议会制、总统制和半总统制这些具体的宪政体制类型中来探讨二者之间的关系。

现代立法制度是历史演变的产物，它首先诞生于中世纪的欧洲。最初，这些机构只是一种由君主不定期召集的贵族集会，其目的是为了获得贵族对税收和战争的支持。后来，它逐渐地变成了正式的组织，成为君主与其臣民之间最权威的联系方式。[①] 在现代政治制度中，立法制度占有极为重要的地位，我们只要浏览一下各国的宪法就会发现，各国都将立法机构置于政治系统的首位，位列于行政机构和司法机构之前。之所以如此，是因为立法机构被视为代表人民，而人民是国家主权的所有者。立法机构是民主的象征、法治的源泉。要建立健全的民主与法治，必须从认识立法机构、尊重立法机构与健全立法机构开始。

---

① ［英］戴维·米勒、［英］韦农·波格丹诺编：《布莱克维尔政治学百科全书》，邓正来等译，406页，北京，中国政法大学出版社，1992。

第一节　立法机构的组织形式及其运作

目前，在设有代议机构的 191 个国家中，立法机构（legislature）有着不同的称呼，但绝大多数都称为议会（assembly），如英国的议会（Parliament）；也有国家称为国会，如美国的国会（Congress）；其他的则称为人民代表大会（中国）、国民大会（National Assembly，韩国）。不同的词语有不同的历史起源和各有侧重的内涵。legislature 侧重于立法，其词根是法律（*legis*）；parliament 一词来源于法语 parlement，最早出现于 12 世纪，指法国国王或其代表出席的集会，在集会上，国王向臣民发表讲话，听取臣民的陈情，向臣民解释其政策。13 世纪开始，此词在英语中指由君主和等级代表参加的正式会议。[①]

一、什么是立法机构？

立法机构是代议机构，它有一些基本特征：其成员由选举单元（个体、家族或者种族、地区等）推选出来的代表组成；这些代表的任务是就公共议题展开审议，并形成法律；审议的过程在原则上应该是平等的，即所有成员应该能平等参与；理性的，即以公共利益为皈依，以更佳论证为基础。

立法机构在现代政治中的重要地位是不言而喻的，它既是民主国家的重要象征，也是政策合法化的必经通道。一般认为，立法机构除了立法这一本职工作之外，它还具有其他的一些功能，如代表功能、对行政部门进行监督的功能、政治录用的功能、政策合法化功能和公民教育功能等。这些内容我们在《政治学导论》中一般都会涉及，此不赘述。

需要注意的是，议会很少行使积极的立法权，立法提案和方案主要由行政部门提出，后者拥有制定政策所必需的组织协调、专家建议和信息。例如，美国国会是发达国家中最强势和最独立的立法机构，但其审议的立法案中有近 80% 是总统提出的。在光谱的另一端则是欧洲大陆的议会体系，议会和政府共同创议和讨论法案，这在规模较小的欧洲民主国家尤为普遍。在瑞士，法案可以来自联邦议院中任何一个议员的创议，也可以由联邦委员会提出或者由某一个州所要求。另一个例子是以色列，其行政部门创议的法案只占议会所通过的法律中的少数，这在当代代议体制中是罕见的。[②]

议会的消极立法权——即其否决或修改法案的能力——也受到限制。在很多时候，立法案是"经"（through）议会通过，而不是"由"（by）议会通过。这一点在行政机构主导和政党居支配地位的议会中表现尤为明显。1991 年，仅仅一个晚上，从午夜到凌晨 3 点，澳大利亚参议院就通过了 26 个法案；新西兰总理也曾经吹嘘说，他早晨想

---

① Shane Martin, et all, ed. The Oxford Handbook of Legislative Studies. New York, NY: Oxford University Press, 2014. 1

② ［英］罗德·黑格、［英］马丁·哈罗普：《比较政府与政治导论》（第 5 版），张小劲等译，361 页，北京，中国人民大学出版社，2007。

出来的主意在晚上就能出现在法律文书上。在英国，1945 年至 1987 年期间政府提出的法案有 97% 都变成了法律。[①] 但在美国这样的国家情况则有所不同，立法机构具有高度的自主性，国会可以花上 25 年的时间讨论通过老年医疗保健法案，花近 100 年通过一个公民权利方面的法案。

正因为如此，在 20 世纪初，就不断有政治理论家（如布赖斯、施密特等）认为，议会在现代民主政治中衰落了。政治科学家对这一问题的看法存在分歧，有人认为政党政治提高了立法机构的决策效率及其影响；也有人认为，社会自身的复杂性、行政机构的扩张、信息不对称和全球化等因素使得立法机构力不从心。但是，这种悲观的判断还是太过简单。事实上，时至今日，立法机构在政治中的作用仍然是非常重要的，在议会内阁制国家中，立法机构可以决定政府的去留；在总统制国家中，立法机构对政策具有重大的影响。[②]

二、立法机构的组织形式

在历史上，各国立法机构的组织形式多种多样，从一院制到五院制不等，如 1984 到 1994 年的南非和 1930 年代的德国采用的是三院制；1866 年前的瑞士和 1906 年前的芬兰曾采用四院制；南斯拉夫曾采用五院制。但现在各国立法机构的组织形式基本上可以划分为两种：一院制（unicameralism，立法机构由一院组成）和两院制（bicameralism，立法机构由两个独立运作的议院组成）。截至 2000 年，全世界有 112 个国家采行一院制，占国家总数的 63%，而在其他 66 个立法机构中，绝大多数都实行两院制。[③]

一院制的思想基础是卢梭在《社会契约论》中提出的，他认为法律是公意的行为，而公意只有一个。因此，作为代表公意的立法机构也只能由一院组成。相反，当立法机构由两院组成时，如果两院发生意见分歧，则必有一院不能体现公意；如果两院意见一致，则必有一院是多余的而无设立之必要。《第三等级是什么》的作者阿贝·西耶士（Abbé *Sieyès*）就曾说过："如果第二议院同意第一议院的意见，那就显得多余而无用；而如果不同意，那将是极其危险的。"[④]

两院制的思想依据可上溯至孟德斯鸠《论法的精神》，他认为立法权应该由贵族和人民共同行使，即立法机构应由两部分组成，其中贵族依凭年龄、美德、智慧等因素代表他们本人，拥有立法的否决权，以制衡人民代表所组成的议院，并提高立法的效率。18 世纪末期，詹姆斯·麦迪逊在《联邦党人文集》中对两院制所作的思考推动了当时人们对两院制的认可。麦迪逊认为，在政治层面上各州有不同于人民整体的利

① ［英］安德鲁·海伍德：《政治学》，张立鹏译，374 页，北京，中国人民大学出版社，2006。
② Shane Martin, et al., ed. *The Oxford Handbook of Legislative Studies*. New York, NY: Oxford University Press, 2014. 3~4
③ ［英］罗德·黑格、［英］马丁·哈罗普：《比较政府与政治导论》（第 5 版），张小劲等译，352、361 页，北京，中国人民大学出版社，2007。
④ ［英］罗德·黑格、［英］马丁·哈罗普：《比较政府与政治导论》（第 5 版），张小劲等译，353 页，北京，中国人民大学出版社，2007。

益，而两院制的设计使得不适当的立法更难通过；在效率层面上，两院制的结构提高了政治的稳定性，避免了因为议院更换以及民众整体群情激昂所带来的震荡，并且，通过抑制众议院党派领导人的影响力，两院制降低了产生恶法的可能性。①

尽管实行两院制国家的数量只占三分之一，但这些国家在世界上的影响相当大，例如美国、英国、法国、德国、俄罗斯、日本、印度、巴西等大国均实行两院制。相对而言，由于两院制有两个院，因此，无论是其组织形式还是其运作都比一院制要复杂得多。利普哈特曾根据三个指标对两院制进行分类：1. 宪法正式赋予两院的权力。一般的模式是第二院服从第一院，如英国；但也有国家的宪法赋予两院平等的权力，如美国、意大利和瑞士；2. 议员的产生方式。各国立法机关第一院的议员都是由直接选举产生，但第二院的议员则绝大多数由间接选举（如印度、荷兰）或任命（如英国、加拿大）的方式产生。很显然，非经直接选举产生的第二院在民主合法性上要弱于直接选举产生的第一院；3. 第二院可以通过不同于第一院的方式选举产生，或者作山安排让某些少数群体获得超额代表权。如法国的参议员由选举人团选出，人口不足全国1/3的小城镇在选举人团中拥有半数以上的选票，因此，乡村和小城镇就获得了超额代表权。②

按照前两个标准，我们可以将两院制立法机关分为对称的两院制和不对称的两院制。当宪法赋予两院的权力和两院的民主合法性完全平等或相差不大时，就是对称的两院制，又称"平衡的两院制"，以美国最为典型（一个值得注意的事实是，几乎所有平衡的两院制都出现在联邦制国家）。美国参众两院的地位和权力是同等的，两院平等地共同行使立法权，任何一院通过的法案必须送交另一院通过才能成为法律，任何一院对另一院通过的法案都拥有绝对的否决权。两院如发生分歧，只能通过协商解决。当然，"平衡的两院制"并不排除某些事实上的不平等。例如，众议院选总统，参议院选副总统。"平衡的两院制"的问题：两院之间可能产生冲突。由于两院拥有大致同等权力，因此，需要有一种机制来解决二者之间的分歧，并防止制度性僵局。最常见的机制是美国国会采用的特设联席委员会，由参众两院资深议员组成，授权达成妥协性的一致意见。

反之，则是不对称的两院制。其中，极端不对称的两院制又称"非平衡的两院制"或"跛足两院制"，指两院的职权大小不对称、强弱不平衡，以英国最为典型。英国本来也是平衡的两院制，贵族院曾被称为"强有力的第二院"。但19世纪中叶以后，随着政府干预社会经济事务职能的扩大，议会为了满足社会经济立法和政府财政日益扩大的需要，承受的压力越来越大。作为社会保守势力代表的上院却不能适应这一时代趋势，因此，1911年通过的"议会法"对上院的权力进行了限制。1949年再次通过的"议会法"，使议会权力的重心转移到下院，下院成为真正的权力主体。以至于有人戏言："英国下院除不能把男人变成女人、把女人变成男人外，几乎无所不能。"

---

① George Tsebelis, Jeannette Money. Bicameralism. New York: Cambridge University Press, 1997, 23~29.

② ［美］阿伦·利普哈特：《民主的模式：36个国家的政府形式和政府绩效》，陈琦译，第11章，北京，北京大学出版社，2006。

虽属戏言，但确实在一定程度上反映了现实，现在的英国上院已基本上形同虚设，它唯一能设置的障碍是：将下院提出的非财政提案搁置一年。因此，其两院制的运作已接近于一院制了。

按照第三个标准，我们可以将两院制立法机关分为成分一致的两院和成分不一致的两院。这样，两院制的组织形态如表 4-1 所示：[①]

表 4-1 两院制国家立法机构的结构（1945—1996 年）

强两院制：对称的、成分不一致的两院
澳大利亚、瑞士、德国、美国、1991 年之后的哥伦比亚
中等强度的两院制：对称的、成分一致的两院
比利时、日本、意大利、荷兰、1919 年之前的哥伦比亚
1953 年以前的丹麦、1970 年以后的瑞典
中等强度的两院制：不对称的、成分不一致的两院
加拿大、西班牙、法国、印度、委内瑞拉
中等强度的两院制与弱两院制之间的过渡形式
博茨瓦纳、英国
弱两院制：不对称的、成分一致的两院
奥地利、爱尔兰、瑞典、牙买加、巴巴多斯、1950 年以前的新西兰

三、立法机构的运作

那么，立法机构是如何组织起来并有效运作的呢？我们可以从理论和实践两个层面来进行观察。

从实践层面上讲，由于现代民主国家政治体制上的差异，其立法机构的实际运作也存在着相当程度的不同。学界一般将立法机构的运作方式区分为两种类型："院会主导模式"（chamber-dominated model）和"委员会主导模式"（independent-committees model）。前者则以英、法为代表，其主要考量标准是民意；后者以美、德、日为代表，其主要考量标准是专业性。[②]

美国是委员会主导模式的代表。美国是总统制国家，其制度设计的基本理念是权力分立与制衡。美国国会为有效行使其职权，不仅在组织结构上力求专业分工，成立类似专家委员会性质的常设委员会，使国会有各种专业知识的议员能与行政机构各部官员相抗衡。而且，设有庞大的立法助理和支持系统，使议员有足够信息与能力拟定或检讨政策法案，同时能有效监督行政部门，防止政府滥用权力。从制度设计上，由于行政机构并没有提案的权力，总统只能通过议员来提出法案，而各种法案必须首先经过各种专业委员会的审查，通过后方能交全院讨论。其中，80% 以上的提案在委员会中被枪毙了。因此，委员会成为立法机构的重心（详见本章第三节）。

---

① [美] 阿伦·利普哈特：《民主的模式：36 个国家的政府形式和政府绩效》，陈琦译，154 页，北京，北京大学出版社，2006。

② Barry Weingast, William Marshall, The Industrial Organization of Congress. Journal of Politics, 1988, 96(1): 132-163; Keith Krehbiel. Information and Legislative Organization. Ann Arbor: University of Michigan Press, 1991.

英国则是院会主导模式的代表。英国内阁制与美国总统制差异颇大，尽管在法律上内阁须对议会负责，但在实际运作中，由于政党组织趋向中央集权，而且党纪严明，多数党领袖不仅能顺利组阁，领导内阁推动行政，而且能在议中主导立法。由于阁员兼为议员，内阁的法案可由阁员以议员身份直接向院会提出，并在院会为法案进行解释、辩护，因而政府首脑不必在委员会多费功夫。委员会在立法程序中的作用十分有限，仅限于对法案具体条款进行审订。

由于两种模式的立法机构在运作上的差异，学者们在对两种不同类型的立法机构展开研究时，其关注的重心也有所不同。对于委员会主导模式的立法机构，学者们更关注立法机构的内部结构，尤其是委员会的结构、立法者对利益的感知与处理；而对于院会主导模式的立法机构，学者们更关注的是外部力量对立法的影响，尤其是社会中存在的利益分歧如何通过利益集团、议员个人和政党传递到立法过程之中。[1] 鉴于政党在现代政治中的核心地位，此处涉及一个重要的问题：政党在立法过程中占据何种位置？学界对这一问题的看法分歧很大。按照考克斯和麦库宾斯的归纳，大致可以分为两种意见：[2]

第一种意见否认政党在立法机构的组织和运作中占有核心地位，而是强调议员个人和各种专业委员会在立法机构运作中的作用。在这一路径中，最理想化的观点是将立法机构想象成一个市镇会议（town hall meeting），所有的议员都是平等的，谁也不比谁掌握更多的资源或议程安排的权力。在这种理想状态中，没有政党也没有专业委员会，只有议员们按照基本的决策规则（无论是多数规则还是绝对多数规则）来进行决策。唐斯和布莱克等人的观点均可归入这种模式。当然，他们并不是真的认为立法机构中没有政党和各种专业委员会的存在，而是为了阐明不同的投票规则会对议员产生重要的影响。

另一些学者则更关注立法机构的各种细节，而不仅仅是投票规则。他们认为立法机构并不是像市镇会议那样乱糟糟的，而是类似于一个公司，它通过各种专业委员会将议员们组织起来，而不是让他们各行其是。在决策过程中，是各种专业委员会的议程控制，而不是议员个人的偏好在其中发挥关键性作用。在这一模式中，议会就是一个市场，各种专业委员会就类似于活跃于市场中的公司，它们根据利益集团的竞价结果来做决定，决策自然是倾向于那些出价最高的利益集团。布坎南、塔洛克和波斯纳等人的观点可归入此类。谢普斯勒和温加斯特（Kenneth A. Shepsle and Barry Weingast）还指出，这些专业委员会可能会运用制度赋予它们的否决权来确立它们对议价权的垄断，并保障选票交易。从这个意义上讲，各国立法机构的影响力大小取决于委员会制度的安排，如果议会具有强大的政策制定权，它必然具有高度发展的委员会系统。因此，凡是立法机构试图成为重要角色的国家，往往不同程度地借用委员会

① Fred I. Greenstein, Nelson W. Polsby 主编：《政府制度与程序》，幼狮文化事业公司编译，403 页，台北，幼狮文化，1983。

② Gary W. Cox, Mathew D. McCubbins. Legislative Leviathan: Party Government in the House. Berkeley: University of California Press, 1993.

来强化其功能。

第二种意见则认为政党是立法机构的核心组织成分。那么，为什么立法机关需要政党作为它的核心组织成分呢？对这一问题，学界有两种解释。一种解释认为，政党的存在是为了解决立法机构内部的集体行动困境问题。因为如果立法机构内部没有组织的话，议员们将无法确定他们的议事日程。当任何一名议员都能在任何时候提出任何一项修正案的话，那谁都不能保证明天立法机构会不会通过投票剥夺他今天刚刚获得的利益。为了规避这种不确定性，议员们就需要组织政党，使他们结合在一起，以便持久的联合成为可能。这种观点在施瓦茨和阿尔德里希那里得到了最清晰的阐释。

另一种解释则认为，政党的存在是为了解决立法机构外部的集体行动困境。在这种观点看来，立法机构的党团活动主要是为了获得选票。现代政党所面临的选举压力使它们有足够的动机塑造和维持其形象，就像公司要在市场上维护其品牌一样。塑造和维护其形象的一个重要手段就是通过立法活动来获得好名声，而这个好名声对于该政党的所有党员来说就是一种公共财产，这才是立法机构党团活动产生的原因。对这种观点倡导最力的就是考克斯和麦库宾斯。

尽管不同的学者对立法机构党团活动产生的原因看法不一致，但在如何活动的问题上则相对集中，讨论的重心主要是两个问题：政党如何影响本党议员的投票行为；政党如何影响本党议员在各种专业委员会中的行为，以及他们在投票前的各种活动中的行为。

对于前一个问题，很多学者都指出，议员们都有"搭便车"的动机，而且协调行动相当困难，因此，需要授权给政党领袖，使他们能对本党议员进行协调和约束，以便大家都能从充分的合作中获益。在这一过程中，政党领袖是政党当然的代理人。这里的问题在于，如何才能选出合适的政党领袖，并保证他能履行相应的责任？如何保证本党议员对党派立场的忠诚？议员们按照党派立场投票是出于何种动机？早在1970年代，学者们就注意到凝聚力（按照某种理由投票）和纪律（由于政党领袖的影响而投票）之间的差别。

与后一个问题相关的主要是委员会的分组安排和委员会席位控制的问题。执政党或执政党联盟可以利用委员会系统本身的分工促进其专门化，并形成折中的方案。但是，为了从委员会体制中获益，党派联盟必须要能控制委员会的讨论结果或能对其进行过滤。它们可以通过委员会的任命过程或"审计"等制衡手段来控制委员会的讨论结果，或对其施加影响。因此，有大量的比较研究都是关于政党如何控制和影响委员会的任命过程和委员会的议程安排。

上述两种观察立法组织的视角均将其视为解决集体行动问题、降低交易成本的一种手段，无论是通过委员会，还是通过政党。而且，它们都将议程安排的权力看作理解立法机构权力结构的关键要素。因此，它们不仅关注哪些因素会影响投票行为，而且特别关注谁控制着议程安排的权力，以及如何保有并运用这一权力。下面我们就沿着这个思路进一步考察议员和委员会在立法机构运作中的情况，而将政党在立法机构运作中的作用留到第七章第三节再予以讨论。

第二节　议　员　行　为

当我们讨论立法机构时，它的组织模式与规则固然重要，活动于其中的人也同样重要。议员的行为与自我定位直接关系到制度设计本身，对议员行为的考察将为立法制度的设计指明方向。本节对此问题的考察分为两个部分：议员的投票行为和议员的代表角色。

一、议员的投票行为

在任何一个立法机构中，投票行为都是一个不可或缺的关键仪式，而议员的意志在投票行为中也最有可能被选民和利益集团所察知。一般而言，为了预防下一次选举中潜在竞选对手的缺勤指控，议员都尽可能多地参与全院投票和委员会投票，比如：美国参众两院议员的全院投票平均参与率超过了 95%。[①]

那么，议员的这些投票是否都能看作其内心真实意志的表达呢？答案是否定的。议员们即使更喜欢某项议案，他仍有可能对之投反对票。这是因为否决一项中庸的议案日后有可能引起一项波及范围更广的改革。另外，政党领导人有时也会利用这样的机会来深化政党差异，以便有助于赢得下次的选举。而有时候议员在不喜欢某项议案的情形下，为了避免出现更糟的情况，他也会选择投赞成票。在有些议案中，议员可能会在不同的立法环节表现出不同的倾向，比如：支持某授权立项却又不赞同对其拨款。在不影响议案的最终结果时，议员也能够进行自由投票（free votes），不需要考虑政党纪律的约束；在权力分立的政体中，这样的机会更多，即议员预测到某议案在其他院（或国家元首）那里会遭到否决时，他可以选择投票支持。当然，更经常的情形是议员选择附和多数。[②]

虽然议员的某些投票行为不能视作其内心真实意志的体现，但是这并不能否定投票行为所具有的价值，它可以作为监测立法机构及其成员的一项重要指标。既然投票行为对于立法机构是不可或缺的关键仪式，那么很自然的，各种政治力量都会对议员的投票行为施加影响，以期立法机构的决策能够维护自身的利益。影响议员投票行为的几个重要因素有：政党隶属性、意识形态倾向、选民偏好以及（总统制下）总统的立场。

第一，政党隶属性。政党隶属性是对议员投票最有影响的一个因素，往往议员在投票时都要考虑同一政党内其他人的看法，所以，在各国立法机构中，属于同一政党的议员一致投票赞成或反对某项提案的情形很是常见。即使在美国这种政党纪律不是很严格的国家，有时也会有 1/2 至 2/3 的议员在投票时与自己所属政党保持一致，这

---

①　Roger H. Davidson, Walter J. Oleszek, Frances E. Lee. Congress and Its Members (11th edition). Washington: CQ Press, 2008, 280~281.

②　Roger H. Davidson, Walter J. Oleszek, Frances E. Lee. Congress and Its Members (11th edition). Washington: CQ Press, 2008, 282~284.

种情况被称为政党一致票（party unity votes）①。这种党派性投票出现的原因有：议会党团在立法机构中作用的加强、反映所在选区选民整体的党派色彩、反映地理区域政党属性（指城区、郊区或农村更倾向于哪个政党）、党派的重新组合、政治理念的共享以及政党的社会化功能等。

第二，意识形态取向。在有些国家的政党中，其内部的意识形态往往具有一定程度的多样性，甚至几乎覆盖了整个社会意识形态的光谱。因此，虽然议员经常以政党界线进行投票，但是有些时候也会出现基于意识形态的跨党派联合投票。在1968年之前的美国就属于这种情况，1968年的美国大选则使两党重新组合，内部意识形态相对更为趋同，保守的民主党与自由的共和党人数大幅缩水。这样，议员在投票时意识形态取向与政党隶属性就更紧密地结合在一起，议案表决前的投票结果预测就变得更为准确。

第三，选民偏好。选民会以两种方式影响议员投票：（1）选民通常推选反映他们偏好的代表，因此，议员当选后的投票情况很自然地反映出当地选民的偏好；（2）议员为下一次赢得选举而投票争取政治、经济利益，以回报选民。影响立法机构投票行为的选民偏好，主要是从第二个角度来说的。有学者将这种影响概述为："为了做出一个决定，议员们需要（1）识别专心的公众和漫不经心的公众（他们可能只关心某一政策议题）；（2）评估他们偏好及潜在偏好的方向与强度；（3）评估潜在偏好转化为实际偏好的可能性；（4）根据各种各样专心的和漫不经心的公众的规模赋予所有这些偏好以不同的权重；（5）赋予议员的长期支持者的偏好以特殊的权重。"②

第四，行政首脑的立场。虽然权力分立是西方宪政民主政体的基本原则，立法机构总是追求一种独立的立法进程，但在立法过程中，行政首脑的立场这一因素仍不容忽视：他不仅影响着立法机构的议事日程，也真实地影响着议员的投票行为。以总统制国家为例，在新总统当选之后，他与广大民众的关系处于蜜月期内，而立法机构的议员在政策支持方面也会默许一个观察期，此时总统支持的议案的通过率相应地会更高一些；另外，在"一致政府"的情况下，由于总统与立法机构多数党同属一个政党，此时总统支持的议案比"分立政府"时更容易通过。③

伴随立法机构投票过程的是各方利益相互博弈、各种政策目标相互妥协，其中的讨价还价、利益交换在相当程度上影响了最终的政策输出。

二、议员的代表角色

在代议民主政体中，立法机构的议员大多都扮演着两种不同的代表角色：第一，选区代表角色。议员是由各自选区选出的，他必须做所在选区选民意志与利益的代言

---

① 政党一致票，是指同一政党的大多数议员针对某项议案所作的一致性投票，并不一定是同一政党内所有议员的一致性投票。

② 转引自 Roger H. Davidson, Walter J. Oleszek, Frances E. Lee. Congress and Its Members (11th edition). Washington: CQ Press, 2008, 293.

③ Roger H. Davidson, Walter J. Oleszek, Frances E. Lee. Congress and Its Members (11th edition). Washington: CQ Press, 2008, 284~295.

人，在立法与决策上彰显所在选区的立场，争取特殊利益回报选区，并为选民个体提供特别服务；第二，集体代表角色。每一个议员又都是国家立法机构中的一员，他必须站在国家整体立场，从所有选民整体利益的角度来思考立法与决策。议员作为选区代表与集体代表的角色有可能形成互补：一方面，议员将选区选民的意志与利益充分表达，有利于立法机构从整体层面进行考量并作出适当的立法与决策；另一方面，立法机构的政策输出也使得选区利益、要求有了具体落实的可能。然而，这两个角色却内在地隐含着产生冲突的可能：议员的时间与精力有限，当他较关注选区的事务时，相对地就会疏于关注国家整体的事务；更严重的是，有时选区的利益与国家整体的利益会发生直接的冲突。① 那么，当选区代表角色与集体代表角色相冲突时，议员应该站在选区还是国家整体利益的角度进行思考呢？

18 世纪的英国政治思想家埃德蒙·柏克（Edmund Burke）对于这一问题曾有过经典的论述："议会不是一个由代表各不相同的、敌对国家利益的大使们所组成的协商会（congress），在那里，作为本国利益的代理人和代言人，每位大使都必须与别国的诸多代理人和代言人相争斗以维护本国的利益。与此相反，议会是一个具有共同利益、整体利益的同一国家的决策性会议——在这里起主导作用的不该是地方利益、地方偏见，而应该是以全体人民的普遍理性为基础的普遍利益。不错，议员是由你们挑选的，但是，你们把他挑选出之后，他就不再受布里斯托尔这一地区的限制，而是议会的一员。"② 柏克这段话非常鲜明地将一个二难选择挑了出来：议员究竟应该是反映选区选民要求的代理人（delegate），还是作为国家整体利益的受托人（trustee），本着自己成熟的判断与开明的良知做出判断？柏克认为，议会议员并非选区选民意见的传声筒，倘若他为了顺从选民的意见而牺牲了他的判断，那么，他是背叛选民而非服务选民。柏克是这样说的，也是这样做的，只是他换来的却是连任失败。

其实，在现实生活中，无论是做一个极端的选区利益代言人还是一个极端的国家整体利益受托者都不可行。这是因为：第一，选区选民并非对所有议题都有着明显的偏好提示，因此，在那些选区选民不是很关注或者立场并不明确的议题上，议员有着相当的自由决断空间，他也必须运用自己的知识、智慧去作决断；第二，议员为下一次获得连任，也不能完全忽略选区选民的要求与利益。因此，绝大多数议员的代表角色位于极端的选区利益的代言人与极端的国家整体利益的受托者之间。

当然，在实际的立法实践中，各国议员的表现也并非完全一致。相对来说，大多数的美国国会议员较侧重于选区代表的角色。这是因为美国国会议员的选举更多的是依赖于议员自己而非所在政党的力量，议员为实现连任目标必须预先积攒起足够多的个人投票（personal vote）。③ 另外，集体行动的困境也促使议员更多地考虑选区的利益，去争取将有限的资源更多地分配到自己的选区。所以，议员往往以选区利益为重，频

---

① 盛杏湲：《选区代表与集体代表：立法委员的代表角色》，载《东吴政治学报》，2005（21）：1~40 页。
② [英]埃德蒙·柏克：《自由与传统：柏克政论论文选》，蒋庆、王瑞昌、王天成译，166 页，北京，商务印书馆，2001。
③ 个人选票是指议员凭借着他个人的特质、资历、政治表现等获得选票，而非凭借政党或其他非个人因素获得选票。参见盛杏湲：《选区代表与集体代表：立法委员的代表角色》，载《东吴政治学报》，2005（21）：1~40 页。

繁地造访自己的选区，听取地方上的问题与意见，有时甚至不惜牺牲国家的整体利益。有研究表明，在2000—2007年，大部分的国会成员将一年中2/3的时间花在家乡，与他的选民们在一起。即使是待在华盛顿的日子里，他们也只有不到40%的时间是在履行立法的职责。[1]

与之相对应的是，美国选民评估国会议员所使用的指标，往往是看其是否是选区意见或利益的代言人。比如，国会议员在政策制订方面与选区选民立场的接近程度，或者是国会议员为选区做了哪些服务、带给选区多少公共工程等项目。在得克萨斯州的一次竞选集会上，一位选民的观点典型地反映了美国普通民众对议员角色的认知："我们将你送到华盛顿，不是要你去制订什么聪明的决策，而是要你去代表我们"。[2]美国在1970年代末的一项调查恰好显示了议员和选民在代表问题的认知差异（见表4-2），[3]这种差异在连任的竞选压力下往往会使议员偏向选区代表的角色。但是，对选区代表角色的侧重很可能会造成集体责任机制的丧失，而议员则成为地方特殊利益的代理人，缺乏对国家整体利益的关注与考量。

表4-2   公众与议员认同比较

议员是否应当首先关心选区利益	公众	议员	当议员个人看法与选民看法冲突时，他是否应当顺从民意？	公众	议员
选区利益	56%	24%	自己判断	22%	65%
国家利益	34%	45%	顺从选民	46%	5%
等同视之	–	28%	依问题而定	27%	25%
不 确 定	9%	3%	不 确 定	5%	4%

相对于美国国会议员强调选区代表角色，大多数欧洲国家的议员比较偏向国家整体利益受托人的集体代表角色。这种现象与这些国家普遍采用的比例代表制（相关论述请参考第八章第一节）有关。尽管各国比例代表制的具体设计千差万别，但它们有一个共同点，那就是选民投票所选的不是某一个议员候选人，而是某一个政党，根据投票结果由各政党将所得议席分配给该党的候选人。这样一来，选民评估的对象就是政党而非议员个人，议员更多的是和他所属的政党绑在一起，而不是和选区的选民绑在一起。因此，在比例代表制下，候选人是作为政党利益和意识形态承诺的代表，而不是选区利益的代表。[4]同时，为了防止议员以国家整体利益之名逃避选民的监督，议员代表国家整体的利益是放在政党政治的架构下来履行。如果政党政治尚未健全，政党不能维护国家整体的利益，而选民又无力将其驱逐下台，则作为集体代表的议员可能会牺牲国家的整体利益。例如，过去委内瑞拉在施行政党名单比例代表制时，最

---

[1] Roger H. Davidson, Walter J. Oleszek, Frances E. Lee. Congress and Its Members (11th edition). Washington: CQ Press, 2008, 5.

[2] Roger H. Davidson, Walter J. Oleszek, Frances E. Lee. Congress and Its Members (11th edition). Washington: CQ Press, 2008, 8.

[3] 孙哲：《左右未来：美国国会的制度创新和决策行为》，366页，上海，复旦大学出版社，2001。

[4] Roger H. Davidson, Walter J. Oleszek, Frances E. Lee. Congress and Its Members (11th edition). Washington: CQ Press, 2008, 9.

大的问题即在于议员的选任受到政党领袖的严格控制，完全背离选民的控制。[①]

由此可见，过度强调选区代表的角色可能会牺牲国家整体的利益以迁就选区利益；过度忽略选区的影响力，又没有健全的政党政治来配合，也将造成议员脱离选民的控制，最终牺牲国家整体的利益以迁就政党利益。因此，如何拿捏选区代表与集体代表之间的平衡，这是在进行制度设计时需要留心的一个重要问题。

第三节　专业委员会

专业委员会作为立法机关的一种组织形式，最早形成于英国 16 世纪 60、70 年代都铎王朝的议会之中，即下院的永久性委员会制度（Permanent Committee System）。在下院每次会议期间，任命 5 个委员会，分别负责审查有关选举和特权、宗教、申诉与请愿、贸易和司法方面的问题。[②] 其后，委员会制度的发展多是为因应议会所交付的特定事务而生。经过数百年（特别是 20 世纪）的演变和发展，世界各国立法机构中的专业委员会已然成为立法机构的重心，尤其是在美国这种委员会中心主义的立法机构中。美国总统威尔逊曾一再强调："立法工作并不以公开的方式进行或者在院会举行公开的辩论中完成，而是在委员会的会议室里达成的"。[③] 委员会体制是"政治的神经中枢，信息的汇集地，方案的筛选器，立法细节的提炼场"[④]，在立法过程中具有举足轻重的分量。

一、委员会的类型

各国立法机关的委员会体制各有不同，就其作用而言，委员会可以分为两类：常设委员会（Standing Committee）和特别委员会（Select or Special Committee）。

常设委员会是委员会体制的核心（这一点对于委员会中心主义的立法机构来说尤其如此），其任务是审议提出的议案，对议案提出建议。它们通常要在立法机关的整个任期内（也就是直到新一届立法机关被选出为止）工作，负责某一特定问题，并与行政机关的部门相对应。早期西方民主国家议会并没有常设委员会，它是后来为了适应现代社会专业分工的需要而发展起来的。在大多数立法机构中，常设委员会的地位最为重要，有人甚至说："美国国会若无常设委员会，即成聋子、瞎子、没有双手，是无法进行立法工作的。"[⑤] 此话不假，每年提交国会的法案有一两万件之多，常设委员会便在其中发挥了相当重要的把关作用，经过委员会审查通过，最后送到院会进行二读的法案仅剩 1000 多件，大约有 80% 到 90% 的议案被埋葬在委员会审查阶段。因此，一项议案要成为法律，获得委员会的同意是一个至关重要的前提。

---

① 盛杏湲：《选区代表与集体代表：立法委员的代表角色》，载《东吴政治学报》，2005（21）：1~40 页。
② 周伟：《各国立法机关委员会制度比较研究》，27 页，武汉，武汉大学博士学位论文，1998。
③ Woodrow Wilson. Congressional Government. New York: Houghton Mifflin, 1885, 102.
④ 孙哲：《左右未来：美国国会的制度创新和决策行为》，213 页，上海，复旦大学出版社，2001。
⑤ John D. Lees, Malcolm Shaw ed. Committees in Legislatures: A Comparative Analysis. Durham, North Carolina: Duke University Press, 1979, 11.

　　虽然委员会所同意的议案最终未必能够成为法律，但被委员会否定的议案基本上就没有成为法律的可能性。实际上，各专门委员会的成员被视为他们各自立法领域的专家与权威，因而委员会对于某项议案作出的决定在多数情况下能够得到其他议员的认可，至少是在本党内部如此。在这种情况下，国会只不过是对委员会的决定作出一种象征性的批准。委员会制度的批评者们据此认为，各常设委员会在立法过程中掌握着生杀予夺的大权，这一事实已经使国会的作用降低到了"橡皮图章"的地步。[①]

　　美国国会的委员会可以说是一个特例，其他国家的绝大多数立法机构虽然也有委员会制度，但他们的委员会远远不像美国的委员会那样掌握着对立法议案的生杀大权。在院会中心主义的立法机构中，常设委员会的作用十分有限。如英国下院的常设委员会对法案的审查不是像美国那样在大会讨论前先行审查，而是在二读通过后再行审查。在英国下院的立法过程中，二读是整个程序中最重要的阶段，法案的成败关键在此。二读程序确立了法案的立法原则与内容，常设委员会的审查只需注意法案的内容与立法条文文字是否适当，它能做的工作仅限于立法文字的拟定，其在立法过程中的地位自然不如美国国会的常设委员会那么重要，英国下院的院会和会中的政党组织才是主要的论坛。[②] 再如法国，国民议会中虽然也设有常设委员会，但它们不能改变政府立法的意图，而只能对政府的法案作一些技术性的修改。由于委员会必须在 3 个月内向全体大会做出报告，它们不能阻止法案提交国民大会表决。委员会同样没有足够的时间完整地考察政府的提案。今天，国民议会中的常设委员会被减少到 6 个，其权威性也比较小，人们对它们的描述是"比立法的传送带好不了多少"。

　　特别委员会通常只在一段特定时期存在，对特定急需处理的事项进行研究，一旦任务完成，立即撤销。但如果这些特别委员会表现出有长期存在的价值，便会被改为常设委员会。特别委员会的设立，或是为了弥补常设委员会的不足，或是为了避免常设委员会的职权之争，或是表示全院对某一问题的高度重视。这种委员会的主要工作不是立法，而是调查，它们的职权常常跨越常设委员会。如美国国会曾经成立的水门事件特别调查委员会即属此例。[③] 英国议会依靠特别委员会审查立法草案，尽管特别委员会的权力非常有限，不能对法案作出与原则相抵触的改变，只能进行一些技术性的修正。但是，它们能有效地促进公众对政府政策和政府行为展开讨论。1979 年，英国下院建立了 12 个特别委员会，负责审查证人、搜集证据、举办公开听证和发表报告。

　　除此而外，两院制的立法机关还可以设立永久的或者临时的联合委员会（Joint Committee），由两院的代表共同组成，审查一般性、持续性问题，或者协调两院的意见。其目的是为了提高两院制立法机构的工作效率，消除由于两院各委员会分别审查某个议案过程中所造成的职能重复。联合委员会的优势在于，可以在两院制架构下以一种一院制的方式运作，加强两院之间的协调，减少摩擦，并提高效率。[④]

①　唐士其：《美国政府与政治》，103~105 页，台北，扬智文化出版公司，1998。
②　陈淞山：《国会制度解读：国会权力游戏手册》，63~64 页，台北，月旦出版社，1994。
③　孙哲：《左右未来：美国国会的制度创新和决策行为》，223~224 页，上海，复旦大学出版社，2001。
④　孙哲：《左右未来：美国国会的制度创新和决策行为》，224~225 页，上海，复旦大学出版社，2001。

二、委员会的功能

一般而言，委员会在立法机构中的作用包括：专家立法、监督行政机关、内部整合、信息搜集等。

一是专家立法。立法机构的核心工作就是立法，尽管在议员当中有许多专家，但没有人能对所有立法议题都具备专门的知识。委员会最大的作用就是分别集合具备各领域专门知识的议员于一堂，先行审议，以提高立法能力，加强法案研究和立法、修法的质量。为了实现这一目标，各国立法机关均设置一定数量的专门委员会。如美国第 113 届国会（2013—2015 年）参议院设有 17 个委员会；众议院设有 20 个委员会。[①]

二是监督行政机关。因所管理的事务越来越复杂，行政部门的权力日益膨胀，这使得议会对政府的控制力大大下降。因此，议会需要成立与政府相对口的专业部门，专门研究、了解政府的活动、政策，从而实现对政府的有效监督。从 1792 年起，美国国会就把监督和调查的权力委托给委员会行使。从 19 世纪后期开始，常设委员会逐渐成为国会实施监督与调查活动的主力，从而使委员会权力逐渐从立法权发展到监督权。经过多年的变革与发展，委员会制度已逐渐演变成与行政部门相抗衡的重要机制。有学者指出："委员会制度是抵挡在 20 世纪将国会变成行政机关'附庸机关'这种趋势的主要防御阵线。"[②]

三是内部整合。对委员会立法工作的参与不仅有助于确立每个委员的角色，增加议员的专业知识及责任感，而且可使议员对立法目标产生共识，这种整合作用有助于提高整个立法机构的效率。因此，委员会在审议协调过程中最重要的课题就是，如何使组织内各种不同背景的议员和谐共处，使冲突减到最低。

四是信息搜集。委员会是立法体系不可或缺的沟通网络和信息流通网络，行政机关主要是通过委员会来传递信息，进行立法与修法的建议。委员会也通过听证会给予行政机关、个人或是利益团体表达和交换意见的机会。

当然，以上所述只是一般性论述，具体到不同类型的立法机构中，委员会的作用还是有很大差别。其中，美国国会是一个极端，其常设委员会行使着极为重要的职能；英国议会则是另一个极端，其特别委员会仅仅对立法草案进行粗略的审查，其常设委员的监督职能也非常有限。大多数其他国家立法机关的委员会介于二者之间。

这就引申出一个很有意思的问题，到底是什么原因导致委员会在不同的立法机构中的作用有如此大的差别。除了行政体制（总统制和内阁制）这一因素外，是否还有其他因素对之产生重要的影响？有学者认为，政党制度是一个关键因素，一个立法机关中政党的力量越强大、纪律越严格，委员会的力量就越小。研究表明，具有强大党派凝聚力的议会（如英国和加拿大的议会）在建立强有力的委员会体制问题上遇到了

---

① [美] 罗杰·H. 戴维森等：《美国国会：代议政治与议员行为》（第 14 版），刁大明译，209 页，北京，社会科学文献出版社，2016。

② Jewell, M. E, Patterson, S. C. The legislative process in the United States. New York: Random House, 1997, 115~116.

很多障碍。政党不想让委员会成为决策的中心或者与其竞争。① 即使在美国，委员会的权力也在衰落，这一方面是由于委员会制度导致政策的碎片化，委员会失去了应对重大问题的能力，致使政党领袖更多地介入委员会和院会中的政策协调之中；另一方面则是政党在立法过程中的作用越来越重要，政党通过各种新的机制掌控着国会碎片化的权威结构。② 政党领袖力推本党议程，并强化本党纪律，无论委员会领袖是否予以合作。简言之，国会中权力的天平倒向了政党领袖一边。③

三、委员会主席制度

委员会的组织结构一般由主席、副主席、委员会成员和幕僚组成。其中，委员会主席制度的安排向来是学界关注的重心。

在委员会中心主义的立法机构中，委员会主席可以说是一个大权在握的"议程设定者"，他们"召集会议，确定议程，聘用、解聘委员会幕僚人员，安排听证会，指派与会人员，担任大会总管，控制委员会预算、办公室，主持听证会，安排草拟议案，管理委员会的内部事务及运作"。④ 因此，委员会主席的制度安排不仅决定着委员会能否有效运作，而且决定着整个立法机构的运作方式。我们下面仍分别以英美这两个典型国家的常设委员会为例来观察委员会主席制度的安排。

英国下院各委员会主席的人选并非由该委员会议员选举产生，而是在每届议会产生之初由议长事先指定 10 人为主席，此即所谓的主席名单。各委员会的主席由议长于此名单中指定。由于英国议会的立法是由多数党所控制，如果立法提案是由兼任阁员的议员提出，那么，这个提案就称为政府案（Government Bill），这时，该提案在通过二读程序后交由委员会审查时，实际负责的就是这位议员，而委员会的主席在议案的审查过程中并不占有重要地位。相反，议员本人在议会中的地位倒是在其中起着关键性作用。

在这种情况下，为了保证议事运作的顺利进行，英国下院在制度安排上除了严明的政党纪律外，最为关键的是建立资深议员制度。英国下院极为特殊的议席设计使新进议会或政治资历尚浅的议员只能充当"后排议员"，待政治磨炼与日俱增且累积一定声望后，才能渐次往前递补，成为"前排议员"。这种对议员席次的安排并非仅止于座次而已，它同时也形成了议会当中的政治伦理，使得主要的政策辩论均集中于内阁官员与"前排议员"之间，"后排议员"少有机会置喙。尽管有学者认为这种制度等于鼓励"票票不等值"，并对"议会人权"构成了限制。但是，更多的学者则认为，一个民主制度运作数百年而不坠，其根本的体制因素并非是精英主义或反民主的，而

① John D. Lees, Malcolm Shaw, ed. Committees in Legislatures: A Comparative Analysis. Durham, N.C.: Duke University Press, 1979, 7.

② Eric Schickler. Disjointed Pluralism: Institutional Innovation and the Development of the U.S. Congress. Princeton, N.J.: Princeton University Press, 2001, 208.

③ ［美］罗杰・H. 戴维森等：《美国国会：代议政治与议员行为》（第 14 版），刁大明译，252 页，北京，社会科学文献出版社，2016。

④ Roger H. Davidson, Walter J. Oleszek, Frances E. Lee. Congress and Its Members (11th edition). Washington: CQ Press, 2008, 216.

是奠基于历史的脉络和对民主制度的尊崇之上。

在美国国会中，资深制虽未见诸任何正式文字，1970 年代以前参众两院常设委员会主席在形式上也都是由各委员会选举产生。但是，实际上各常设委员会主席都是按照资深制从多数党议员中产生。所谓"资深制"（seniority）是指以年资作为选任委员会主席的主要标准。依据这一原则，如果委员会主席出缺，则由该委员会中年资最高的多数党议员自动补缺。如果某位议员有资格同时担任两个委员会主席的职务，则必须放弃其中一个，而由年资次高的委员担任该委员会的主席。这一制度自 1920 年代即已建立，一直沿用到 1975 年。

之所以会建立资深制，首要原因就在于它与委员会专业性之间的密切关系。议员长期参加某一特定委员会，负责审议某一领域的相关法案、质询所属行政各部人员，这对其专业能力的培养是大有裨益的。因此，主张委员会主席由资深议员出任主要是借重其专业能力和其对议事的娴熟，以及应对行政部门的经验。特别是当行政部门倚重其高度的专业分工而权力不断膨胀之时，委员会为了能有效处理其内部琐碎的行政事务和繁杂的议事流程，往往倾向于由经验丰富的资深议员带领，以对抗庞大的行政体系。

但是，资深制也存在严重的缺陷，因为议员一旦坐上主席之位，终其政治生涯皆可保有此位，除非他自愿退休、落选或所属政党退居少数，这使得各委员会日趋老迈、保守。1964 年 4 月 3 日，从加州选出的民主党众议员伯克哈特宣布他将不寻求连任，在对新闻界发表了一篇声明中，他解释了他为什么不想连任的理由："我发现我一片茫然。除非你在众院已服务了 10 年或 12 年，否则没有人会听你的。那群老家伙控制每一个环节，使你无能为力。在 435 名议员中，大约只有 40 人左右能呼风唤雨。这些人不是七老就是八十，但是却是委员会主席及资深委员！"这段话道出了受人诟病的国会内部资深制的真相。

20 世纪 70 年代以后，美国开始着手国会内部结构的调整，主要措施包括：一是通过强化委员会内部的小组委员会的作用来削弱委员会主席的权力，1973 年"小组委员会权利法案"的通过使美国国会的运作从"委员会中心主义"变成了"小组委员会中心主义"；二是通过改革委员会主席的任职方式来提升党团约束资深党员的能力，依据年资决定委员会主席的传统被打破，改由党团以秘密投票选举产生。到了 1994 年共和党成为国会多数时，国会内部更建立起以政党为领导中心的运作模式；三是提高议长的正式与非正式的权力。1990 年代中期，美国 104 届国会众议院议长金里奇（Newt Gingrich）在任期间的"百日维新"不仅使委员会系统更能对党团负责，而且建立起一个强势的党内统治集团，大大提高了议长权力。众议院议长不仅取得了所有常设委员会主席人选的任命权，也间接掌握了不能配合党团立场者的罢黜权；许多影响到委员会运作与其主管立法政策的各种内部事项的决定，议长本人也经常直接介入。[①] 至此，议长和委员会主席之间的相对地位再一次发生逆转，在 19 世纪末是议长权势衰落，委员会机制

---

① 刘有恒：《美国国会委员会之地位与角色》，http://www.npf.org.tw/PUBLICATION/CL/091/CL-R-091-021.htm.

复兴，委员会主席开始大权在握；现在是委员会主席的权力衰落，议长的权力重新上升。

资深制原则的改变对权力结构造成了深刻的影响。首先，资深制的式微重建了政党领袖对党团的委员会或小组委员会的控制力；其次，委员会职位的安排不再依资深而自动晋升；再次，委员会主席必须对其委员会成员及党团负责并且密切配合，维持其与政党领袖及成员的关系，以免遭免除的厄运。① 美国国会在历经委员会主席个人主导后，还是回归以政党为主的政治运作模式。

第四节　立法过程及其控制

立法过程有广义和狭义之分。从广义上讲，它包括立法准备、从法案转换成法律以及立法完善三个阶段。从狭义上讲，立法过程仅指其中的第二个阶段，本节所说的立法过程就是在这种意义上而言的。与以往历史上任意性很强的专断统治相比，现代立法机构的运作不仅有着一套严格的立法程序、立法规则，而且其中也涉及各方利益的博弈策略以及立法授权等问题。典型的立法程序在《政治学导论》已经学习过，这里只就立法规则和立法授权问题略作介绍。

一、立法规则

在立法程序的一系列环节中，法律详细规定了一整套立法规则，包括议程控制、规则分类以及争议解决方式等内容。

第一，议程控制。麦库宾斯指出，立法规则中的议程控制权包括肯定性议程控制权和否定性议程控制权。肯定性程序控制权是指提出新动议和将新动议纳入立法机构议程的权力，它并非仅指提案权。此种权力，或者由宪法予以规定，或者由立法机构自行决定。比如，美国国会就将肯定性议程控制权交由各委员会和政党。如果立法机构所作的政策决定要视制定者的偏好而定时，谁拥有肯定性程序控制权这一问题就变得非常重要了。在美国，法律规定了许多使法案得以审议的途径。比如，除了议员外，总统也有权向国会直接提出动议。而在国会内，各委员会及特定的工作组在其政策领域内也都拥有政策变革的创议权。除了一些具有高度优先权的法案掌握在一些特定的委员会（比如拨款委员会、预算委员会等）手中外，美国国会的大部分议事日程都由议长及规则委员会掌控着。与此形成对比的是，英国议会都是由行政部门操控着议程的设置，而内阁制下所特有的立法与行政的融合性，使得大部分的立法动议出自内阁。"90%规则"就是对这种情况的一个形象描述，它意味着"大约90%的法案来自行政部门，其中又有90%的法案成为法律"。②

否定性议程控制权是指终止或者搁置针对法案进行审议的权力，表现形式有投票

---

① William K J, Morris S O. The American Legislative Process: Congress and the States. Upper Saddle River, NJ: Prentice-Hall, 2001, 214.

② ［英］罗德·黑格、［英］马丁·哈罗普：《比较政府与政治导论》（第5版），张小劲等译，362页，北京，中国人民大学出版社，2007。

否决与不作为否决两种形式。这种权力通常情况下由立法机构所拥有，个人或者其他机构也有可能在一定程度上拥有此类权力，不过具体的情形在各国并不相同。在美国，立法机构的权力更为分散。众议院中小组委员会、规则委员会、议长以及全体委员会都有在议程设置方面阻碍法案通过的否决权力；在参议院中，由于对辩论所采取的宽松限制，法案遭遇议程否决的可能性更大。与之相比，英国的立法过程显得高效得多，主要是首相以及内阁拥有阻碍法案通过的议程否决权。[①]

第二，规则分类。在处理法案的立法过程中，所涉及的立法规则非常多，包括投票程序、针对法案允许修改的类型、有关讨论的规定以及公众对法案审议的参与等，这些规则大致可分为两类：常规规则和特殊规则。

常规规则支配立法机构自身运行及进行内部立法所涉及的日常事务的处理，它可能沿用先前议会会期的规则，也可能由每一个议会会期重新订立。

特殊规则适用于在法案审议过程中背离常规规则的情形。在美国众议院，规则委员会拥有制定特殊规则的权力，而全院讨论通常适用限制讨论及修改的特殊规则，这是多数党防止本党议员背离政党意志的一种方式。众议院除了可以制定特殊规则或者中止常规规则外，其议员的发言也要得到议长的同意方可，这就更有利于多数党对法案审议实施更有效的控制。在英国下院，议会的讨论过程也被多数党牢牢控制着，这除了议长对议员的发言申请拥有同意权之外，其两党内部的严格纪律也是一个重要原因。[②]

第三，内部争议的处理规则。对于立法机构内部争议的处理问题，由于各国立法机构组织形式的差异，其所采取的解决策略也不尽相同。一般而言，对于内部争议，一院制立法机构较两院制更易于处理。对于重要程度不同的内部争议，一院制可以分别规定采用相对多数决或绝对多数决（通常规定要达到三分之二或者四分之三等）方式来加以处理。对一些特殊情形，宪法还可以规定由全民公决来作最后的决定。

两院制立法机构中内部争议的处理则要复杂得多。"有许多种解决两院之间分歧的方法：梭子型（the navette）、协商委员会（conference committee）、联席会议（the joint session）、由一院做最后决定，以及重新选举（new elections）。"[③]

梭子型或者往返体制（shuttle system）是解决两院争议的最为常见的方法。当接到在第一院已通过的议案后，如果第二院对此议案部分或者全部不同意，那么，它在修订完议案后返交给第一院。如此反复，直至两院对议案达成一致意见。当然，在大部分国家中，此往返体制并非无限制地使用，它或者因两院自愿的妥协或者因一些制度规则的应用而终止。

第二种方法是协商委员会。它由同样数量的两院部分议员组成，这些议员由两院分别指定，使用这种方法解决两院争议的国家有美国、德国以及日本等。在这些国家中，大部分协商委员会都采用多数决方式来解决分歧。

① Paul Barry Clarke, Joe Foweraker ed. Encyclopedia of Democratic Thought. New York: Routledge Press, 2001, 499~500.

② Paul Barry Clarke, Joe Foweraker ed. Encyclopedia of Democratic Thought. New York: Routledge Press, 2001, 501~502.

③ George Tsebelis, Jeannette Money. Bicameralism. New York: Cambridge University Press, 1997, 54.

第三种方法是联席会议。这种方法在大多数案例中最终都支持了下院的决定，这是因为下院的议员数量普遍地大于上院的议员数量，采用这种方法的代表性国家有：澳大利亚、巴西以及印度等。

第四种方法是由一院做最后决定。它分几种情况：在一些国家中，当议案在两院一直达不成一致意见时，或者由政府交付或者自动地转由下院作最终的决定；在另一些国家中，议案的起始院或者修订院具有最后的决定权。

最后一种解决方法是诉诸重新选举，通过改变议会成员及其整体偏好来解决争议。澳大利亚就是实行这种解决方法的代表之一。①

由于这些制度性安排可以有不同的组合方式，因此，两院之间存在错综复杂的互动网络，这种情况在一院制立法机关中是完全没有的。以对称性两院制的瑞士为例，该国上下两院皆可提出法案，而法案的通过需经两院分别同意。当两院意见相左时，则采取三个回合的"往返体制"，之后则成立由两院各 30 名代表组成的协商委员会，对最后的决议做出全盘接受或否决的决议。

二、立法授权与立法监察

随着社会的快速发展和技术的不断进步，当代的立法机构面临着越来越复杂的议题，很少有议员能够对各种议题所涉及的知识和信息都有所了解。相对庞大的议会规模以及议员之间在信息、专业知识储备方面的巨大差异都导致周密细致的全院讨论难以进行；相反，细化分工、技术专长早已成为必然的发展趋势。在此背景下，立法机构向其内部的各委员会以及行政部门等授权立法就变得非常必要了。

其中，尤其值得关注的是后一种情况，即立法机构向行政部门授权。对这一问题，各国的制度安排差异很大。大体来说，可以分为两种情况：一种是根据"明确性原则"（intelligible principle）进行授权，如德国。根据德国基本法第 80 条第 1 款规定："联邦政府、联邦阁员或邦政府，可以根据法律发布命令。"因此，向行政部门授权是一项被确立的宪法规范。当然，国会可以随时收回授权，通过正式法律废除或者变更已经颁布的法规命令。另一种则遵循"禁止授权原则"（Non-delegation doctrine），如美国。由于美国宪法明文规定联邦所有的立法权完全属于国会，并不承认行政机关本身具有独立的立法权。宪法也没有明确规定立法部门可否将立法权授予行政机关，以及如何对授权进行限制，因此，在 1946 年行政程序法制定前，大体遵奉着"禁止授权原则"。然而，联邦最高法院从一开始就对"禁止授权原则"采取弹性解释，容忍立法机关授权行政机关为行政事务立法。

但在立法授权的过程中，无论哪种情况都不可避免地会遭遇交易成本的问题：一方面，交易成本的发生是如何可能的，即影响立法机构授权的因素；另一方面，交易成本的控制，即立法授权后的监察安排。②

---

① George Tsebelis, Jeannette Money. Bicameralism. New York: Cambridge University Press, 1997, 55~69.
② 曾冠球：《立法授权的政治：交易成本之观点》，载《东吴政治学报》，2004（19）：151~185 页。

（一）影响立法机构授权的因素。

影响因素很多，在此我们仅就信息与政策的专业性对于立法授权的影响略加申述。在立法授权的过程中，存在着"委托—代理"的互动关系：委托人（即作为整体或者由多数党控制运作的立法机构）授权代理人（即接受授权的一方，比如各委员会、行政部门等等）提出可能的建议，当代理人提出建议后，委托人将所提的建议与现行策略进行比较并作最终的取舍。这一分析模型的内在假定是：委托人和代理人都完全了解继续保持现行政策的后果，但只有代理人完全了解如下信息：委托人接受建议将给双方带来什么结果。

根据以下两个条件的有无，委托人从这一分析模型中可得到四种结果。第一个条件是，委托人对于接受代理人所提的建议与保持现行政策之间的差异有足够的了解，这样他就知道究竟是接受还是拒绝该建议更符合自身利益；第二个条件是，对于委托人来说最有利的政策恰恰也是对代理人来说最有利的政策。当以上两个条件都具备时，委托人所得的结果是最理想的；只具备一个条件时，委托人所得的结果至少不比维持现有政策差；当两个条件都不具备时，所得的结果肯定不比维持现有政策好。为了防止"委托—代理"模型最坏结果的出现，委托人必须满足上述两个条件之一。由于满足第二个条件非常困难，因此，委托人只能尝试对代理人的行动进行认知。[①] 这就产生了这样一个问题：要了解相关的信息是需要成本的，而且成本可能还相当高，那么，通过什么样的制度设计能使委托人尽可能以较低的成本获得较为充分的信息呢？

就政策制定的专业性而言，M. 波特斯基（M. Potoski）提出了如下假设：第一，立法机构所面临政策的复杂程度以及其认知政策的专业性能力会影响其授权立法的多寡，当所面临的问题不涉及技术性知识或者立法机构拥有较多的政策专业性能力时，立法机构就更倾向于自己制定政策而非授权立法；第二，机构接受立法授权越多，其影响政策选择的程度就越大。[②]

（二）立法授权后的监察安排。

监察安排其目的是通过相对完善化的制度设计以便尽可能控制代理人的政策产出，降低立法授权的代理风险。我们一般将这种监察安排称为立法监察（legislative oversight）。立法监察涉及两个问题：一是谁来监察；二是如何监察。关于谁来监察的问题，不同的理论预设下会有不同的回答。狭义的理解会将监察权保留给立法机构，认为只有立法机构才有权对之进行监察；广义的理解则将更多的政治主体囊括其中，包括各种利益集团和全体公民。

关于如何监察的问题，首先是对立法监察的性质进行定位。在政治运作过程中，立法监察既是一个因变量也是一个自变量。作为因变量，立法监察受以下三项因素的

---

① Arthur Lupia, Mathew W. McCubbins. Who Controls? Information and the Structure of Legislative Decision Making. Legislative Studies Quarterly, 1994, 19(3): 361~384.

② 曾冠球：《立法授权的政治：交易成本之观点》，载《东吴政治学报》，2004（19）：151~185 页。

影响：立法—行政关系的传统积淀、有利于监察的政治架构以及监察人员的动机。作为自变量，立法监察必然会影响行政部门的行为方式，进而会对政治系统的运作产生一种间接性的影响，而这也将在以后立法—行政关系的传统中沉淀下来（如图4-1所示）：①

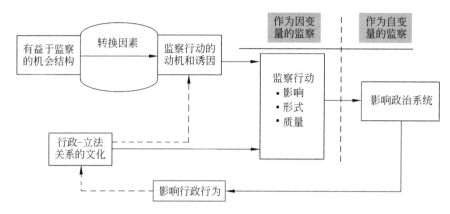

图 4-1 立法监察对行政机构的影响

其次，立法监察的模式。麦库宾斯和施瓦兹认为，立法监察可以划分为两种基本模式：1.政策巡查（police patrols）模式，即立法机构直接对代理人的行为进行监督，以便获取据以惩罚或者修正代理人背离（授权意图的）行为的讯息。2.警报器（fire alarm）模式，即立法机构规定代理人的内在结构和规则、程序，建构起监督警报器，引导利益团体、广大选民等参与到政策制定过程中，并借此来搜集有关代理人行为的讯息。②例如，美国在1946年和1966年先后制定了《行政程序法》和《信息公开法》，为相关团体和公民监督政府的决策创造了条件，也为警报器模式的立法监督提供了可能。虽然政策巡查模式有着主动性、直接性的特点，但由于其集权色彩较浓、监督成本很高而又无法覆盖所有需要监督的代理行为，因此，立法机构在实践中会尽量选择少用这种监督模式。与之相反，警报器模式应用广泛，它借助利益团体、选民等警报器，能够十分经济地获取有关代理行为的讯息，并且可以及时地检测到所有背离授权目的、损害其他团体或选民整体利益的行为，最终实现低成本监督和降低代理风险的目的。

再次，立法监察与其他制度变量之间的关系。一般而言，总统制下立法监察的强度要高于议会内阁制。分立政府是立法监察的诱因之一（关于分立政府问题见本书第五章第三节）。在分立政府条件下，政策分歧发生的可能性会增大，此时，国会中的多数党希望通过立法监察对总统和行政机构进行约束。一个最明显的例子就是，2009—2010年，民主党总统奥巴马刚就任时，参众两院也都由民主党控制。在这两年中，奥巴马就没有遭遇立法监察的困扰。但是，2010年中期选举，众议院落入共和党手

① Bert A. Rockman. Legislative-Executive Relations and Legislative Oversight. Legislative Studies Quarterly, 1984, 9(3): 387~440.

② Mathew D. McCubbins, Thomas Schwart. Congressional Oversight Overlooked: Police Patrolsand Fire Alarms. American Journal of Political Science, 1984, 28(1):165~179.

中，随后参议院也落入共和党手中。因此，从 2011 年开始，奥巴马政府被淹没在国会如潮水般的传票之中。① 而且，在总统制之下，当刚刚结束分立政府、建立一致政府情况下，立法监察的数量会在短时期内大幅度增长。例如，1993 年，民主党人克林顿就任总统后，参众两院亦由民主党掌握，结束了长达 12 年的分立政府形态。与之相应，国会的委员会发起的立法监察不仅数量大增，而且效率也更高。关键是，这并非特例。有学者对美国 1947—2010 年的数据进行统计后发现，这种情况是普遍存在的。它之所以发生，与政党政治有直接关系。值得注意的是，一致政府恢复初期的大量立法监察所针对的是前面一届或前几届政府的决策。因此，其监察属于一种"回溯性监察"（retrospective oversight），其目的是对此前政府的政策进行修正。在这个意义上，立法监察可以是建设性的政策制定工具，而不仅仅是抽打对方总统的鞭子，它可以用来鼓励代理人在制定政策时尽量与国会保持一致。②

　　但这种监察并不总是建设性的，它完全有可能是破坏性的。当政党极化之时，政党常常将立法监察作为攻击对手的武器。有学者对美国参众两院 1947 年—2010 年间针对行政部门的 1137 次听证会进行研究后发现，在分立政府时期，每届国会众议院针对行政部门的听证会的平均次数是一致政府时期的两倍（29∶14），每个听证会的持续时间之比也是差不多两倍（102∶56），每个听证会的文件页数之比则是两倍有余（13400∶5400）。尽管在参议院，这三组数据只是略有差别，但这也足以显示政党因素在其中的作用。学者以 1974 年为界，比较了众议院中这三组数据前后的变化，发现 1974 年之后无论是分立政府时期还是一致政府时期，听证会的数量均翻倍；每个听证的平均持续时间大幅缩短，只有此前的 1/3；每个听证会的文件页数，在分立政府时期是此前的 1.7 倍，在一致政府时期只有此前的 1.06 倍。考虑到 1974 年之后美国政治逐步步入政党极化时代，可以看出在政治极化的情况下，立法监察被武器化了。分立政府与政党极化兴起之间的关系使学者进而反思麦库宾斯提出的立法监察的两种模式，他们的研究表明，立法机关在行使监察权力时并不是遵循麦库宾斯所说的成本—收益计算，而是出于政治考量。在分立政府时期，政党因素会促使委员会拉响警报；但在一致政府时期，即使有人拉响了警报，他们也可能会假装没有听见。③

　　有人借用一句玩笑来描述民众对立法过程的观感：立法机构就像一根香肠，味道不错，但没有人想知道它是如何生产出来的。确实，很多人认为立法过程是令人厌恶的，人们并不希望看到不确定性、冲突的观点、长时间的辩论、竞争的利益、混乱、讨价还价，以及通过妥协达成的并不完美的解决方案。④

---

① Walter J. Oleszek, et all. Congressional Procedures and the Policy Process. London, United Kingdom: SAGE Publications, 2014, chapter 9.

② Jason A. MacDonald, Robert J. McGrath. Retrospective Congressional Oversight and the Dynamics of Legislative Influence over the Bureaucracy. Legislative Studies Quarterly, 2016, 41(4): 899~934.

③ David C. W. Parker, Matthew Dull. The Weaponization of Congressional Oversight: The Politics of the Watchful Eye, 1947–2010. In: Scot t A. Frisch, Sean Q Kelly, ed. Politics to the Extreme: American Political Institutions in the Twenty-First Century. New York: Palgrave Macmillan, 2013, 47~70.

④ [美] 罗杰·H. 戴维森等:《美国国会：代议政治与议员行为》（第 14 版），刁大明译，590~591 页，北京，社会科学文献出版社，2016。

第五节　立法与行政的关系

立法与行政的关系一直是西方宪政制度研究关注的热门话题，对立法与行政关系的探讨首先应放在具体的宪政体制类型之中进行。当然，除宪政设计规范着立法—行政关系外，现实的政治运作也在充实、丰富着立法—行政互动的具体形态。

一、宪政设计中的立法－行政关系

通常来说，宪政体制的分类依据主要是议会、国家元首和行政首长三者之间的民意基础、权力安排以及负责方式等因素，它通常分为议会制、总统制和半总统制三种宪政类型。下面将依次对三种宪政类型中的立法—行政关系作一概略描述。

议会制（Parliamentarism）是指由内阁总揽国家行政权力，并对作为国家权力中心的议会负责的政治体制，所以又称议会内阁制、责任内阁制，英国是其典型代表。对于议会制中的立法—行政关系，安德鲁·海伍德（Andrew Heywood）概括为以下几个方面：1. 政府的组成由议会的大选结果决定；2. 政府的组成人员来自于议会；3. 政府对议会负责，并且需要议会多数的支持，否则就会被解散；4. 在绝大多数情况下，政府拥有提请国家元首解散议会的权力，选举期限因此具有很大的灵活性；5. 行政首长与国家元首分立，前者来自议会，后者为宪法上的虚位元首。[①] 在议会制中，无论行政部门事实上的权力有多大，它首先都必须得到立法机构的信任，在此前提下，议会制强调立法权与行政权的融合。

从立法—行政关系的角度观察，议会制政体中可能会遭遇两个特殊的问题。一是政府的不稳定。议会制有时会出现草率、频繁的政府更迭。例如，自从二战以来，意大利政府领导人的职位易主次数超过了 50 次；法国在第三共和国时期，69 年更换了 104 届政府。这种不稳定性是很多学者支持总统制而反对议会制的原因，也是法国第五共和国由议会制改为半总统制的原因。二是少数政府的问题。如果一个政府的运作并没有立法机构稳定多数的支持，那么它的民意基础就只是少数民意，此时的政府也就被称为少数政府（minority government）。

总统制（Presidentialism）是与议会制相对的一种宪政类型，它指的是立法机构和总统由选民分别选举产生、总统既是国家元首又是行政首长的政治体制，美国是其典型。

对于总统制中的立法—行政关系，安德鲁·海伍德的概述为：1. 立法与行政部门各自独立通过选举产生，均被宪法赋予一系列独立的宪法权力；2. 立法机构与行政部门之间在人事上正式分离；3. 行政部门在宪法上既不对立法机构负责，也不能被其免除（除非经过特殊的弹劾程序）；4. 选举时间及任期固定，立法机构没有倒阁权，总统也没有解散立法机构的权力；5. 总统集国家元首与政府首长双重身份于一身，完全掌握行政权。[②] 可见，总统制信奉的是分权制衡原则，强调的是立法权与行政权的分立

① ［英］海伍德：《政治学核心概念》，吴勇译，214 页，天津，天津人民出版社，2008。
② ［英］海伍德：《政治学核心概念》，吴勇译，223 页，天津，天津人民出版社，2008。

而非融合。

总统制政体中立法—行政关系可能遭遇的问题是分立政府问题。由于议会和总统均由选民直接选出，有着同等的民意基础。因此，如果立法权和行政权由同一政党掌控，那么立法权与行政权的互动就相对和谐（当然，也不排除例外，如 1977—1981 年卡特任职期间，两个分支均由同一政党掌控，但仍陷入僵局）。相反，如果立法权与行政权由不同政党分别掌控，那么就产生了分立政府的问题，此时立法机构与行政部门之间可能形成僵局。在第五章第三节中，我们将对这一问题做进一步的探讨。

半总统制 (Semi-presidentialism) 是指总统由选民直接选举产生、总理及政府对议会负责的政治体制。它作为一种后起的宪政类型，是总统制与议会制在一定程度上的结合。具体来说：第一，在民意基础方面，半总统制与总统制一样，是双元并行的，即议会与总统均由选举产生，彼此具有同等的民意基础；第二，在问责方式上，由于半总统制中的行政权由总统和总理共享，形成了行政上的二元权力结构，总统独立于议会之外，直接向选民负责，而总理所领导的政府必须得到议会的信任，并向议会负责。

正是由于混合了总统制与议会制两种宪政类型，半总统制的政治运作更为复杂。在半总统制之下，如果总理所属的政党或政党联盟在议会中并不代表多数民意，那么就会出现类似于议会制之下的少数政府的状况；如果总理与总统同属一个政党或政党联盟而该政党或政党联盟在议会中并未占据多数议席时，此时的政治运作就与总统制中的分立政府情形相近；如果总理与总统分属不同的政党或政党联盟时，半总统制所特有的总统—总理的共治模式就会出现。[①] 当然，上述的几种情形也有可能夹杂在一起，表现出非常复杂的政治运作样态，有关这一主题的更深入地探讨将在第五章第二节中展开。

二、政治实践中行政权与立法权的消长

制度研究的目标就是考量各种制度安排的优劣及可能出现的问题，并对之进行预防。就立法—行政关系而言，一个重要的问题就是如何维系二者之间的平衡关系，使之不至于违背宪政设计的初衷（无论是议会制立法与行政融合的宗旨，还是总统制立法与行政相互制衡的宗旨）。事实上，这一问题在 20 世纪已尖锐地凸显出来，其重要表现之一就是行政权对立法权的入侵，导致宪政架构有失衡的危险。

以议会制的英国为例，本来在"议会至上"理念的指导下。自 19 世纪以来，议会经过一系列的改革，已逐渐变成行政部门所负责的唯一对象。但是，与此相伴而生的政党体系却让议会的自主性降低。首相通过其议会多数党党魁的身份对议会施加影响，甚至运用严格的党纪去要求党籍议员对议案采取与党中央一致的立场。如此一来，议会在立法上所能发挥的功能被内阁取代泰半。同样为议会制的德国尽管在宪法中赋予议会以很大的优势，但在实际的运作中它所能发挥的权力却比较有限。据统计，1949 年到 1987 年德国内阁提出的法案每百件就会通过 84.67 件。[②] 这一数据显示了德国行政部门在立法过程中所占据的优势地位。

---

① 沈有忠：《制度制约下的行政与立法关系》，载《政治科学论丛》，2005（23）：27~60 页。
② David M. Olson. Democratic Legislative Institutions: A Comparative View. New York: M. E.Sharpe, 1994, 84.

　　不仅如此，在总统制的美国，国会专属的立法权也日益受到行政权的侵蚀。以预算拨款为例，按照美国宪法规定，这部分权力百分之百掌握在国会手中。但由于行政需要和政府功能的扩张，美国国会特别允许总统之下设立预算局，作为行政部门的预算咨询与编列单位。[①] 按照规定，预算局编列的预算计划并不能直接提交国会，但是，它可以通过与总统同属一党的议员来提交。这样，原本完全属于国会的预算权就被行政部门所分享了。

　　更明显的例子是半总统制的法国第五共和国，其宪政设计的宗旨就是强化行政权力。在第五共和国宪法中，国民议会仅被当作是共和体制的必要成分，它的权力受到了几个方面的限制：在总统方面，解散权的设计原本是内阁与议会相互平等的保障，但是第五共和国将其改由总统掌握，却不让总统承担此举所带来的政治后果。在内阁方面，行政部门能主导议会的议程；内阁预算案若在一定时间内未被议会所通过，内阁甚至可以暂时宣告法案有效施行，简直对议会的预算权置若罔闻。这样，总统或内阁可以借由宪法授权介入立法领域，甚至主导议会的立法。

　　当然，我们也没有必要因此就得出悲观的结论：立法权衰落了，宪政平衡被打破了。事实上，所谓的平衡永远是动态平衡。以法国为例，埃尔吉的研究表明，尽管法国的议会被认为是世界上权力最微弱的立法机构，但是其主导政治的重要性依然不可轻忽。其宪政平衡的关键在于总统与议会多数之间的关系。[②] 议会多数的变化为法国政治带来转圜的空间，最著名的就是三次左右共治。在左右共治时期，法国政治明显朝内阁制倾斜，总统能介入立法的程度大为降低，具体分析见本书第 5 章第 2 节。

　　动态平衡本身就意味着立法机关和行政机关在宪政框架下的博弈，以及伴随着这种博弈而来的二者之间力量的此消彼长。美国国会和总统 200 多年来的明争暗斗就很好地说明了这一点。有学者曾将美国国会与总统之间的关系分为三个时期：一是议会政体时期。自宪法实施到 20 世纪 20 年代一个半世纪的绝大部分时间里，除了杰弗逊、杰克逊和林肯时期以外，国会在美国政治生活中始终占据主导地位。二是国会的臣服与总统权力的膨胀时期。20 世纪初，一战爆发使联邦政府迅速树立了强悍的权威，总统的权力不断扩大，国会的权力日趋削弱，到富兰克林·罗斯福执政时期，形成了以总统为中心的三权关系新格局。据统计，罗斯福当政期间一共否决了国会法案 635 次，而他的否决被推翻的只有 9 次。经过一段时间的磨合，国会最终破天荒地自愿把自己变成"橡皮图章"。三是国会权力的有限复兴时期。越南战争后期，许多美国人开始对越南战争及其失败进行反思，认为与总统滥用战争权力有莫大关系。水门事件火上浇油，它不仅是美国历史的转折点，也是美国国会与总统关系的转折点。在整个 20 世纪 70 年代，国会制定的旨在限制总统权力的法律和采取的措施比过去任何时候都多，它在努力重新恢复自己的权力。[③]

---

①　James A. Thurber. The Impact of Budget Reform on Presidential and CongressionalGovernance. In: James A. Thurber, ed. Divided Democracy. Washington D.C.: A Division of Congressional Quarterly Inc., 1990, 146~148.

②　Elgie, Robert, ed. Semi-Presidentialism in Europe. Oxford: Oxford University Press, 1999, 83~85.

③　孙哲：《左右未来：美国国会的制度创新和决策行为》，9~27 页，上海，复旦大学出版社，2001。

　　需要注意的是，在现代民主国家二者力量此消彼长的过程中，无论是行政权的扩张，还是立法权的反击，它们都是在宪政的基本框架内活动。这就需要我们在展开分析时注意宪法对各自权力的具体规定，它们才是二者斗争的领域和武器。这一点在总统制和半总统制国家表现尤为明显，其运作也更加复杂。舒加特和凯里曾将总统的权力分为两种：固有权力和授予权力。所谓固有权就是根据宪法规定所获得的权力，它只会出现在总统制宪政制度中，议会制下所有的权力都是源自议会的授予，不存在所谓的固有权；授予权顾名思义就是经由国会立法而授予行政部门的权力。在固有权方面，最重要的体现就是总统制的特色——否决权。否决权是总统参与立法的最重要权力，也是以行政制衡立法的最有效方式。在法国这样的半总统制国家，总统还有解散国会和提请公民投票的固有权力。在授予权方面，既然是由国会相授，许多授予权的实质内容都是极具立法性，如提案权、法规命令权、预算权等。[①]

　　我们发现，授予权的获得固然是行政权与立法权之间博弈的结果，是行政权入侵立法权的具体表现。与此同时，总统对固有权力的使用也是他与立法机关之间进行博弈的武器，而且是更重要的武器。我们可以将总统的固有权力再进一步细分为独享性权力和分享性权力，前者如总统主持内阁会议、发布行政命令的权力；后者如重要官员的提名权、对国会通过的法案进行否决的权力、战争权和紧急命令权等。可以说，后者是行政权和立法权斗争最重要的场域。这是因为这些权力中，有些权力是宪法明文规定一方的意图必须得到另一方的批准方可生效，如重要的人事任免，总统只有提名权，需由国会批准才能生效；国会通过的法案需经总统签署才能成为正式的法律。双方可以通过正当地运用手中的权力对对方进行制衡。克林顿总统在任命司法部长的过程中两度遭到国会的封杀、罗斯福总统在任期间大量否决国会的法案，这些都是很有名的例子。据统计，自1789年到2003年，美国总统共用了1484次常规否决，其中只有大约7.5%的总统否决被国会推翻。

　　另外有些权力则在宪法中语焉不详，如美国宪法关于战争权、外交权、紧急命令权的规定即属此类。这些宪法规定模糊的地方被一些学者称为"半阴影区"，它们成为国会和总统之间"权力斗争的请柬"。[②]长期以来，美国总统和国会在这些区域展开了激烈的争夺。

　　以战争权为例，美国宪法不是将战争权力授予某一部门，而是由总统和国会共同分享。宪法第二条第2款规定，总统的战争权力为"总统为合众国陆海军总司令，并于各州民兵被征调为合众国服役时统率民兵"，有权委任军官。但宪法第一条第8款又规定，国会有权宣战，有权为军事开支征税和拨款，招募军队，制定军事条例和法规等。这就留下很大的弹性空间（需要注意的是，宪法的这种模糊性是有意为之，其目的就是贯彻分权制衡的原则），使总统和国会可以在这个空间里以斗争求平衡、在平衡中求发展。事实上，他们也确实一直在通过对这些宪法条文的解释来进行控制与反控制。

---

①　Matthew S. Shugart & John M. Carey：《总统与国会》，曾建元、谢秉宪等译，165~175页，台北，韦伯文化，2003。

②　孙哲：《左右未来：美国国会的制度创新和决策行为》，34~35页，上海，复旦大学出版社，2001。

总统们在博弈过程中的一个重要策略是通过扩大防御性战争的外延来扩张其战争权力。根据宪法，除非经国会宣战或专门授权，总统只能采取防御性的军事行动，不能从事进攻性的行动。整个 19 世纪，防御性战争的定义主要限于在美国大陆边界内采取自卫的军事行动，击退对美国的突然袭击等。二战以后，美国的国家利益遍及全球，美国在国际事务中第一次冲破孤立主义思潮的羁绊，扮演了一个自信而又霸道的国际主义者和干涉主义者的角色，这就使得总统不再把防御性战争的概念局限于美国大陆边界内的自卫军事行动，防御性战争的定义和解释随之发生了重大变化。如今，总统发动和进行防御性战争实际上已很少有所限制。例如，1962 年，当肯尼迪总统宣布派遣美国军队到泰国时，就是声称泰国的威胁"与美国利益攸关"，强调派美国军队到泰国是一种"防御性行动"。在整个二战以来的时代里，总统经常在不征求国会支持的情况下将美国卷入军事冲突之中。1994 年空袭塞尔维亚之前，克林顿没有向国会请求支持；2011 年决定支持针对利比亚的军事行动时，奥巴马也没有谋求国会的授权。[①]2017 年，在向叙利亚空军基地发射 59 枚战斧巡航导弹前，特朗普也没有寻求国会的支持。

那么，国会是如何反应的呢？从整体上看，在 1973 年《战争权力法》通过以前，由于国会对总统扩张战争权力采取了被动屈从和主动支持的态度，因而只是偶尔有少数国会议员对总统的军事行动进行过抗议或谴责，国会很少对总统采取的军事行动进行有效的制衡。20 世纪 60 年代后期，随着美国在越南战争中愈陷愈深，国内反战情绪日益高涨，国会中有越来越多的人开始重新评价国会在战争决策方面扮演的角色，重申国会的战争权力。1969 年 6 月，参议院以 70 对 16 票的压倒优势通过了《国家介入决议》，试图限制总统未经国会授权向国外派兵的权力。1973 年，国会参众两院提出一项限制总统战争权力的法案，提交尼克松总统签署批准。尼克松总统予以否决，并声称该法案"显然违宪"。当年 11 月 7 日，国会参众两院还是集合了 2/3 的多数票，终于推翻了尼克松总统的否决，通过了法案即《战争权力法》。该法规定，只有经国会宣战、特别法律授权或紧急状态下，总统才能使美国武装部队担负作战任务。

除了战争权，国会在 20 世纪 70 年代一直在努力重塑冷战时代流失的权力，通过一系列改革法案，国会一点一点地收复失地，无论是在预算领域，还是在国内其他政策领域、外交领域，权力都有所恢复。但改革的热情很短暂。以至于有学者感叹：美国已是帝王式总统，总统与国会之间的天平已经不可逆地向总统一边倾斜。[②]

思 考 题

1. 一院制与两院制的优劣比较。

2. 影响议员投票行为的因素有哪些？

---

① [美] 罗杰·H. 戴维森等：《美国国会：代议政治与议员行为》（第 14 版），刁大明译，592 页，北京，社会科学文献出版社，2016。

② [美] 罗杰·H. 戴维森等：《美国国会：代议政治与议员行为》（第 14 版），刁大明译，594 页，北京，社会科学文献出版社，2016。

3. 试比较不同类型立法机构中议长、委员会主席之间的权力关系。

4. 试比较两种立法监察模式的利弊。

5. 如何看待行政权和立法权的消长？

进一步阅读指南：

- [美] 阿伦·利普哈特：《民主的模式：36 个国家的政府形式和政府绩效》，陈琦译，北京，北京大学出版社，2006。

- [美] 罗杰·H. 戴维森等：《美国国会：代议政治与议员行为》(第 14 版)，刁大明译，北京，社会科学文献出版社，2016。

- 孙哲：《美国国会的制度创新和决策行为》，上海，复旦大学出版社，2001。

- Matthew S. Shugart & John M. Carey：《总统与国会》，曾建元、谢秉宪等译，台北，韦伯文化，2003。

- Olson, David. Democratic Legislative Institutions: A Comparative View. Armonk, NY: M. E. Sharpe, 1994.

- George Tsebelis, Jeannette Money. Bicameralism. New York: Cambridge University Press, 1997.

CHAPTER 5
第五章

比较行政制度

本章重点：

➤ 总统制在民主巩固方面的表现是否不如议会制？正方的观点：
  这主要是由于总统制自身所具有的两个基本特质：二元民主合
  法性和固定任期。反方的观点：总统制或议会制本身在民主巩
  固方面并没有差别，关键在于政党制度和选举制度。

➤ 半总统制是介于议会内阁制和总统制之间的一种宪政类型，
  由于其行政权由总统和总理分享，因此，总统与总理的权力
  互动关系成为半总统制国家政治稳定的一个重要指标。

➤ 分立政府是现代国家面临的一个特殊问题，在总统制国家表
  现尤为明显。分立政府究竟是否会影响政府运作，导致政治
  僵局，学界争议较大。

➤ 官僚体制对民主来说是必需的，同时它对于民主又是一个经
  常性紧张、摩擦以及冲突的来源。对于民主制度的运作而言，
  "如何控制官僚"是一个严峻的考验。

纵观近代以来各国的民主政治实践，主要有三种主要的行政制度类
型：内阁制、总统制和半总统制。这种类型划分的依据，主要是议会、
国家元首和行政首长三者之间的民意基础、权力安排以及问责方式等因
素。在这三种宪政类型之下，不仅立法制度有着显著的差异，行政体制
方面也表现出不同的运作样态。上一章第五节曾从立法与行政的关系角
度对这三种行政制度类型作了粗线条的勾勒，本章将着力于比较这三种
行政体制在实际运作上的差异，并撷取其中的一些特殊问题作更为深入
的分析，最后考察日常行政运作不可或缺的官僚制及其面临的挑战。

第一节　总统制与议会制：孰优孰劣？

总统制和议会制是现代国家两种主要的行政制度类型，自 20 世
纪 90 年代以来，西方学界对于二者孰优孰劣的问题展开了激烈的争

论。尽管这场争论至今尚未完全尘埃落定，但它确实深化了我们对于两种行政制度运作机制的认识。本节将首先介绍这场争论的缘起；然后对这场争论的核心问题略作分析。

一、问题的提出

现代国家行政制度安排最有代表性的两种主要类型是总统制和议会制。按照利普哈特的意见，其区分主要是依据两项标准：第一，政府首脑是由选民选出还是由议会的议员选出；第二,政府首脑是否有固定的任期。[①] 在总统制国家中,政府首脑是总统,他由选民直接选出，而且任期固定（如美国）；在议会制政府中,政府首脑则为总理（或称首相）,他由议会议员中产生,而且任期因议会不信任投票制度的存在而并不固定（如英国）。

以上的区分当然是一种理想类型，事实上完全按照这两种模式运作的国家并不多，真正可以称得上是纯粹总统制的国家恐怕只有美国。学界常根据总统权力和角色的不同，将总统制再细分为三种：纯总统制、半总统制和弱总统制，而半总统制和弱总统制的运作机制已经倾向于议会制了。因此，现在学界倾向于将半总统制当作一种独立的政府类型，而不将其放在总统制类型之中。本节采用这种分类，故本节的讨论中将不涉及半总统制类型，而将其留到第二节中再予讨论。另外，还有不少国家的行政制度是一种混合型态。如瑞士就是采用集体式的总统制，总统有固定的任期，但却是由议会议员中产生；而以色列从 1996 年开始，总理是由人民直接选出，无固定任期，但仍须对议会负责，可以经由议会不信任投票而去职。据此，我们仍可以按照利普哈特的两个标准对各国行政制度作一个分类（表 5-1）：

表 5-1　现代国家行政制度类型

	政府首脑有固定任期	政府首脑无固定任期
政府首脑由选民选出	总统制（如美国）	混合制（如以色列）
政府首脑由议会选出	混合制（如瑞士）	议会制（如英国）

总统制和议会制两种政府形式除了在产生方式和任期方面有所区别外，它们还有另外四个方面的差别：第一，总统制下的行政机关是个人式的，内阁成员仅是总统的顾问和下属，重要的决策由总统来做；而议会制下的行政机关是团队式的，重要的决策必须由整个内阁集体做出，而不是内阁首脑个人来决定。第二，在总统制中，由于严格的分权原则，内阁成员不得同时在立法机关和行政机关任职；而在议会制中，一个人可以同时兼有议员和内阁成员的身份。一些国家，特别是英联邦国家，还要求内阁成员必须同时是议员。第三，在总统制下，总统无权解散议会；而在议会制中，首相及其内阁却有这项权力。第四，在总统制下，总统既是国家元首，也是行政首脑；而在议会制中，二者是分开的，它有一位象征性的、没有什么实际权力的国家元首（君

① Arend Lijphart. Democracies: Patterns of Majoritarian and Consensus Government in Twenty-One Countries. New Haven: Yale University Press, 1984, 70.

主或总统），还有一位政府首脑（首相或总理），实际的权力掌握在政府首脑及其内阁手中。①

在简单介绍了总统制和议会制的基本差别后，我们自然会问一个问题：这两种政府形式各自的优缺点到底有哪些？应该说，这个问题在西方学界一直受到持续的关注。在 19 世纪下半叶，英国学者白芝浩（Walter Bagehot）和美国学者威尔逊（Woodrow Wilson）就论述过这一问题，并认为议会制要优于总统制。②二战期间，这一问题在美国也曾引起过争论，有意思的是，在这场争论中普赖斯和拉斯基曾先后在同一份杂志上以同名文章来评论二者的优劣。普赖斯极力表彰议会制，而拉斯基则以调和者的姿态争论道，其实就其内在特性而言，无论是议会制还是总统制，都不能说自己优于对方。③但总的来说，西方学界对这一问题的争论不是很热烈，直到 1990 年，美国政治学家胡安·林茨（Juan Linz）的一篇短文出来后，才一石激起千层浪，引发了政治学界对此问题的激烈争论。因此，我们此处关注的重心主要是 20 世纪 90 年代以来的这场关于总统制和议会制优劣的大讨论。需要注意的是，林茨的这篇文章之所以能激起学界的热烈讨论，和当时特定的政治气候有密切的关联。众所周知，1990 年前后，中、东欧国家和苏联的解体，以及随之而来的民主转型。在东欧的 25 个新兴政治体中，除了匈牙利、捷克和斯洛文尼亚三国采用议会制以外，其余各国均采用总统制。④世界性的政治实践提出了一个重要的课题：在转型过程中究竟应该选择哪种政府形式，总统制还是议会制？这是一个艰难的选择。

1990 年初，林茨在《民主杂志》发表了一篇开创性的论文《总统制的危险》，⑤一场持续了十几年的争论就此拉开了序幕。应该说，这场争论是政治学界在这一问题上持续时间最长、争论最激烈、成果也最丰富的一次，利普哈特曾用"大论战"(the great debate) 来形容西方学界这场关于宪政体制与民主巩固的辩论。

二、争论的核心议题

（一）政体类型与民主巩固

1990 年，林茨在那篇挑起战端的短文中提出，在民主巩固方面总统制不如议会制。四年后，他又撰写了一篇长文，对这一观点进行了进一步阐述。⑥在林茨看来，总统制在民主巩固方面的表现之所以不如议会制，主要是由于其自身所具有的两个基本特

---

① [美] 阿伦·利普哈特：《民主的模式：36 个国家的政府形式和政府绩效》，陈琦译，85、90 页，北京，北京大学出版社，2006。
② [英] 沃尔特·白芝浩：《英国宪法》，夏彦才译，北京，商务印书馆，2005；[美] 威尔逊：《国会政体》，熊希龄、吕德本译，北京，商务印书馆，1986。
③ Don K. Price. The parliamentary and presidential systems. Public Administration Review, 1943, 3(4): 317~334；Harold J. Laski. The parliamentary and presidential systems. Public Administration Review, 1944, 4(4): 347~359.
④ Alfred Stepan, Cindy Skach. Constitutional Frameworks and Democratic Consolidation: Parliamentarianism versus Presidentialism. World Politics, 1993, 46(1): 1~22.
⑤ Juan J. Linz. The Perils of Presidentialism. Journal of Democracy, 1990, 1(1): 51~69.
⑥ Juan J. Linz. Presidential or Parliamentary Democracy: Does it Make a Difference. In: Juan J. Linz, Arturo Valenzuela, ed. The Failure of Presidential Democracy. Baltimore: Johns Hopkins University Press, 1994, 3~87.

质：二元民主合法性（dual democratic legitimacy）和固定任期（fixed term）。所谓"二元民主合法性"是指代表行政分支的总统和代表立法分支的国会均由人民直接选举产生，它们都从人民那里获得了自身的政治合法性；所谓"固定任期"是指总统和国会都有固定的任期，总统的任期不依赖于国会，国会的任期也独立于总统。[①]林茨认为，由于总统制具有这两项宪法特性，总统制政体存在一些很难化解的制度困境。具体言之：

第一，由"二元合法性"而来的合法性冲突。由于总统和国会都由人民选举产生，都从人民那里获得自身的合法性，由此，当总统和国会的意见相左时，我们无从判断究竟谁代表着人民的意志。在实践上，当行政权和立法权之间产生冲突时，它们均可诉诸人民来相互对抗。比如，巴西总统费南多·科洛尔上任伊始，未经与国会商量就在电视上宣布其改革计划，遭到国会的抵制，他就以发动人民来要挟国会，"毫无疑问，我深深地植根于贫苦民众"，国会"必须尊重我，因为我才是权力的中心"。而且，这种制度性冲突极易转化为严重的社会冲突和政治冲突，这种例子在历史上屡见不鲜。

第二，由"固定任期"而产生的"僵硬性"。当国会不喜欢总统时，它无权罢免总统；当总统不喜欢国会时，他也无权解散国会。这种僵硬性当然也有其优点，那就是其可预期性，以及由此而来的行政系统的稳定性。但它有致命的弱点，当总统表现不佳时，只要他没有重大罪过，没有相应的制度性机制让他下台，只能等到下一次选举把他选下来。当年克林顿的性丑闻事件，如果发生在议会内阁制国家，他无法撑过一个月，他的后座议员们早就发动叛变了。但是，美国则为此虚耗了一年的光阴，最后依然留给这个国家一个品行恶劣的领导人。[②]

而且，当总统与国会多数分属不同政党，而他们之间对重要政策的看法存在重大分歧时，总统只能靠游说的方式来说服国会中的反对力量，推动其政策或法案。但这种方式并不总是能奏效，常常会陷入僵局。而总统制的制度设计中并没有制度化的机制来化解这种僵局。就连总统制运作最为顺畅的美国也曾发生联邦预算未如期通过，在1995年底到1996年初出现联邦政府9个部门歇业的咄咄怪事。而且，近年来此类政府关门的事件频频发生。但在议会制中，由于有不信任投票机制，行政与立法之间的僵局可以通过议会对行政部门的不信任投票，以及与之相伴的解散议会机制来化解，重新寻求民意的支持。

第三，"责任不明"。在行政、立法代表皆为固定任期的情况下，如果同时选举（如美国的中期选举），那么，施政的效果究竟应由哪一方负责呢？在总统制的架构下很难识别。例如，美国在克林顿总统任内经济情况良好，但此政绩是否为"民主党"执政所获致的呢？如果从其副总统戈尔在总统竞选时所得到的民众支持度并不特别高来看，我们很难看到政绩与选民支持度之间的明显关联。相反，在议会制国家中，立法

---

① Juan J. Linz. Presidential or Parliamentary Democracy: Does it Make a Difference. In: Juan J. Linz, Arturo Valenzuela, ed. The Failure of Presidential Democracy. Baltimore: Johns Hopkins University Press, 1994, 6.

② ［美］布鲁斯·阿克曼：《别了，孟德斯鸠：新分权的理论与实践》，聂鑫译，34~35页，北京，中国政法大学出版社，2016。

与行政合一，因此，执政党，特别是首相或总理，必须对其政绩负责。如果政策失误，要么将责任完全归于总理或首相个人（如英国首相撒切尔夫人下台），要么整个内阁全体辞职。

第四，政治录用的风险。与议会制相比，总统制国家很可能出现缺乏行政经验的政治领袖。在议会制之下，政治家必须从地位较低的后排议员做起，从中学习政治经验、辩论技巧，并考验其政党忠诚。而在总统制之下，总统候选人完全可能是来自政治系统之外，从而缺乏立法经验和政策制定的专业能力。[①] 2016 年，政治素人特朗普的当选在议会制国家是不可思议的。同样，2019 年 5 月，泽连斯基当选乌克兰总统，此人是喜剧演员，没有任何从政经验，一上任就任命了昔日的制片人特洛伊莫夫为总统副秘书，电视台好友巴柯诺夫为国家安全局副局长，这样的执政团队其政治风险是显而易见的。

以上都是理论上的推导，这样的结论当然还需要经验材料的支持。林茨对总统制的全面否定主要来自于他对拉丁美洲国家的观察。拉丁美洲国家绝大多数采用的都是总统制，许多国家在 1810 年代即开始制订宪法，算下来实行宪政的时间是够长的了。但是，拉美的政治现状实在不能令人满意，军事政变频仍、民主政治中断、经济凋敝。那么，这些情况是否与实施总统制有关呢？林茨的回答是肯定的。不仅如此，他还将从拉美国家政治经验中得出的这一结论推而广之，应用到其他地区的国家身上。他引用了舒加特、凯里、斯蒂芬等人的经验研究成果来证明，在统计学意义上，议会制与民主巩固之间的正相关度比总统制要高。

林茨的观点提出以后，有支持的，也有反对的。支持者如斯蒂芬就明言：新兴民主国家过于仓促地拥抱总统制是值得重新考量的。事实上，议会制更有利于这些国家在重构其社会、经济制度的同时巩固其民主制度。[②] 里格斯在检视了 30 个采用总统制政体而又经常陷入失败的第三世界国家之后，他得出结论：这些国家的经验告诉我们，总统制存在严重的缺陷。[③] 还有一些学者，如利普哈特，也支持林茨对总统制的批评，但他的理由与林茨不同。他认为总统制不利于民主巩固是由于它的另外一个弱点：不鼓励共识。总统制下的民主是一种多数民主（majoritarian democracy），而不是共识民主（consensus democracy）。而在那些正在民主化或再民主化的国家中，大多存在严重的宗教、族群分歧，以及随着内战、武装独裁而来的政治分歧、严重的社会经济不平等。在这种情况下，共识民主显然比多数民主更有利于民主的巩固和生根，特别是当国家陷入危机之中或处于转型时期更是如此。

斯蒂芬在表示支持林茨的同时还严守着林茨划定的界限，即他们的结论仅限于纯总统制，而不涉及半总统制等其他总统制类型。萨托利则将林茨的论题进一步扩展到

① William Roberts Clark, Matt Golder, Sona N Golder. Principles of Comparative Politics. Washington, D.C.: CQ Press, 2013, 807.

② Alfred Stepan, Cindy Skach. Constitutional Frameworks and Democratic Consolidation: Parliamentarianism versus Presidentialism. World Politics, 1993,46(1): 1~22.

③ Fred W. Riggs. Conceptual Homogenization of A Heterogeneous Field. In: Mattei Dogan, Ali Kazancigil, ed. Comparing Nations. Concepts, Strategies, Substance. Oxford: Blackwell, 1994, 72~152.

半总统制，检视半总统制政体对民主巩固的影响。他的结论是，总统制和议会制均存在缺陷，半总统制似乎是一种更为可取的政体形式。[1]

批评林茨的人也不少。林茨的文章一出来，霍罗威茨就撰文批评林茨。他认为林茨赖以得出结论的经验材料是高度选择性的，主要建立在拉美的总统制经验之上，而拉美的总统制是和特定的选举制度关联在一起的。拉美民主的挫折不是由于总统制，而是由于其他重要的制度因素——特别是选举制度——和总统制的结合，但林茨忽视了这一点。霍罗威茨认为如果拉美的这种选举制度和议会制结合在一起，也会产生同样的问题。[2]林茨在发表于同一期杂志上的回应文章部分地接受了霍罗威茨的批评，他强调说："我并没有说任何类型的议会制都比任何类型的总统制更有利于民主政体的巩固"。[3]曼腾海姆和罗克曼则指出，许多对总统制的批评忽略了总统制为民主政治的确立创造了机会。他们认为，新兴民主国家面临严重的内部分歧和经济困难，总统制的强势行政领导在转型期有利于化解分歧，深化民主。而且，总统制未必不受国会的节制，如 1992 年的巴西，在经历了军事统治之后，首任直选总统就遭国会弹劾。因此，总统制不一定不利于民主巩固，效果如何必须视特定国家和地区的情况而定，不能一概而论。[4]

值得注意的是，霍罗威茨批评林茨忽视了政体类型之外的其他要素，这一批评思路后来为其他学者所沿用，并提出了更为精致、也更为复杂的解释模式。1997 年，舒加特和梅因沃林重新检视了林茨的主要经验资料，得出了和林茨不同的结论。[5]他们不仅提出了更多的与民主巩固直接相关的制度变量，不再局限于政体类型，而是将其扩展到总统的权力、政党类型和选举类型等因素；而且，关注的重心也不再局限于民主巩固这样单一的目标，而是将其扩展到更为广泛的问题，特别是善治的问题（good governance）。我们在此只介绍前面一个问题：究竟是总统制还是政党制度、选举制度才是拉美民主政体崩溃的原因？

（二）政党制度、选举制度与民主巩固

在《总统与立法机构》一书中，舒加特和凯里开篇就指出，总统制—议会制的二分法是不恰当的。总统制有许多不同的类型，不同类型的总统制之间的差异很可能比总统制—议会制之间的差异更为重要。[6]他们在检视了 20 世纪以来民主崩溃和民主稳定的国家以后发现，在发生民主崩溃的国家中，21 个国家是议会制，12 个国家是总统制，另外还有 5 个国家是总统—议会制，1 个国家是总理—总统制；而在民主稳定的国家

① Giovanni Sartori. Comparative Constitutional Engineering: An Inquiry into Structures, Incentives and Outcomes. London: Macmillan, 1994, 137.

② Horowitz, Donald L. Comparing democratic systems. Journal of Democracy, 1990, 1(4): 73~79.

③ Juan J. The virtues of parliamentarism. Journal of Democracy, 1990, 1(4): 84~91.

④ Kurt von Mettenheim, Bert A. Rockman. Presidential Institutions, Democracy, and Comparative Politics. In: Kurt von Mettenheim, ed. Presidential Institutions and Democratic Politics: Comparing Regional and National Contexts. Baltimore, MD: The Johns Hopkins University Press, 1997, 237~246.

⑤ Scott Mainwaring, Matthew Soberg Shugart. ed. Presidentialism and Democracy in Latin America. New York, NY: Cambridge University Press,1997.

⑥ 他们没有简单地沿用总统制和半总统制的分类，而是将其分为纯总统制、总统 – 议会制和总理 – 总统制。Shugart and Carey, 1992. 18~27. 在《比较宪政工程》中，萨托利反对他们的这种分类。具体讨论见本章第二节。

当中，有 27 个国家是议会制，12 个国家是总统制，6 个国家是总理—总统制，1 个国家是总统—议会制。因此，总统制不利于民主巩固的结论并不能得到经验的支持。

相反，舒加特和凯里认为总统制具有议会制所不具备的一些优点：第一，行政机构的责任性。责任性是与回溯性投票紧密相联的，这意味着只要选民能有机会在下一次选举中对被选官员进行制裁，这种责任性就可以得到保障。总统制下的总统由选民直接选举产生，显然能满足这一要求，而在议会制中，政府常常在两次选举的中间发生更迭，当下一次选举来临，选民进行回溯时，他们就不知道责任应该由谁来承担。第二，选举结果的可识别性。可识别要求选民在投票前能有机会获得一个清晰的前瞻性选择。总统制直接诉诸民选的设计有助于选民辨识领袖及其诉求，确认可能的执政人选，而议会制国家大多数时候是组建联合政府，联合政府绝不是选民的选项，而是事后政党协商的结果。换言之，选民投票和最后的执政者之间缺乏直接的联系。第三，权力的相互制约。在议会制中，内阁的存废完全系之于立法机构的信任，内阁没有手段抵抗立法机构的动议，这使得内阁危机频仍，法国第三共和国就是很好的例证；而在总统制下，由于总统有否决权，可以制约立法机构，这有利于保障政治运行的相对稳定。

如果政体类型和民主巩固之间关联不大，那么，是什么因素导致民主制度的崩溃呢？舒加特和凯里等人认为应该到政党制度和选举制度中去寻找原因。

其实，早在 1990 年，梅因沃林就有一篇文章，观点恰好具有反驳林茨的作用。他写道："总统制和一个支离破碎的多党制的结合似乎对民主尤其不利"。[①] 后来，他对自己的观点进行了发展，在检视了相关材料后发现，在 1967—1992 年间，很少有稳定的民主国家采用总统制。因此，他在原则上同意总统制不如议会制那么有利于促进民主的稳定。但他进一步指出，那些采用两党制的总统制国家，其民主制度是稳定的；只有当总统制和多党制结合时，民主制度才不稳定。其原因在于，在总统制下，多党制加剧了行政—立法之间的僵局和意识形态的极化，并使政党之间的联合变得更加困难。[②]

1997 年，舒加特和梅因沃林合作编辑的《拉美的总统制和民主》一书对这一思路进行了拓展。他们认为，一个国家的政党制度对于总统制能否顺利运行具有重大的影响。具体言之，政党制度中有两个关键要素对于我们理解总统制如何运作非常重要：一是立法机构中有效政党的数量；二是政党纪律的松严程度。该书的各位作者通过对拉美 7 个国家的个案研究发现：[③]

第一，政党的数量会影响总统与国会之间的兼容性。如果在立法机构中有效政党的数量较大，没有一个政党能掌握多数席位，那么，联合政府就是一种必要的组织形式。但政党联合在议会制和总统制中的表现形态是不一样的。在议会制中，政党之间的联

① Scott Mainwaring. Presidentialism in Latin America. Latin American Research Review, 1990, 25(1): 157~179.

② Scott Mainwaring. Presidentialism, Multipartism, and Democracy: The Difficult Combination. Comparative Political Studies, 1993, 26(2): 198~228.

③ Scott Mainwaring, Matthew S. Shugart, ed. Presidentialism and Democracy in Latin America. Cambridge: Cambridge University Press, 1997, 11, 394~439.

合是发生于选举之后，并具有约束力；而在总统制中，政党之间的联合是发生在选举前，而且在选举结束后不具备约束力。因此，一个分裂的多党体系会使总统无法形成稳定的统治联盟。那些运作良好的总统制国家刚好是只有两大主要政党的国家，如美国、哥斯达黎加和委内瑞拉（1973—1993 年）。

第二，政党纪律的影响。在议会制中，议员如果不支持政府政策，可能面临政府垮台、议会重选、议员丧失席次的风险。因此，这是一种制度性诱因，促使政党确立党纪，以保证议员支持政府政策。而这种诱因在总统制中是不存在的。在总统制下，如果党纪不强，国会议员对政府政策的支持度就变得不可预测。如果各政党对本党党员有纪律约束力，则议员行为的可预测性就可以提高，并有助于改善行政－立法关系。但是当总统在国会并未拥有多数时，党纪太过严明，反而不利总统制运行。这是一个很有意思的结论。基于此，舒加特和梅因沃林认为，在总统制中，政党纪律应适度，太松太严均有危险。他们的结论是：只要设计得当，总统制就能比它们通常表现出来的更为有效。所谓得当是指总统必须具备有限的立法权，政党具有适度的纪律约束，政党体系不致过于碎片化，以保障总统制的生存能力。

那么，哪些制度性安排和有效政党的数量相关呢？在拉美语境下，分裂的社会结构和历史、文化因素当然非常重要，但最重要的因素则是选举规则。于是，他们又提出了另外一个需要考量的因素：选举制度和总统制运作之间的关系。

其实，选举制度和政党制度之间的关联一直是比较政治学关注的重要议题，迪韦尔热早在 1951 年就在其名著《政党概论》中提出，相对多数决制容易产生两党制，比例代表制则容易产生多党制。[①] 舒加特和梅因沃林对拉丁美洲各国宪政时期举行的128 次选举进行统计后发现，总统由多数决方式产生而且国会与总统同时选举情况下，其平均有效政党的数量最少（2.53）；居于中间的是国会与总统选举不同时举行，其有效政党数量居中（4.88）；而总统由绝对多数方式选出而且国会与总统选举同时举行，其平均有效政党数目最高（5.14）。[②] 他们的结论是：在后两种情况下，有效政党数量将较大，呈现为分裂的多党体系。随之而来的结果就是，总统所属政党不太可能在国会中占有多数席位。不幸的是，很多拉美国家——包括玻利维亚、巴西、智利、厄瓜多尔、秘鲁——在多数时段内都是采用的这两种选举制度，这可能才是拉美国家民主踟蹰前行的原因。

既然如此，能否通过加强总统的权力来化解此一危机呢？萨托利认为很难。事实上，拉丁美洲国家确实有过类似的尝试，大多数拉美国家的总统都拥有比美国总统更大的权力，例如，广泛的紧急权力。但是，新的趋势是，拉美国家现在普遍要限制总统的权力，因为过去一再出现的独裁者，都被认为是由于总统权力过大。萨托利认为，根本的问题在于分权原则。由于分权，拉美的总统不断地在滥用权力和权力不足之间左右摇摆。在他看来，可能的解决办法之一是半总统制，它在很大程度上可以解决总

---

① [法] 莫里斯·迪韦尔热：《政党概论》，雷竞璇译，第四章，台北，青文文化事业有限公司，1991。关于这一问题的详细讨论，详见本书第 8 章第三节。

② Mainwaring, Shugart, ed. 1997, 407.

统制的僵硬性问题，提供了总统制所欠缺的柔韧性。[①] 对于新兴民主国家而言，几乎达成了共识：不能选择总统制。[②]

（三）社会条件与民主巩固

按照舒加特和梅因沃林的分析，林茨的观点似乎应该修正为：总统制搭配多党制不利于民主巩固。但这一修正能成立吗？有学者另辟蹊径，从社会条件着手重新考察林茨的命题。

长期从事该领域研究的何塞·安东尼奥·柴巴布（Jose' Antonio Cheibub）将目光投向总统制运行的社会情境。在他看来，具有长期军人统治传统的国家在民主转型后更可能选择总统制，这类具有长期军人统治传统的国家在采用总统制后不太容易实现民主巩固，而不少发展中国家在第三波民主化过程中都是从军人统治走向民主的。[③] 这一解释路径将长期军人统治作为导致民主政体不稳定的关键变量，与舒加特的解释一样，总统制不过是一个中介变量。

简－埃里克·莱恩（Jan-Erik Lane）和司凡提·厄森（Svante Ersson）则认为是采用总统制的国家糟糕的社会经济状况削弱了总统制对民主的支持能力。他们注意到，作为一种政体形式，总统制常常被前欧洲的殖民地国家所采用，他们在争取独立的过程中，对欧洲的议会制政体较为反感，而青睐以美国为代表的新世界的行政体制，并且总统制也能为第三世界的政治精英提供更大的权力。但是，这些国家恰好都比较贫穷，而且收入不平等和性别不平等的现象也比较严重，这些因素都对新生的民主政体构成严重威胁。

与此同时，他们还通过比较分析，检验了经舒加特修正后的林茨命题，发现政党制度确实在发挥作用，但修正后的林茨命题并没有得到验证。相反，多党制提高了民主稳定的概率。在那些政党数量较少的的国家，民主是不稳定的；而一党独大的政党制度对民主构成严重威胁。如果将一党独大的国家排除在外，则政党数量对于民主稳定几乎没有影响。因此，在他们看来，林茨的基本观点是站得住脚的，总统制的表现确实不如议会内阁制，但总统制的影响没有林茨所想的那么大；如果能将社会经济状况也考虑进去的话，其主张将更有说服力。在导致民主不稳定中，经济因素（贫穷）在其中发挥着比总统制更大的作用。而且，总统制和民主不稳定之间不是严格意义上的因果关系。[④]

这场持续了十数年的争论尽管并没有得出明确的结论，但确实让我们更清楚地了解了制度发挥作用的具体机制，并使我们认识到，政治发展过程中的制度选择是一件

---

① Giovanni Sartori. Comparative Constitutional Engineering: An Inquiry into Structures, Incentives and Outcomes. London: Macmillan, 1994, 93~94.

② Robert Elgie, Sophia Moestrup, ed. Semi-presidentialism outside Europe: A Comparative Study. New York: Routledge, 2007, 250.

③ Jose' Antonio Cheibub. Presidentialism, Parliamentarism, and Democracy. Cambridge: Cambridge University Press, 2007, chapter 6.

④ Jan-Erik Lane, Svante Ersson. The New Institutional Politics: Performance and Outcomes. New York: Routledge, 2000, 138~142.

需要慎之又慎的事情。我们只要看看近年来拉美国家试图从总统制向议会制转变之艰难，就不难明白这个浅显的道理。

第二节　半总统制及其运作

半总统制的政治实践始于魏玛时期的德国，但半总统制真正被大面积采用则是苏东解体之后。截至 2007 年，全世界有 55 个国家采用这一政体形式，广泛分布于中东欧、亚洲和非洲。[①] 其中，较为典型的国家有法国、俄罗斯、葡萄牙、波兰、东帝汶、马达加斯加等。半总统制（Semi-presidentialism）一词是于贝尔·伯夫-梅里（Hubert Beuve-Méry）于 1959 年首次提出。此后，迪韦尔热于 1978 年将"半总统制"提升为一种独立的行政制度类型，与议会内阁制和总统制平行。由于法国是半总统制最为典型国家，因此，本节的分析将首先依据法国第五共和国的政治实践，讨论三个议题：半总统制的由来及特征、半总统制中总统与总理的权力关系模式、半总统制中导致宪政危机的潜在危险及其解决途径。然后，再考察新兴民主国家的半总统制实践。

一、半总统制的由来及特征

尽管最早的半总统制并非法国的第五共和国，而是魏玛时期的德国，[②] 但法国第五共和国是最典型的半总统制，因此，人们在追溯半总统制历史的时候往往将其上溯到法国第五共和国的创立。

在法国第五共和国创立之前，法国的政局一向以更迭频繁著称。自 1875 年第三共和国宪法制定到 1958 年第四共和国结束，除了二战期间的维希政府（1940—1944 年）之外，法国政局共计经历过 115 届政府，每届政府的平均执政时间：第三共和国时期是 8 个月，第四共和国时期只有 6 个月。法国第三、第四共和国时期的政局之所以如此不稳，很大程度上是其议会内阁制所造成的。一方面，第三、第四共和国时期党派林立，几乎没有稳定的政党联盟，内阁也就无法获得议会中稳定多数的支持，从而导致倒阁潮不断、政局不稳。另一方面，政府与议会之间制衡手段不平衡，并缺乏协调力量。[③]

1958 年 5 月 13 日，阿尔及利亚发生武装政变，第四共和国旋即陷入混乱状态。当时的共和国总统科蒂邀请戴高乐复出主政，随即国民议会授权戴高乐政府草拟新宪并提交公民投票决定。1958 年 9 月 28 日举行的公民投票通过了新宪法，第五共和国得以建立。第五共和国宪法虽然保留了责任内阁制的一些特征，比如，内阁仍要对议会负责等；但也明显地体现出戴高乐的宪政观点，如强化总统职权、限制内阁对议会所负的责任等。这些大都是为了消除法国第三、第四共和国时期行政权不彰和议会权力

① Robert Elgie, Sophia Moestrup, ed. Semi-presidentialism outside Europe: A Comparative Study. New York: Routledge, 2007, 9.
② 沈有忠：《德国威玛共和的宪法：一个半总统制的个案研究》，载《东吴政治学报》，2006（24）：163~212。
③ 刘嘉宁：《法国宪政共治之研究》，1~5 页，台北，台湾商务印书馆，1990。

过大等弊端。1962 年，戴高乐认为总统选举办法——由选举人团选举——致使总统的民主合法性不如议会，主张将其修改为由全民直接投票选举，以提升总统的民主合法性。10 月 28 日，公民投票通过了宪法第六和第七条修正案，将总统选举修改为由全民直接选举产生，并采用两轮决选制。这样，与第三、第四共和国时期相比，第五共和国的总统不再是虚位元首，而是实质元首，有全国性民意基础，并有相当大的行政权力。[①]

至此，法国第五共和国的半总统制政体最终形成，其基本架构如下（图 5-1）：

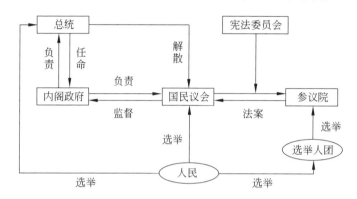

图 5-1　法国半总统制基本结构

法国的经验表明，作为一种介于议会内阁制和总统制之间的一种宪政类型，半总统制在某种程度上是在二者之间摆荡。正如雷蒙·阿隆所言，第五共和国是转换于总统制和议会内阁制之间的制度，当总统和议会同属一党时就倾向于总统制；当总统和议会不同属一党时则倾向于议会内阁制。[②] 但是，需要注意的是，当我们站在比较的立场上来观察半总统制，就会发现这种摇摆论有其局限，它实际上取消了半总统制作为一种独立行政制度类型的地位。因此，萨托利明确反对这种论调，强调它确实构成了一种独立的类型。

正是基于法国的经验，迪韦尔热对"半总统制"作出了经典的界定，[③] "如果宪法确立的政体把下述三个要素结合在一起，这种政体就是半总统制：1. 共和国总统由普选产生；2. 总统拥有相当大的权力；3. 总统有对立面存在，即总理和各部部长；他们拥有行政和管理权力，并且只要议会不反对他们就可以保住职位"[④]。后来萨托利又对迪韦尔热的定义进行了修正，他认为半总统制的特征包括：1. 总统由直接或间接选

①　法国总统吉斯卡尔·德斯坦曾明确地将法国的半总统制称为"总统集权的制度"，因为它赋予法国总统比美国总统更多的权力。密特朗总统在入主爱丽舍宫前甚至批评法国的半总统制为"个人专权"，因为法国总统"能比美国总统更自由地行事，他可以代替议会指定法律"。吴国庆：《法国政党和政党制度》，275~276 页，北京，社会科学文献出版社，2008。

②　Raymond Aron. Alternation in Government in the Industrialized Countries. Government and Opposition, 1981, 17(1): 3~21.

③　关于半总统制的定义，共有三种类型：第一类只考虑政治角色的实际权力或者说民主政体的关系类型，如 O'Neil；第二类将正式的宪政安排与实际权力结合起来，更精确地说，是将政体类型的设置（dispositional）属性与关系属性（rational properties）结合起来，如 Duverger；第三类只关注政体类型的设置属性，如 Elgie。参见 Robert Elgie. Semi-Presidentialism: Concepts, Consequences and Contesting Explanations. Political Studies Review, 2004, 2(3): 314~330.

④　[英] 罗德·黑格、[英] 马丁·哈罗普：《比较政府与政治导论》（第 5 版），张小劲等译，393 页，北京，中国人民大学出版社，2007。

举产生，任期固定；2.国家元首与内阁总理分享行政权，形成二元的行政权力结构；3.总统独立于议会之外，无权单独或直接治国理政，其意志必须通过政府贯彻、执行；4.总理或内阁独立于总统，其去留依赖于议会的信任与否，任何法案都需要议会通过；5.行政的二元权力结构，允许有不同的权力安排，行政部门各构成单位在行动上均需有一定的独立性。[①] 罗伯特·艾尔吉提出一个更简洁的定义，半总统制只需满足两个条件：1.总统由直接选举产生，且有固定任期；2.总理和内阁集体对立法机构负责。[②] 这个定义的好处是规避了容易带来争议的标准——总统掌握实权，因为在实践中确实有半总统制下的总统是象征性职位。

二、半总统制中总统与总理的权力关系模式

前文已述，半总统制的一个重要特征是二元行政权力结构，由总统与总理分享行政权，这种二元架构是不同的两种选举在行政权力结构上的投射。法国全国性的多数派有两种：总统多数派与议会多数派，前者出自全民直接投票选举的总统大选，后者出自立法选举，并进而组阁执政，其权力来源也是人民全体。因此，这两种多数派的政治合法性均有各自的民意基础作保障，二者之间的关系有三种可能：一是总统多数派与议会多数派属于相同政党或政治联盟；二是总统多数派与议会多数派属于不同政党或政治联盟；三是总统多数派面对无多数派存在的议会。第三种可能又可以划分为两种情况：总统多数派与议会中的相对多数派一致；总统多数派与议会中的相对多数派不一致。由于这两种情况与第一、第二种可能相似，因此，若不考虑议会多数派是绝对的还是相对的，则总统多数派与议会多数派的关系可大致简化为两类：二者多数派一致和二者多数派不一致。[③] 一旦二者多数派不一致，则半总统制中潜在的行政二元化问题就会突显出来。这时，行政权被割裂，如果总统和总理争权，则可能导致政局不稳。

一般来说，半总统制中总统与总理的权力来源有两类：一是源自宪法的显性权力（简称宪法权力）；二是领导议会多数派而来的隐性权力（简称多数权力）。由于第五共和国的总理须得到议会多数派的信任，因此，如果总统没有掌握领导议会多数派而来的隐性权力，则此多数权力便可视为掌握在总理手中。如果总统与议会多数派一致，且总统是议会多数派的领导，便可以使用隐性的多数权力，通过政党纪律有效地敦促议会满足自己的政治诉求。此时总统与得到议会多数派信任的总理便属于同一阵营，在宪法权力以及多数权力上，总统就都占据主导地位，总理则处于从属位置。如果总统与议会多数派不一致，则总统与得到议会多数派信任的总理便不处于同一阵营，总统就没有多数权力，其宪法权力也将被总理所掌握的议会多数权力部分抵消。[④] 当然，

① Giovanni Sartori. Comparative Constitutional Engineering: An Inquiry into Structures, Incentives and Outcomes. London: Macmillan, 1994, 131~132.
② Robert Elgie, Sophia Moestrup, Yu-Shan Wu, ed. Semi-Presidentialism and Democracy. London: Palgrave Macmillan, 2011, 3.
③ 同上，134 页。
④ 刘嘉宁：《法国宪政共治之研究》，134~136 页，台北，台湾商务印书馆，1990。

总理所掌握的议会多数权力具有间接性，需要借助政党纪律诉之于议会多数来行使。而在实践中，总统的宪法权力包括解散议会或者提前举行总统大选等手段，可以制衡议会多数。因此，总统与总理的权力关系如图 5-2 所示：[①]

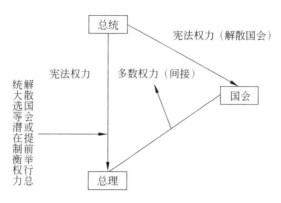

图 5-2 半总统制中总统与总理的权力关系

从法国第五共和国时期的历史经验中，关于总统与总理的权力互动关系，学界将其归纳成以下几种基本形态：

第一种是"总统主治型"（president dominated）。这是最常出现的基本形态，特别是密特朗和蓬皮杜总统执政时期。这种运作形态的基本前提是总统与总理必须是同党同派，总统本身是国会多数党或联盟的实际领导人，总理的任命完全取决于总统的个人意志，并非建立在国会的信任基础上。因此，行政权的分配完全由总统决定，总理听命于总统，执行总统交办的事项，并向国会负责。总统与总理间之职权关系是明确的垂直分工状态。如果总统对于总理的信任逐渐丧失，或是总理不愿为总统的决策背书，总理只有选择辞职一途。

第二种是"党内共治型"（intra-party cohabitation），或称为"联盟共治型"。总统与总理虽为同一个政党，但是却隶属于不同的派系，例如 1988 年至 1992 年间，密特朗总统与罗卡尔总理的组合。在这种权力关系中，双方不可能完全互相信任，反而常在台面下相互较劲。原则上，总统只要能善用其宪法权力，并能主导国会中的多数力量，总理就难以与之抗衡。

第三种是"硬性共治型"（hard cohabitation）。总统在国会选举中失去多数的支持，总统必须任命与自己分属不同党派的国会多数或联盟的领袖为总理，总理在政治上完全不依附于总统。不过，基于总理在国会的多数地位不是非常稳定，而且总统有寻求连任的可能或企图，双方皆无法承受任何的宪政危机，故会试图寻求合作，避免关系破裂。1986 年至 1988 年间，密特朗统与席哈克总理关系正是这种类型的写照，二者的职权划分关系是属于明确的水平分工状态。

第四种是"软性共治型"（soft cohabitation）。导致这种形态出现的政治条件和硬性共治相同，所不同的是总理在国会享有压倒性的多数地位，而且总统没有连任的可

---

① 刘嘉宁：《法国宪政共治之研究》，137 页，台北，台湾商务印书馆，1990。

能。在这种类型的权力关系中，总理几乎可以主导政府的政策与人事，甚至会强势介入国防与外交领域。不过，对于总统的元首地位，总理仍然会保持一定的尊重，不会挟其政治优势逼迫总统。另一方面，总统也会尽量避免与总理正面冲突。1993 年至 1995 年间密特朗总统与巴拉迪尔总理的关系反映了这种权力形态。

萨托利检视了法国三次左右共治经历，发现法国在此期间的政治运作相对平稳，这部分归因于政治精英的人格特质，但主要还是半总统制确实可行。相较于总统制可能导致的冲突和僵局，半总统制提供了避免政治僵局的机制。法国的半总统制已经演化成为一种真正的混合型体制，它建立在富有弹性的二元权威结构之上，这种弹性正是总统制所缺乏的。[①]

当然，还有一种可能性，当总理与总统分属不同的政党或政党联盟时，总统在当选后可以立即解散议会，重新举行选举，选出一个与总统政治属性一致的多数派政党或政党联盟；然后，总统任命与自己相同政治属性的总理和政府。例如，当 1981 年和 1988 年法国社会党的密特朗两次当选总统时，议会里的多数派政党分别是戴高乐政党和吉斯卡尔政党，他立即提前解散议会，选出左翼政党占多数的议会，并先后从法国社会党中挑选了莫鲁瓦和罗卡尔担任总理。[②]

三、半总统制中宪政危机的潜在危险及其化解

在半总统制的宪政架构中，总统和总理共享行政权的结构虽然使法国的政局得以稳定，但这种行政二元化设置却潜在地有相互冲突的可能，并可能由于总统与总理党派隶属的差异、观念的差异以及宪法诠释等因素而导致宪政危机。对此，法国第五共和国宪法及自 1958 年以来的政治实践提供了多种解决渠道，这些途径的主体虽然不同，但在一定程度上均具有解决宪政架构内在冲突的效力。[③]

第一，总统辞职。在法国第五共和国的历史上，仅有戴高乐因 1969 年公民投票修宪失败而辞职的例子。这是因为在戴高乐看来，总统只向全民负责，一旦没有获得全民信任或支持，总统就应自动辞职。当然，这一辞职行为只具个人性质，并非宪法或先例所规范的。从理论上而言，总统在共治期间为了自身赢得连任或者同一党派的总统候选人竞选获胜，完全有可能选择有利时机主动辞职，进而在获胜后改选议会、重组政府。当然，总统也可能只是以辞职名义与总理进行博弈，换取自身诉求的实现。

第二，总理辞职。法国第五共和国宪法第八条规定："共和国总统任命总理，并以总理提出政府总辞，免其职务"。所以，就宪法条文规定而言，总统并没有权力主动撤换总理，其撤换总理的前提条件只能是"总理提出政府总辞"。在第五共和国的历史上，每位总统在其任期内都并非仅任用过一位总理，当然，历次总理的更换程序却

① Giovanni Sartori. Comparative Constitutional Engineering: An Inquiry into Structures, Incentives and Outcomes. London: Macmillan, 1994, 94, 123~125.
② 吴国庆：《法国政党和政党制度》，277~278 页，北京，社会科学文献出版社，2008。
③ 刘嘉宁：《法国宪政共治之研究》，67~75 页，台北，台湾商务印书馆，1990。

均符合总理向总统递交辞呈这一前提条件。

第三，解散议会。第五共和国宪法第十二条规定："共和国总统于咨询总理及议会两院议长后，可宣告解散国民议会……国民议会因解散而改选后一年内，不得再予解散"。也就是说，总统仅需依循程序征求总理和议会两院议长的意见便可自行决定是否解散议会，此项权力的限制条件仅是在议会解散一年之内不能再行解散。当然，这一做法有相当的政治危险，一旦议会改选后支持的总理隶属敌对阵营，总统必然会进退维谷。

第四，公民投票及修宪。当半总统制行政两元化的内在冲突爆发时，总统与总理可根据宪法第十一条的规定，选择公民投票及修宪来解决彼此的冲突，这一解决途径不但行之有效，而且使全民意志有机会再度反映到政治过程中，体现出更强的政治合法性。不过，一旦所提议的公民复决遭到否决，总统的政治合法性就会受到削弱，不利于以后自身政治影响力的发挥。

第五，宪法委员会解释。提请宪法委员会解释也是解决总统与总理冲突的一种有效方法。虽然总统和总理均可将未公布的法律及未批准的国际条约提请宪法委员会审议，但由于总理与议会的信任、支持关系，所以由总统提请审议的可能性更大。特别是在左右共治期间，总统的这一做法在一定程度上能实现制衡总理多数权力的目的。

第六，总统动用紧急权力。当总统与议会多数派支持的总理所发生的冲突危及共和制度时，如议会以不信任案的方式连续倒阁、有意与总统对抗，此时总统可以根据宪法第十六条的规定，合法地动用紧急权力来处理危机。不过，紧急权力的性质决定了其使用必须慎重。第五共和国成立至今，这一权力仅仅被动用过一次。

法国第五共和国在采用半总统制政体后，政局保持了持续稳定。这不仅因为其宪法设置了多种危机解决的渠道，而且与其政体所处的外部条件也有很大关系，如既有的政治传统（对民主共和精神的追求）、适当的选举规则（总统两轮决选制对民主合法性的保障）以及两个稳定区块的政党制（法国左右两大阵营的政党格局）等。[①] 另外一个不可忽视的稳定因素则是总统权力的自我约束。我们注意到，在三次"共治"时期，密特朗、席哈克总统都能与反对派总理共理国政，而未挑选少数党人担任总理。这两位不同党派总统的三次"共治"经验已经凝结为一种宪政惯例。尽管宪法规定总统可以将法案提交公民投票，甚至可以解散议会，但在实践上，总统对这些权力的行使十分谨慎。自戴高乐之后，法国的总统还从未绕过议会将法案交付公民投票。相比较而言，俄罗斯等国家在效法法国建立半总统制后，却没有学到法国总统的这种自我约束精神。叶利钦不仅无意自我约束，反而一心要将总统的权力用到极致，终于演变为总统与总理或议会之间的对决。1993 年不得不以炮火来推进宪法的生效。这时的宪政权力结构显然已经失衡，与其将其称之为"半总统制"，还不如将其称之为"超级总统制"（hyper-presidentialism）。[②]

---

① Vykintas Pugačiauskas. Semi-Presidential Institutional Models and Democratic Stability: Comparative Analysis of Lithuania and Poland. http://www.geocities.com/Vykintas/ltupol.pdf.

② 高朗：《总统制是否有利于民主巩固》，载《美欧季刊》，1998 年冬季号，1~24 页。

四、新兴民主国家的半总统制实践

尽管半总统制在法国，甚至在欧洲都表现不俗，以至于有学者声称，无论是对传统议会民主政体的改进而言，还是对新兴民主国家而言，半总统制都比传统的议会内阁制和总统制更有前途。[①]但大部分学者并没有这么乐观，他们对于能否将半总统制在法国的成功经验普遍化心存疑虑。

第一，新兴民主国家采用半总统制的初始环境千差万别。在关于半总统制开创性文献中，迪韦尔热就指出，为什么同样的制度在实践中会呈现出非常不同的形态，其原因之一就是制度建立之时的环境不同。[②]例如，从表面看，冰岛的半总统制属于"总统—议会型"半总统制，宪法赋予了总统极大的权力。但事实上，冰岛的总统徒有虚名，实权掌握在总理手上。为什么会这样呢？原来冰岛1944年从丹麦独立出来时，宪法的起草是照抄丹麦。而当时丹麦宪法尽管看似赋予了国王相当大的权力，但国王其实只具有象征地位。换言之，冰岛半总统制建立的背景是，由总理组建政府，而不管宪法是如何规定总统权力的。[③]这与作为半总统制典型的法国大相径庭。

第二，新兴民主国家的半总统制实践丰富多彩，内部存在巨大差异。很多学者采用不同的标准对半总统制进行分类，其中，最流行的分类方式有两个。一个是由舒加特提出来的，他将半总统制分为两种主要类型：总理—总统型（premier-presidentia）和总统—议会型（president-parliamentary）。这两个子类型的差异在于总统权力的大小和内阁负责的对象有所不同。在总理—总统型半总统制中，内阁仅对议会负责，总统无权解散内阁；在总统—议会型半总统制中，内阁同时对议会和总统负责，总统和议会都有权解散内阁。[④]另外一个是由艾尔吉提出的，他按照总统和总理权力的对比关系，将半总统制分为三种类型：高度总统化的半总统制，总统掌握实权，总理权力较小；平衡的半总统制，总统和总理权力相对平衡；象征性总统的半总统制，总统是象征性的，实权掌握在总理手中。[⑤]不管是舒加特还是艾尔吉，他们在思考半总统制时始终关注的是这一体制中总统、总理和议会三者之间的权力配置关系。在他们的分类中，呈现出来的是半总统制作为一种双头行政首脑制度行政权力内部的张力。

除此之外，行政与立法之间的关系同样重要：总统是否应该拥有主动解散议会的权力？这一问题非常关键。前文已述，法国总统是具有这项权力的，而且此项权力对于法国宪政运作发挥了积极作用。那么，它是不是半总统制国家的普遍制度设计，甚至是半总统制的题中应有之义呢？其实都不是。一方面，从实践上讲，这项权力在全

① Robert Elgie, Sophia Moestrup, ed. Semi-presidentialism outside Europe: A Comparative Study. New York: Routledge, 2007, 28.

② Maurice Duverger. A New Political System Model: Semi-presidential Government. European Journal of Political Research, 1980(8): 165~187.

③ Robert Elgie, Sophia Moestrup, ed. Semi-presidentialism outside Europe: A Comparative Study. New York: Routledge, 2007, 240.

④ Matthew Søberg Shugart. Semi-presidential Systems: Dual Executive and Mixed Authority Patterns. French Politics, 2005, 3(3): 323~351.

⑤ Robert Elgie. A Fresh Look at Semipresidentialism: Variations on a Theme. Journal of Democracy, 2005, 16(3): 98~112.

世界的半总统制国家中是比较少见的（见表 5-2），多数半总统制国家中的总统没有解散议会的权力，即使有，也有特定的限制性条件，总统只有被动解散议会的权力；另一方面，从理论上讲，赋予总统主动解散议会的权力，不符合权力平衡的精神。尤其是对于宪政精神尚未成熟的新兴民主国家，赋予总统此项权力很可能由于总统滥用此项权力而导致宪政危机。如前所述，即使在法国，总统对于此项权力向来慎之又慎。

表 5-2　欧洲半总统制国家中的总统权力 [①]

	无主动解散议会权力	有主动解散议会权力
无主动解散政府权力	比利时、爱尔兰、立陶宛、波兰、罗马尼亚、斯洛伐克、斯洛文尼亚	法国、葡萄牙（1982 年—）
有主动解散政府权力	芬兰（1991—1999 年）	奥地利、芬兰（1991 年）、冰岛、葡萄牙（1982 年）

第三，半总统制的民主绩效是半总统制研究的核心议题。既有研究发现，半总统制的民主绩效不仅因子类型不同而有所差异，而且不同地区之间也存在差异。

由于半总统制具有内在的冲突倾向，它必须预设在政治冲突中各方有遵守民主游戏规则的意愿。但问题是，在很多新兴民主国家中这样的意愿并不存在，在那里流行的仍然是将政治视为一种零和游戏。[②] 因此，有学者感叹：半总统制建立容易操作难。基于魏玛共和国的惨痛教训，林茨多次警告，半总统制所面临的风险和总统制一样大。[③]赛德留斯和林德运用 173 个国家的数据进行的跨国比较显示，在议会内阁制、总理—总统型半总统制、总统—议会型半总统制、总统制四种政府类型中，总理—总统型半总统制的民主绩效和治理绩效均与议会内阁制相当，甚至还略胜一筹；总统—议会型半总统制的民主绩效则是最差的。因此，一方面，不能简单地认同林茨的主张，要对半总统制进行细分；另一方面，也应看到，人们通常所讲的半总统制的优点——行政机构的弹性、权力分享等——只有在总理—总统型半总统制中才是成立的。而总统—议会型半总统制类似于纯粹的总统制，确实存在林茨所说的风险，其程度甚至比纯粹的总统制更高。[④] 与此同时，半总统制在新兴民主国家的表现还存在地区差异。根据相关数据，在东欧地区，半总统制的平均水平优于议会内阁制；但在亚洲和拉美，半总统制的表现是最差的；在苏联的共和国和非洲，半总统制的表现和总统制一样差。这种地区差异提醒我们，半总统制的运行环境是非常重要的。以半总统制下的共治为例，如果说共治在法国发挥着一种积极的作用，那么在新兴民主国家共治并不一定能发挥这样的作用。尽管共治并不必然导致民主的崩溃，但它完全可能导致决策的低效。[⑤]

①　Jorge M F, Pedro C M. Government Survival in Semi-presidential Regimes. European Journal of Political Research, 2016, 55(1): 61~80.

②　Robert Elgie, Sophia Moestrup, ed. Semi-presidentialism outside Europe: A Comparative Study. New York: Routledge, 2007, 247.

③　Juan J. Linz. Presidential or Parliamentary Democracy: Does it Make a Difference. In: Juan J. Linz, Arturo Valenzuela, ed. The Failure of Presidential Democracy. Baltimore: Johns Hopkins University Press, 1994, 3~87.

④　Thomas Sedelius, Jonas Linde. Unravelling Semi-presidentialism: Democracy and Government Performance in Four Distinct Regime Types. Democratization, 2017, 24(4): 1~22.

⑤　Robert Elgie, Sophia Moestrup, ed. Semi-presidentialism outside Europe: A Comparative Study. New York: Routledge, 2007, 43, 248.

如何评价半总统制？支持者认为它有助于推动不同政治力量之间的合作，对于存在重大社会分歧的社会，半总统制似乎是一个非常好的选项。迪韦尔热就声称，在东欧和苏联的共和国中，半总统制已经成为政体转型的最有效方法；[1] 但艾尔吉认为，我们不应该讨论总统制、议会内阁制和半总统制三者何者为优的问题，因为它们都不是独立的自变量，它们的表现在很大程度上要依赖于其所处的环境，以及它们与其他制度之间的相互匹配，很难用单一的制度变量来解释。[2]

第三节 分立政府的成因和影响

分立政府（divided government）是近年来学界比较关注的一个议题。[3] 作为一种政治现象，分立政府经常发生。但学界早期对于这一政治现象的研究过于集中在美国，而忽视了其他的总统制国家中的分立政府现象，更少关注到非总统制中的分立政府问题。这种状况直到进入 21 世纪才得到改变。本节我们主要讨论三个问题：分立政府的概念、分立政府的成因及其影响。

一、什么是分立政府？

通常，人们会认为分立政府只有可能发生在美国式的总统制国家或法国式的半总统制国家，而不会在实行议会内阁制的国家中出现。因为分立政府的实质是行政权和立法权由不同的政党所掌握、行政权和立法权之间相互竞争。而议会内阁制的特点之一恰恰是行政权和立法权的融合，只有议会的议员是通过人民选举产生，而代表行政权的首相或总理并不经过选举，而是由赢得半数以上议席的政党或政党联盟的领袖担任。因此，议会内阁制没有机会出现分立政府。相较而言，在总统制中，代表行政权的总统和代表立法权的国会议员均由人民选举产生，这就为不同政党分别掌握行政权和立法权提供了制度空间。各政党通过参与立法机构和行政首长的竞选活动来争取政策制定权，如果某一政党在这两种竞选活动中同时获胜，行政部门与立法机构（简称府会）的结构形态就是一致政府（unified government）；如果立法机构和行政首长的竞选活动为不同的政党获胜，府会的结构形态就是分立政府。

但是，罗伯特·艾尔吉（Robert Elgie）提出了一种新的观点，他认为在不同宪政体制下，不管是总统制、半总统制或议会内阁制，均有可能产生分立政府，其共同特征是：行政首脑所属政党无法掌握立法部门多数席位。艾尔吉首先区分了两种不同的分立政府定义：第一种是算术意义上的分立政府定义，它仅指同一个政党没有同时在行政机构和立法机构中获得多数，也就是说"行政机构没有获得立法机构中至少一院的多数支持"；第二种是行为意义上的分立政府定义，它不仅指行政机构和立法机构分别由不同政党掌

① Mauric Duverger. The political system of the European Union. European Journal of Political Research, 1997, 31(1-2): 137~146.
② Robert Elgie, Sophia Moestrup, ed. Semi-presidentialism outside Europe: A Comparative Study. New York: Routledge, 2007, 10.
③ 也有人将其译为"分裂政府"，考虑到学界对于这一政治现象的看法分歧较大，甚至有学者将其视为分权制衡精神的体现，而"分裂"一词在中文中具有较强的负面含义，因此，本书主张采用较为中性的"分立政府"来翻译。

握，而且还意味着立法机构和行政机构之间的冲突。换言之，分立政府与特定的政治行
为类型联系在一起，分立政府一定会带来分裂的政治，一定伴随着政治僵局、立法瘫痪、
总统与国会的冲突。艾尔吉主张采用算术意义上的分立政府定义，因为它更具包容性，
可以将其应用于美国之外，应用于总统制之外（见表 5-3），并对不同体制下的分立政府
现象展开比较研究。他认为，政府在不同的体制下面临着非常类似的问题，而这些问题
又是由类似的原因引起，因此，对分立政府现象进行跨国比较是富有教益的。[①]

表 5-3　宪政体制与分立政府类型

政体类型	分立政府类型	代表性案例
总统制	1. 不同于总统所属政党的某个政党（或政党联盟）至少在国会的一院中掌握过半数的议席。	美国、墨西哥
	2. 至少在国会的一院中，没有任何政党掌握过半数的议席。	厄瓜多尔
议会内阁制	执政党（或政党联盟）至少在议会的一院中无法掌握过半数的议席。	丹麦、德国、爱尔兰
半总统制	1. 执政党（或政党联盟）至少在国会的一院中无法掌握过半数的议席。	法国、芬兰、波兰
	2. 不同于总统所属政党的某个政党（或政党联盟）在国会中关键的院掌握过半数的议席，致使总理与总统分属不同政党。	

对于分立政府的概念，应置于宪政结构中来加以观察。第一，在不同的立法机构
类型中，分立政府的表现形态不一样。在实行一院制（unicameralism）的政体中，分
立政府产生的前提是行政首长所在的政党或政党联盟没有掌握一院制议会的多数议
席；在实行两院制（bicameralism）的政体中，如果组成议会的两个议院都有实质性的
立法权（如美国参众两院），那么，只要其中一个议院的多数议席没有为行政首长所
属的政党掌握，我们就可以称之为分立政府形态。[②]

第二，从中央—地方关系的维度来观察，一方面，分立政府既包括中央层级的分
立政府，也包括地方层级的分立政府。根据莫里斯·菲奥里纳（Morris P. Fiorina）的
研究，在 1946 年到 1990 年期间，美国州政府中一致政府的比例呈现出明显的下降趋势，
州长和州议会分属于不同政党掌控的情况越来越多，在 1988 年之后甚至约有 75% 的
州政府是分立政府形态；[③] 另一方面，分立政府既包括同一层级的横向分立政府，也
包括不同层级的纵向分立政府。纵向形态的分立政府情况比较复杂，存在多种中央与
地方分立政府的可能性。例如，当民主党掌握美国联邦的行政和立法部门时，在那些
由民主党执政的州，联邦与州之间就是一致政府的关系；在那些由共和党执政的州，
联邦与州之间就是分立政府的关系。[④]

第三，从选举制度的角度来观察，可以分为同一时间选举所形成的分立政府和先
后举行选举所形成的分立政府。例如，美国总统选举每 4 年一次，众议院的选举每 2

① Robert Elgie, ed. Divided Government in Comparative Perspective. New York: Oxford University Press, 2001, 2~12, 211, 225.

② 吴重礼：《美国分立政府运作的争议：以公共行政与政策为例》，载《欧美研究》，2002（2）：271~316。

③ Gary W. Cox, Samuel Kernell. Boulder, ed. The Politics of Divided Government. CO: Westview Press, 1991, 181.

④ 刘从苇：《中央与地方分立政府的形成：一个空间理论的观点》，载《台湾政治学刊》，2003（2）：107~148。

年一次，参议院的选举每 6 年一次。如果它们同时举行时可能形成分立政府，如果总统任期未满而众议院或参议院改选，也可能形成分立政府。这两种情况的差别在于：同时举行选举时，选民不知道行政部门将由哪个政党掌握；而中期选举时选民知道哪个政党正掌握着行政部门。在这两种情况下，选民的投票策略会有差别，这就涉及我们下面会讨论的分立政府的成因问题。

分立政府并非新近才形成的一种新的政治现象，从美国来讲，它最早大致可追溯至 1843 年，当时的总统约翰·泰勒及参议院的多数议席均属于辉格党，但众议院的多数议席则属于民主党。在美国历史上，曾历经三波明显的、持续性的分立政府时期：在二战以前有两波（1843—1861 年和 1857—1897 年）；二战以后，从 1947 年至 2008 年美国联邦政府在 62 年的时间里经历了 24 年的一致性政府和 38 年的分立政府。其中，自 1968 年之后分立政府更是成为常态，一致性政府仅维持了 10 年。

虽然分立政府形态的历史已不算短了，但学界对其的关注则始于 20 世纪 80 年代末。詹姆斯·桑奎斯特（James L. Sundquist）于 1988 年发表了一篇名为《新时代的美国需要关于联合政府的政治理论》的文章，认为当时的美国联邦政府处于分立政府阶段，它取代一致政府，逐渐成为更为常见的府会结构形态。[1] 在此之后，分立政府问题才日益为学界所重视，成为近些年来学界研究的主流议题之一。从研究脉络上讲，桑奎斯特是传统派的代表，他反对分立政府，认为它不符合政党政治的原则。在他看来，在分立政府条件下，政府的运作会遭到破坏，形成政策滞塞、立法僵局等负面影响。戴维·梅休（David Mayhew）则是修正派的代表，他认为分立政府恰恰体现了分权制衡的宪政精神，同时也符合多数选民的心理预期。所谓的政策滞塞、立法僵局其实是宪政条件下权力运行和政党之间合理协商的产物。[2]

二、分立政府的成因

对于分立政府的成因，目前学界尚未发展出一套为大多数学者所普遍认同的解释。在以往对此问题的研究中，诸多学者已经纷纷提出了自己的看法，而这些看法都具有一定程度的解释力。所以，现实中的分立政府现象，与其说是由某一种单一因素所造成，不如说它是多种因素共同作用的结果。这些因素包括行为因素和制度因素两大类。行为因素主要指选民行为；制度因素则可以细分为三种：宪政制度、选举制度以及政党制度。[3]

第一，从选民行为方面来讲，分裂投票行为一直被学界视为分立政府形成的关键要素。[4] 立法机构与行政部门之间的结构形态，在很大程度上就是由选民群体大规模的分裂投票行为或一致投票行为所决定的。正是基于这一原因，不少学者在研究分立政府过程中转向测量分裂投票的量化指标。有学者曾对 20 世纪以来的美国众议院议

---

① James L. Sundquist. Needed: A Political Theory for the New Era of Coalition Government in the United States. Political Science Quarterly, 1988, 103(4): 613~635.

② David R. Mayhew. Divided We Govern: Party Control, Lawmaking, and Investigations, 1946–1990. New Haven: Yale University Press, 1991.

③ Robert Elgie, ed. Divided Government in Comparative Perspective. New York: Oxford University Press, 2001, 13~17.

④ 关于分裂投票的分析，请见本书第八章第二节。

员选举情况进行统计，资料显示，1944 年之前美国众议员选区分裂选票的比例基本低于 20%，而自 1948 年以来众议院选区分裂投票的比例呈明显的上升趋势，在 1972 年和 1984 年甚至达到了 44% 左右。[1] 2002 年，在巴西总统选举和国民议会选举中，分裂投票的比例更高达 70%。[2]

至于选民为什么会有分裂投票的行为，既有的解释分为两派：一种观点是蓄意说，认为分裂投票是选民刻意为之，这种解释预设了选民心理认知与宪政结构的耦合；另外一种观点是非蓄意说，认为分裂投票并非选民刻意为之，因为选民并不具备足够的政治知识，他们不可能洞悉其分裂投票行为可以促成分立政府，不能高估选民投票行为中的理性成分。[3] 应该说，非蓄意说的反驳还是有一定道理的，蓄意说无法解释分立政府是断断续续地出现三波高潮，而不是在美国 200 余年的历史上普遍存在的常态现象。基于巴西案例的研究也认为选民的分裂投票行为不可能是有意为之。

第二，宪政制度与分立政府的关联。很多学者认为，美国权力分立制衡的宪政架构是分立政府的主要肇因。在总统制中，行政权与立法权是分立的，二者都有独立的民意基础。这种二元选举所带来的二元民主正当性，致使总统制潜在地具有造成分立政府形态的可能。尽管这不是必然的，但总统制或半总统制产生分立政府的可能性确实比议会内阁制高。

第三，在选举制度方面，选举周期、选举规则和选举性质对分立政府的产生有显著影响。在选举周期层面，可分为总统与立法机构的同时选举与不同时选举两种情况。通常来说，在总统与立法机构的同时选举时，得票领先的总统候选人所在的政党更有可能多获得一些立法机构席位，一致政府出现的可能性更大；而当总统上任较长一段时间后，如果总统的声望下跌或施政表现不理想，此时的立法选举就对执政党更为不利，分立政府也就更容易出现。美国分裂投票的比例在总统与众议院同时选举时要比众议院期中选举时相对低一些。莫里斯·菲奥里纳曾对选举周期与分立政府相关性进行过统计，下面的表格（表 5-4）就是在他的统计基础上增加新的资料编制而成。[4] 相比较而言，在议会内阁制中，没有中期选举，发生分立政府的可能性要小得多。

表 5-4　美国的选举周期与分立政府

	总统大选年的众议院选举	众议院的中期选举
1832—1900	3 次	11 次
1900—1952	0 次	4 次
1952—2008	7 次	10 次
合计	10 次	25 次

说明：表中的"次"代表分立政府发生的次数。

[1]　Ornstein, Norman J., Thomas E. Mann, Michael J. Malbin. Vital Statistics on Congress, 1993-1994. Washington, D.C.: CQ Press, 1994, 64.

[2]　Barry Ames, Andy Baker, Lucio R. Renno, Split-ticket Voting as the Rule: Voters and Permanent Divided Government in Brazil. Electoral Studies, 2009, 28(1): 8~20.

[3]　吴重礼:《宪政设计、政党政治与权力分立：美国分立政府的运作经验》，载《问题与研究》，2006（3）：133~166。

[4]　冯美瑜:《"分立政府"之形成与运作》，71 页，台湾文化大学 2004 年博士论文。

在选举规则层面，相对多数决制比比例代表制更容易让总统所属政党在国会中获得多数。换言之，在拉美，采用比例代表制或两轮决选制的总统制国家更容易出现分立政府，比例代表制容易造成多党制，而在两轮决选制下政党通过合作或结盟共同推举总统候选人的意愿很低（如厄瓜多尔）。因此，有学者主张，在拉美等其他的总统制国家，选举法是分立政府形成的主要原因。[①]

在选举性质层面，总统制之下选民在总统选举和国会选举中面对的是不同的问题。在解释为什么美国选民在众议院选举中将票投给民主党而在总统选举中投给共和党时，加里·雅各布森（Gary Jacobson）认为，一方面，众议院议员由各选区选出，他们代表的是选区的特殊利益；而总统由全体人民选举，他代表的是超越特殊性的国家利益。另一方面，两党代表了不同的政策类型，民主党力推社会福利，而共和党则主张财政约束。在这种情况下，选民根据自身的利益考量，很容易投票促成分立政府的出现。[②]

第四，政党制度与分立政府的关联。一般来说，影响选民投票行为的主要因素包括政党认同、候选人取向和议题立场。其中，政党认同是较为长期而稳定的因素，一旦形成便不易改变。它被认为是造成选民分裂投票、并进而形成分立政府的主因之一。具体言之，影响的途径有三：政党认同的减弱与独立选民增加；政党重组造成分裂投票；政治代际的更替。兹分述如下：

1. 政党认同的减弱与独立选民增加。有学者研究了 1952 年至 1974 年期间美国选民政党认同的变化，发现"强烈政党认同者"、"弱政党认同者"和"独立选民"的比例尚称平稳。但是自从 1964 年起，强烈政党认同者开始逐渐减少，而独立选民的人数则逐渐增多，且分裂投票的比例亦日渐升高。二者在时段上正好是吻合的。[③]

2. 政党重组造成分裂投票。政党重组是指政党体系发生根本的变化，政党的支持者重新洗牌，形成崭新且持续性的组合。而重组的前一个步骤则为"政党解组"，此时选民开始对原先支持的政党失去向心力，选民在新旧政党认同之间流动。在新旧政党认同的拉锯战中，选民便可能产生分裂投票的现象。究其原因，其实是因为选民流动于新旧政党认同之间，政党认同程度减弱所致。[④]

3. 政治代际的更替。不同的"政治代际"（political generation）由于时代背景的不同，其政治态度、政治倾向与价值观亦有所不同。在代际更替下，具有较强烈政党认同的老一代逐渐为政党认同较弱的新生代所取代，会造成政党认同的减弱，也导致选民分裂投票情况日渐增多。[⑤]

三、分立政府的可能影响

对于分立政府运作的影响问题，学界一直争议不断。有不少学者对于分立政府持完

① Robert Elgie, ed. Divided Government in Comparative Perspective. New York: Oxford University Press, 2001, 16, 51.

② Gary C. Jacobson. The Electoral Origins of Divided Government. Boulder: Westview Press, 1990.

③ Norman H. Nie, Sidney Verba, John P. Petrocik. The Changing American Voter. Cambridge, MA: Harvard University Press, 1976.

④ James L. Sundquist. Dynamics of the Party System: Alignment and Realignment of Political Parties in the United States. Washington, DC: The Brookings Institution, 1983.

⑤ Warren E. Miller. Generational Changes and Party Identification. Political Behavior, 1992, 14(3): 335~352.

全负面的评价，他们认为，只有在一致政府的格局下，行政与立法才能借助于执政党这一桥梁进行有效的沟通与协调，从而提高政治运作的效率；反之，在分立政府形态之下，行政与立法之间沟通不畅，二者容易产生矛盾，并最终导致政治僵局的出现，降低重要立法的产出能力。当然，也有很多学者对上述观点表示质疑，认为美国政府并非仅在一致政府形态之下才能运作良好，即便在分立政府的情况下，双方如果能够透过不同形式的政党合作，也能在"分立政府"时期维持良好的府会关系。甚至有学者认为分立政府对于美国而言是一件好事，它不仅能限制政府规模，而且能提高决策质量。[①]

对于分立政府的影响的相关讨论，吴重礼将其归纳八个方面：1. 法案制订过程顺畅与否；2. 法案品质；3. 国防政策与外交政策的拟定；4. 不同政策法案之间的连续性；5. 对经济绩效的影响以及财政赤字问题；6. 推动社会福利制度；7. 议会是否对于行政部门过度行使调查权；8. 议会对于行政部门进行细部控制，从而降低行政体系的效率。[②] 其中，争论最为激烈的是分立政府是否阻碍了政策产出，从而对民主绩效产生负面影响。贬抑者认为分立政府容易造成行政与立法之间的冲突，从而导致重要立法和政策的制订迟缓延宕。质疑者则认为分立政府并没有损害政策的制定与执行成效，它也不是政府运作效率低下的症结所在。在这方面，梅休的研究引发了持续的讨论。

在《我们分而治之》一书中，梅休使用了两个指标来测量分立政府的民主绩效：立法输出和国会调查。关于前者,他使用两种方法来识别重大立法事项。一是当时《纽约时报》和《华盛顿邮报》的报道；二是政策专家和当代人对政策的评价和判断。通过这两种材料，识别出1946—1990年间通过的267项重大立法，发现分立政府时期和一致政府时期差别可以忽略不计：在一致政府时期，每届国会平均通过12.8项重大立法，而分立政府时期是11.7项。关于后者，他从《纽约时报》头版新闻报道的调查事件中，按照持续时间超过20天为标准，遴选出31件重大国会调查和行政干预的实例，发现在国会调查方面，15起发生在一致政府时期，14起发生在分立政府时期。由此，梅休得出结论：分立政府不会对政府运作造成显著的影响。[③]

正如凯利所言，梅休的这本书可能是这一领域最重要的著作。在过去的30年中，一直是后来的研究者绕不过去的一道坎。赞成者如基恩·克雷比尔（Keith Krehbiel）、保罗·彼得森（Paul Peterson）等人分别用不同的方法强化了梅休的观点。克雷比尔运用博弈论方法建立关于国会立法的解释模型，他肯定了梅休的观点，认为梅休的经验研究可以成为其理论建构的基础，并指出无论是一致政府还是分立政府都会产生政治僵局，在此过程中，政党控制只是第二位、甚至第三位的因素，政治僵局的关键是关键行为者的政策偏好。[④] 彼得森等人沿袭了梅休的思路，但更新了测量指标，他们

① Will McLennan. Divided We Conquer: Why Divided Government Is Preferable to United Control. International Social Science Review, 2011, 86(3/4): 162~166.
② 吴重礼：《美国分立政府运作的争议：以公共行政与政策为例》，载《欧美研究》，2002，32（2）：271~316。
③ David R. Mayhew. Divided We Govern: Party Control, Lawmaking, and Investigations, 1946–1990. New Haven: Yale University Press, 1991, 76, 32.
④ Keith Krehbiel. Pivotal Politics: a Theory of U.S. Lawmaking. Chicago: University of Chicago Press, 1998, 52~54, 74, 230.

选择的测量指标是行政部门接受国会委员会质询时所产生的冲突。他们考察了 1947 年—1990 年间五个委员会的 1.1 万次质询，发现这一时期行政和立法之间的冲突实际上下降了，冲突程度从开始时的平均 38.8% 下降到 26.7%。考虑到同一时期分立政府的发生率处于上升状态，他们的研究其实是用新的证据证明了梅休的观点。[1]

批评者则从方法论到研究对象对梅休的结论提出了质疑。在方法论上，肖恩·凯利（Sean Kelly）批评梅休用以界定重大立法事项的测量标准存在问题。他使用梅休的数据和模型，得出了与梅休不同的结论。在凯利看来，梅休在案例选择的过程中交叉使用了两个标准，一个是时人的评论，一个是政策专家的回溯性判断。问题是，梅休将按照两个标准分别挑选出来的案例混在一起使用，而真正能称之为"重大的"立法事项，应该是同时符合这两个标准。按照这一更为严格的标准，他剔除了梅休的 267 个案例中不符合要求的案例。在对剩下的 147 个案例进行检视后，凯利认为，分立政府对重大立法事项的输出存在显著影响，在一致政府时期，每届国会平均通过 8.78 项重大立法，而分立政府时期是 6.09 项。换言之，分立政府时期的重大立法事项下降了 30%。[2]与凯利类似，豪厄尔将重大立法分为四种类型，其中，在分立政府时期划时代的立法下降 30%。[3]

詹姆斯·罗杰斯（James Rogers）则认为梅休等人将目光局限于美国联邦层次是不够，应该将研究对象扩展到地方层次，而且梅休等人忽视了两院制中两院的分工所带来的影响。他将分析的单元下降到州的层面，并充分考虑国会的结构性特征，发现在分立政府时期，如果国会两院分别由不同的政党掌握，重大立法的产出会下降 30%。[4]休斯和卡尔森批评梅休等人只关心分立政府对立法产出的影响，而没有注意到分立政府对立法过程的影响，以及政党状况与分立政府之间的相互作用。他们收集了 1949 年至 2010 年间国会的 2207 项重要立法的信息，其中，既有变成法律的法案，也有胎死腹中的法案。他们的研究显示，在分立政府情况下，如果政党极化的水平达到中等水平，就会对立法过程的延迟效应产生重要影响。[5]也有学者从时间维度入手，将此一问题置于长时段中来观察，全面考察美国从建国一直到 2010 年的数据，发现 19 世纪重大立法的产出明显低于 20 世纪，从 19 世纪末到 20 世纪中期是重大立法产出的上升期，1960 年代达到顶点，其后便呈稳步下降趋势。而且，在一致政府时期，重大立法的产出会提高 30%~40%。一致政府和分立政府在重大立法产出方面的差异在美国内战之后和二战后这两个阶段表现尤为显著（见表 5-5）。据此，作者得出了与梅休完全不同的观点。[6]

① Paul Peterson, Jay Greene. Why Executive-Legislative Conflict in the United States Is Dwindling. British Journal of Political Science, 1994, 24(1): 33~55.

② Sean Kelly. Divided We Govern: A Reassessment. Polity, 1993, 25(3): 475~484.

③ William Howell, et all. Divided Government and the Legislative Productivity of Congress, 1945–94. Legislative Studies Quarterly, 2000, 25(2): 285~312.

④ James Rogers. The Impact of Divided Government on Legislative Production. Public Choice, 2005, 123(1/2): 217~233.

⑤ Tyler Hughes, Deven Carlson. Divided Government and Delay in the Legislative Process: Evidence From Important Bills, 1949-2010. American Politics Research, 2015, 43(5): 771~792.

⑥ Stephen Ansolabehere, Maxwell Palmer, Benjamin Schneer. Divided Government and Significant Legislation: A History of Congress from 1789 to 2010. Social Science History, 2018, 42(1): 81~108.

表 5-5　美国历届国会的平均立法产出（按时代）

国　　会	政府形态	全部立法	重大立法
第 1 届至第 36 届	分立政府	116.00	5.00
	一致政府	120.72	5.64
第 37 届至第 55 届	分立政府	312.30	4.40
	一致政府	395.22	7.00
第 56 届至第 79 届	分立政府	412.25	6.50
	一致政府	634.20	7.05
第 80 届至第 111 届	分立政府	653.39	12.44
	一致政府	624.93	17.43

　　可以说，学界关于这一议题的研究热情至今未歇。无论是从方法论角度的反思，还是通过扩展研究范围或引入新的变量，都在一定程度上深化了对分立政府的认知。但既有研究还是过于集中于美国，对于美国之外的分立政府现象研究不足。即便梅休的结论真的能够成立，它能否应用于美国之外的总统制或半总统制、议会内阁制国家，仍有待探索。事实上，在采用半总统制的新兴民主国家中，分立政府引发冲突的情况是非常普遍的。尤其是在总统—议会型半总统制下，这种冲突极易导致民主崩溃。[1]从这个意义上讲，艾尔吉所倡导的比较研究方向还有很大的开拓空间。

第四节　民主与官僚制

　　在民主政府的组成中，民选的政治官员所占的比例非常小，而经由其任命的人员数目也并不多。比如，美国联邦政府机构由 280 万名工作人员组成，总统实际上任命的人数仅 2500 人。美国联邦政府规模巨大，开支自然惊人，联邦政府花销占到了美国 GDP 的 29%。[2]民主与官僚体制的问题就成为一个很有意思的话题。正如哈勒维(Eva Etzioni-Halevy) 在《官僚政治与民主》一书中所说"民主和官僚政治之间形成了一种充满了麻烦的共生关系，或者说是一种似是而非的自相矛盾的关系：官僚体制对民主来说是必需的，而同时它对于民主又是一个经常性紧张、摩擦以及冲突的来源"[3]。本节将探讨几个与官僚制相关的议题：什么是官僚制、民主与官僚的关系以及官僚问责方式。

一、什么是官僚制？

　　官僚制（Bureaucracy）一词来源于法语，意思是办公室，字面上指官吏的统治。在日常用语中，官僚制是一个贬义词，意指没有目标的行政例行公事和繁文缛节。在

---

① Robert Elgie, Sophia Moestrup, ed. Semi-presidentialism outside Europe: A Comparative Study. New York: Routledge, 2007, 244, 43.

② [美] 托马斯·戴伊、哈蒙·齐格勒：《民主的反讽：美国精英是如何运作的》，林朝晖译，328、332 页，北京，新华出版社，2016。

③ 转引自陈敦源：《民主与官僚：新制度论的观点》，197 页，台北，韦伯文化，2005。

社会科学中，官僚制是一个较为具体和中性的词，它涉及许多不同的政治现象：如由非选举的官员实施的统治、政府的行政管理机器，以及理性的组织行为模式。① 在现代意义上，官僚制是指一种为求得有效执行公共政策而经过理性设计的管理组织结构。② 在官僚制出现之前，欧洲的官员都只是王室事务的代办人员，按照君主的意志为其提供个人服务。随着现代国家的兴起，公共事务逐渐从王室事务中脱离出来，这就要求官员从王室管家角色转变为公共服务的提供者。与之相应，对于官员个人素质的关注就超过了君主对官员的好恶，通过否定君主制的恩赐观念，现代意义的官僚制诞生了。

对于官僚制，最经典的分析模式是马克斯·韦伯提出的理性—行政模式。在韦伯看来，官僚制体现了自启蒙运动以来西方一直提倡的工具理性，是现代社会的典型组织形式。理想类型意义上的官僚制具有六个方面的典型特征：一是职权法定。官职权限一般是由法律或行政规章决定，实行精细的职责分工，每个职位都对应着明确界定的合法权限范围；二是科层制或者说等级制。存在一种公认的上下级隶属体系，下级服从上级，同时接受严格的纪律约束；三是文档化或书面化。各层级之间的信息交流依托于书面文件，官职管理是以书面文件、下属官员班子及各种文员为基础的；四是专业化。被吸纳进官僚体系的人员并非由选举产生，而是基于鉴定考试或者专业证书择优录用的；五是专职化。官职是按照自由契约关系充任的，配以稳定的职业生涯和固定的薪金报酬，升迁制度主要看个人资历或功绩，而一旦正式获得官职，职务活动要求官员付出全部工作能力；六是专有知识。对官职的管理遵循普遍规则，这些规则大体上是稳定的、全面的并且是可习得的，官员拥有的特殊技术专长就是关于这些规则的知识。③

除此而外，还有两种分析模式也较有影响。（1）权力集团模式（power-bloc model）。将官僚组织视为权力集团的观点，主要是来自社会主义（特别是马克思主义）的分析。马克思将官僚制与资本主义的具体要求联系起来，认为官僚制是一种维护资产阶级利益和资本主义制度的结构。米利班德等新马克思主义者拓展了从阶级倾向分析国家官僚机构的路径，认为高级文官有意或无意地成为现存经济或社会精英的盟友，有能力充当保守的否决性团体，削弱甚至阻碍社会主义政府采取激进行动，因为他们深深地嵌入了资本主义的利益之中；（2）官僚过度供给模式（bureaucratic oversupply model）。这一分析模式源自公共选择理论，其研究的核心是聚焦于官僚自身的利益和动机，它将经济决策模型应用到公共部门的分析上。尼斯坎南认为，官僚首先受到职业自利的驱使，意图扩张所在机构并增加预算。因为官僚机构的扩张能够增加晋升机会、提高薪金和待遇，并拥有更大权力。因此，官僚机构有强大的内在动力，推动"大"

---

① ［美］安德鲁·海伍德：《政治学核心概念》，吴勇译，238 页，天津，天津人民出版社，2008。
② ［美］罗德·黑格、［美］马丁·哈罗普：《比较政府与政治导论》（第 5 版），张小劲等译，409 页，北京，中国人民大学出版社，2007。
③ ［德］马克斯·韦伯：《经济与社会（第一卷）》，阎克文译，326~329 页，上海，上海人民出版社，2009；《经济与社会（第二卷）》，阎克文译，1095~1097 页，上海，上海人民出版社，2010。

政府的兴起。①

因此，总的来说，官僚制既可以使得行政管理更具效率、更为专业化，也潜伏着异化堕落的风险，即官僚转而支配民选的政治官员。韦伯就认为，"通常条件下，一个充分发展的官僚制，其权力地位总是压倒性的，'政治主人'发现自己处在与'专家'相对的'半瓶子醋'的地位，面对的是精通行政管理、训练有素的行政官员"②。这种韦伯式的忧虑就提出了如何处理民主与官僚的关系问题。

二、民主与官僚的关系

在既往的公共行政研究中，对民主与官僚的关系问题的研究沿着两条不同的路径展开：政治—行政二分的路径（可结合图 5-3 来理解）和民主行政的路径。

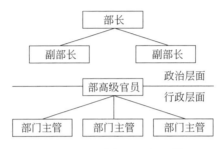

图 5-3　政府部门结构图 ③

1887 年，伍德罗·威尔逊（Woodrow Wilson）发表了《行政学研究》一文认为，行政处于政治范围之外，其运作不应受到政治的操纵。④古德诺对威尔逊提出的政治—行政二分法作了系统全面的阐述，所谓的三权分立是从宪政结构角度上对政府体制的划分，认为所有政府体制存在两种主要的或基本的功能。其中，政治功能指向国家意志的表达，主要与政策制定有关；行政功能指向国家意志的执行，主要与政策的执行有关。⑤二者之间虽然存在着区别，但仍要实现一定程度的协调。政治—行政的二分法，将民主与官僚分开处理，它通过切割研究对象使行政学走向独立发展的道路。

政治与行政的结构性分离有利于一个政治上保持中立并且受过专业技术训练的文官集团的成长，从而有效地促进了现代文官制度的建立与发展，提升了政府运作的效率，并为政治民主与行政效率的并存提供了可能性。然而，政治—行政的二分遭到了不少学者的质疑。这些学者认为，政治与行政的二分致使公共行政局限于政治中立与政策执行，不能及时地应对和解决复杂的社会问题；另外，政治与行政的分离使得公共行政片面地追求效率，而忽视了政府在促进社会公平方面的责任。

①　[英]安德鲁·海伍德：《政治学的思维方式》，张立鹏译，338~342 页，北京，中国人民大学出版社，2014。
②　转引自 [英]罗德·黑格、[英]马丁·哈罗普：《比较政府与政治导论》（第 5 版），张小劲等译，421 页，北京，中国人民大学出版社，2007。
③　Rod Hague, Martin Harrop, John McCormick. Comparative Government and Politics: An Introduction. 10th ed. London: Macmillan, 2016, 167.
④　Woodrow Wilson. The Study of Administration. Political Science Quarterly, 1887, 2(2): 197~222.
⑤　[美]弗兰克·古德诺：《政治与行政——政府之研究》，丰俊功译，18 页，北京，北京大学出版社，2012。

　　作为政治—行政二分法的批评者，民主行政理论更注重民主与官僚的统合。民主行政就是通过选举、公众参与和公开讨论对公共事务做出决策，并由行政人员付诸实践。其核心议题就是：如何恰当地将人类对民主的渴望和对权威的需要结合起来，也就是要探讨民主与官僚之间的最适混合（optimal mix）问题。

　　在民主政体中，民选的政治官员必须向人民负责，积极回应人民的诉求，其回应的程度也成为选民在下次选举时主要的权衡依据。正是由于这种责任政治的缘故，对于官僚体系的控制问题才成为不可或缺的议题。但直到 20 世纪 60 年代随着公共选择理论的兴起，这一议题的研究才进入一个全新的阶段。在以韦伯为代表的传统官僚制理论中，官僚被想象为一种非常消极的角色，政治家制定政策，官僚负责执行。他们没有个人野心，忠实地服务于公共利益。但公共选择学派的研究打破了这种刻板的印象。尼斯坎南指出，官僚和普通人一样，也是理性的经济人，他们会追求个人利益，如薪金、社会地位、权力、晋升等，他们会千方百计地追求本机构预算的最大化，追求对权力的有效控制。到 20 世纪 80 年代，一些学者试图从新的视角来分析官僚自主性问题，麦克库宾和温格斯特等人借用委托—代理理论来分析民选政治家和官僚之间的关系。

　　与经济学对所有者和经营者的区分相对应，政治学研究领域中同样广泛存在着委托—代理问题。民主政治最重要的内涵就是，它是由一连串的授权关系所构成的决策体系。1. 从人民主权的角度来说，选民或公民是最高的委托人，民选政治人物（包括行政首长和立法机构的议员）则是选民的代理人；2. 从实际运作的角度讲，民选政治人物具有双重身份，他们一方面受托于人民，一方面又将权力转包给官僚体系；3. 官僚体系内部也是由更为紧密的授权关系所构成的科层组织；4. 面对更为专业的公共事务（如工程），官僚体系又不得不以契约的方式委托民间企业承办，这是另一层委托人与代理人的关系。这种多层委托—代理关系可以用图 5-4 来表示[①]：

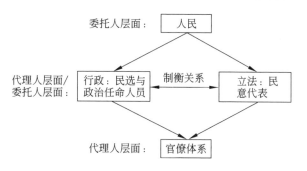

图 5-4　政治系统中委托人与代理人的关系

　　委托—代理理论的核心是，从"信息不对称"的概念来展现委托人和代理人之间所可能发生的权力倒置现象。代理人问题之所以成为问题有赖于三个前提：1. 从动机来讲，代理人作为理性人有他自己的利益，他可能去追求他自己的利益而将委托人的利益放在次要的位置，甚至以牺牲委托人的利益为代价；2. 从可能性上讲，有关代理

① 陈敦源：《民主与官僚：新制度论的观点》，90 页，台北，韦伯文化，2005。

人行动的信息不但是不完全的，而且是不对称的，代理人具有资讯上的绝对优势；官僚部门的上层在某一领域都堪称专家，而部长们则多是新手。因此，部长们对官僚有极强的依赖性，需要官僚为他们提高相关的决策资讯。在这个过程中，官僚们就可以决定哪些信息可以被部长们知道，哪些信息应该对部长们屏蔽。3. 从监控的角度讲，监控是需要成本的，我们可以将其称之为委托人—代理人运行的交易成本。而且，这个成本非常之高。正是因为监控成本太高，立法机构在监督官僚时才常常会选择警报器模式而不是巡查模式。①

困扰委托人—代理人关系的问题主要有两个：逆向选择（adverse selection）和道德风险（moral hazard）。前者是指在决策过程中，官僚体系利用自身在资讯方面的专业优势，有选择地向政治官员或议会隐藏资讯，致使政治官员或议会最终作出对自己不利但对官僚体系有利的决策。这种现象凸显了科层统治的一个基本困境：权力倒置。表面上看是上级单位领导下级单位，但事实上实权掌握在业务承办人手中，这就是现实政治生活中不起眼的秘书往往拥有很大权力的原因；后者是指在政策执行中，政治官员或议会无法完全监控官僚体系（成本太高），因而官僚体系拥有非常大的行政自由裁量权，它可以利用隐蔽性行动和策略性的资讯传递来消解监控，以至于作出背离代理契约的行动。② 第一个问题是事前的（在契约签订之前），第二个问题是事后的（在契约签订之后）。简单地讲，逆向选择的风险在于，委托人可能不知道雇佣哪个代理人才是最优选择，不知道该如何规定契约条款或职权范围；而道德风险的发生是在代理人被雇佣之后，他改变了他的行为并因而损害了委托人的利益。

三、官僚问责方式

回顾西方常任文官制度建立以来 100 多年的历史，我们会发现政府运转的权力重心在相当程度上已旁落到了官僚机构手中，由于政治家只能对政策做出抽象的、原则性的决定，政策的解释和执行则完全操纵在官僚的手中。官僚机构在政治体系中履行的最主要职能包括：一是行政管理，通过执行或贯彻法律与政策来管理政府事务；二是提供政策建议，也就是总结可供政府部长们采用的政策选择，并且评估政策提议的影响和后果；三是表达和聚合利益，在执行政策、提供政策建议过程中与各种利益集团接触，帮助表达并推动利益的聚合；四是维护政治稳定，作为受过训练的职业官吏群体，能够为政治体系的稳定和连续性提供支点作用。③ 官僚机构日益脱离或超越了议会和行政领导的控制，成为"独立的准行政、准立法和准司法机构"。因此，在当今官僚对政策制定的影响力空前强大之时，采取何种措施以有效地实现对官僚课责的问题就变得日益重要起来。

在 20 世纪 40 年代，卡尔·弗里德里希（Carl Friedrich）和赫尔曼·芬纳（Herman

---

① Mathew D. McCubbins, Thomas Schwart. Congressional Oversight Overlooked: Police Patrolsand Fire Alarms. American Journal of Political Science, 1984, 28(1):165~179.
② 陈敦源：《民主与官僚：新制度论的观点》，155~158 页，台北，韦伯文化，2005。
③ [英] 安德鲁·海伍德：《政治学的思维方式》，张立鹏译，343~346 页，北京，中国人民大学出版社，2014。

Finer）分别提出了两种相异的理论，试图解决官僚问责方式问题。弗里德里希认为，官僚责任的基础相对来说较非正规、较内在，它主要由两种内在规范组成：对以往官僚阶层所形成的技术权限的墨守、民众或上级长官对官僚人员决策反应的预期。与之相反，芬纳提出一个达成高度责任感的、正规的、外在的控制模式。他认为非正规的内在控制存在不少问题，一是良知是不可靠的，"信赖一个人的良知就如同信赖这个人的共犯一样"；二是对职业规范的顺从可能只是符合了官僚体系自身的利益，而不一定符合公众的利益；三是随着行政官员处在官僚机构的时间愈长，其反民主的倾向也很可能愈强烈。芬纳重新论述立法（制定政策以表达意志）与行政（执行政策以贯彻意志）的区别，并区分政客与官僚的责任，强调正规的、外在的问责模式不但是可行的，而且是必须的。[①]

此后，学者们关于官僚责任的论述大多是基于弗里德里希以及芬纳的观点。比如，马克·波文斯将问责概念区分为美德问责制与机制问责制两种类型。前者从规范的意义上评估公共代理人的实际行为；后者从描述意义上将问责视作一种制度关系或安排。[②] 因此，以内在或外在、正规或非正规这两项标准，我们可以将官僚问责方式区分如下（见表 5-6）：[③]

表 5-6 官僚问责方式

	正 规 的	非 正 规 的
外在的	直接或间接选举产生的行政长官： 总统、总理、州长等； 选举产生的立法机构：国会、议会、市议会等； 法院；监察专员	舆论； 新闻界； 公益团体； 选民； 相互竞争的官僚组织
内在的	法定的代表性官僚制； 法定的公民参与； 地方分权	对舆论（预期反应）的看法； 职业标准； 责任规范的社会化

第一，正规的外在控制。传统的官僚问责方式是由各部门的行政长官承担责任，这样就必然导致在组织形式上形成一种层级节制的权力关系：各部门的官员均须服从于其部门长官并向部门长官负责，而各部门长官也必须向其上级长官负责。在美国，官僚问责的主要方式是民选行政长官的政治控制，包括总统、州长等，其中，各级行政长官的行政预算权成为约束官僚体系的主要工具。根据美国宪法规定，总统有权控制联邦官僚机构，可以任命联邦政府各部长、副部长以及代理部长和大多数的局长，

---

① Fred I. Greenstein, Nelson W. Polsby 主编：《政府制度与程序》，幼狮文化事业公司编译，561~562、575~576 页，台北，幼狮文化，1983。

② Mark Bovens. Two Concepts of Accountability: Accountability as A Virtue and as A Mechanism. West European Politics, 2010, 33(5): 946~967.

③ Fred I. Greenstein, Nelson W. Polsby 主编：《政府制度与程序》，幼狮文化事业公司编译，563 页，台北，幼狮文化，1983。

不过必须服从于国会否决权。当然，他还有权对预算实施控制。① 总统限制官僚机构活动的方式主要有：一是任命政治候选人对执行机构职位进行监管；二是向国会提出预算请求，要求增加、减少或撤销机构的开支；三是形式否决权，对资助不必要的项目和机构的拨款立法进行否决。② 此外，他也可以通过行使法令制定权来加强对官僚的约束，或者依靠自身的政治顾问来监督官僚体系（当然这种政治顾问本身也存在问责的必要）。

除行政控制外，立法控制也是一项重要的问责方式。立法控制主要是通过拨款、调查、质询以及法律制定等方式进行。随着行政裁量权的扩张，行政争议也日益增多，法院以及一些具有仲裁争议功能的准法庭机构在制衡官僚机构方面的重要性也越来越大。另外，在欧洲一些国家中，还有国会委任的行政监察员来监督官僚体系的行为。③ 在美国，国会可以通过多种方式对官僚进行限制，包括直接通过立法形式改变法规、提出改变预算的威胁、对官僚活动保留专项否决权以及进行调查、受理投诉等；法院可以在行政机构制定规章制度、规定、规划前向他们发布法院的强制令，以此对官僚机构的活动进行限制。④

第二，非正规的外在控制。新闻界虽然本身不具有制裁力，但它通过引导舆论走向，可以动员公众对官僚机构施加压力，进而促使其他监督力量对官员予以制裁。在这一过程中，官员有时也会主动向新闻界披露信息来实现影响政府活动的目的：（1）下级官员认为长官的职务行为违背法律或行政命令等时，借助新闻报道来发表自己的不同见解甚至希图改变长官的决定；（2）上级官员可以利用新闻媒体来宣传自己的决策，进而争取下属的服从与支持。

公共利益团体活动也是一种官僚问责的非正式控制途径。与特殊利益集团不同，公共利益团体一般代表涵盖面较广的公众整体利益，它通过集体的监督与申诉来影响官僚各方面的行为。此外，选民团体也是一种有效的控制力量，对于一些规模较大的选民团体，官僚机构往往多加照顾（甚至以牺牲一定的公众利益为代价），以争取他们的支持。这样，组织规模较大的选民团体以其支持与否，可以对官僚机构的执政表现产生影响。⑤

第三，正规的内在控制。这类官僚控制模式是由内部的行政控制与正规的控制相结合而成的，它基本上包括官僚代表性、行政制度上的地方分权与公民参与。这些策略彼此相互关联，如公民参与通常伴随着地方分权的推行，而这两者的目的是促使公

① Fred I. Greenstein, Nelson W. Polsby 主编：《政府制度与程序》，幼狮文化事业公司编译，562~565 页，台北，幼狮文化，1983。
② [美] 托马斯·戴伊、哈蒙·齐格勒：《民主的反讽：美国精英是如何运作的》，林朝晖译，332、356 页，北京，新华出版社，2016。
③ Fred I. Greenstein, Nelson W. Polsby 主编：《政府制度与程序》，幼狮文化事业公司编译，565~569 页，台北，幼狮文化，1983。
④ [美] 托马斯·戴伊、哈蒙·齐格勒：《民主的反讽：美国精英是如何运作的》，林朝晖译，356~359 页，北京，新华出版社，2016。
⑤ Fred I. Greenstein, Nelson W. Polsby 主编：《政府制度与程序》，幼狮文化事业公司编译，569~572 页，台北，幼狮文化，1983。

众的利益诉求更有效地输入政治系统。这样一来，官僚组织内在地就更接近于公众，更有可能及时地回应公众的利益诉求。

第四，非正规的内在控制。这类官僚控制模式包括以下两种：（1）官僚的洞察力与预期力。对于公众意见与诉求的洞察以及政治氛围的感知，会被一些官员内化为其信念，进而影响其决策；另外，民众与政务官对某项活动的预期反应也能影响到官僚的行为。（2）行政官员内部的职业规范。这种职业规范以集体性的信念，影响其领域之内的个体官员。除此之外，行政机构也可以运用有效力的职业训练计划来实现对其雇员决策的控制。

思　考　题

1. 哪些因素影响着总统制、议会制与民主巩固之间的关系？
2. 分立政府的成因及其对政治运作带来的可能影响是什么？
3. 半总统制中解决宪政危机的可能途径有哪些？
4. 官僚问责的由来及其方式。

进一步阅读指南：

• [美]米尔奇斯、[美]尼尔森：《美国总统制：起源与发展》，朱全红译，上海，华东师范大学出版社，2008。
• 阎照祥：《英国政治制度史》，北京，人民出版社，1997。
• 郭华榕：《法国政治制度史》，北京，人民出版社，2005。
• 刘嘉宁：《法国宪政共治之研究》，台北，台湾商务印书馆，1990。
• 陈敦源：《民主与官僚：新制度论的观点》，台北，韦伯文化，2005。
• Juan J. Linz, Arturo Valenzuela, ed. The Failure of Presidential Democracy. Baltimore: Johns Hopkins University Press, 1994.
• Jose' Antonio Cheibub. Presidentialism, Parliamentarism, and Democracy. Cambridge: Cambridge University Press, 2007.
• Robert Elgie, ed. Semi-Presidentialism in Europe. Oxford: Oxford University Press, 1999.
• Gary W. Cox, Samuel Kernell, ed. The Politics of Divided Government. Boulder, CO: Westview Press, 1991.
• Robert Elgie, ed. Divided Government in Comparative Perspective. New York: Oxford University Press, 2001.

CHAPTER 6
第六章

比较司法制度

本章重点：

> ➤ 大陆法系与普通法系的司法制度存在很大差别。其差别不是体现在是否法典化，而是体现在法典的性质、法院的设置以及法官的角色上。

> ➤ 保障司法独立对维护社会公正具有重要意义。为此，现代国家建立了一系列的制度来保障法院和法官在审理案件时不受干扰，只依据案件事实和相应的法律来进行审判。

> ➤ 违宪审查既是权力制衡的重要机制，也是权利保障的重要手段。各国在违宪审查的制度安排上差异较大，可分为分散型和集中型两大类型。前者以美国为代表，后者以欧洲各国为代表。

> ➤ 陪审制度不仅是一项司法制度，也是一项政治制度，具有独特的政治功能。一方面，它可以对司法权和立法权构成一定程度的制约；另一方面，陪审经验有助于提高普通公民的参与意愿和政治参与能力。

在成熟的现代国家中，司法与立法、行政两大分支共同构成了三权分立的政治架构。在这一结构中，立法、行政两个分支符合现代民主的意识形态预设：议员和行政部门的首长经由选举产生，具有代理人民行使公共权力的合法性。与这两权的行使者相对照，司法权力的行使者则不具备这一优势。从比较政治制度的角度观察，本章需要解释的是如下事实：西方主要国家在政治、经济和社会条件，乃至意识形态背景都相近的情况下，它们的司法制度却存在很大的差异。在某种意义上，这些差异源于法系之不同。[①] 不同的法系对于法律的性质、法院的设置、法官的角色和司法活动有不同的理解，由此也导致它们在具体的制度设计上呈现出迥异的画面。因此，本章首先要讨论普通

---

① [美] 约翰·亨利·梅利曼：《大陆法系》，顾培东等译，2 页，北京，法律出版社，2004。

法系和大陆法系（也称民法法系）这两种法系之间的分野。在此基础上，分析西方国家在司法独立的保障、违宪审查制度和陪审制度上的差别。

第一节　大陆法系与普通法系的分野

梅利曼将西方现存主要法律体系划分为普通法系、大陆法系和社会主义法系。[①]这三大法系均起源于欧洲，其中，大陆法系的历史最为悠久，普通法系次之，社会主义法系的历史最晚。随着西方殖民活动的展开，这些法系也被传播到世界各地。从地理分布来看，普通法以英国、美国为代表，包括加拿大、澳大利亚、新西兰等英联邦国家，以及部分亚洲和非洲国家；大陆法系占主导地位的国家主要分布在西欧，以及受其影响的国家，如拉美的多数国家；社会主义国家当然属于社会主义法系。[②]由于社会主义法系是在十月革命以后在大陆法系的基础上改造而成，因此，本节将着重讨论普通法系和大陆法系之间的分野。

一、大陆法系与普通法系分野的历史起源

从历史的角度看，大陆法系和普通法系具有共同的起源。这一共同的渊源奠基于希腊哲学、罗马法律、希伯来及基督教教义，以及日耳曼和法兰克民族的原始法律。[③]两大法系的分殊即在这个基础上演化而成。了解这一共同的文化基础具有重要意义：一方面，有助于我们更好地认识为什么西欧和北美主要宪政国家具有相近的政治意识形态；另一方面，它也提醒我们注意，两大法系虽然在法律制度的制度特征上有很大的不同，但这种差别是枝节上的。

在上述认知的基础上，我们才可以讨论大陆法系和普通法系的分野。在古罗马帝国时期，欧洲统一适用罗马法。罗马法典的形式决定了后来大陆法系国家法律的两个重要特点：一是这些法律具有形式逻辑的连贯性和体系性；二是法学家在法律解释方面具有相当大的影响。西罗马帝国的崩溃使罗马法的适用遭到很大的挑战。古罗马的政治统治并没有在其疆域内建立如古代中国那样统一的文化基础，所以，在西罗马帝国崩溃以后，欧洲四分五裂。相应地，在法制上，各民族自然就适用本地的普通法（也称属地法）。这样，罗马法本身就降格成了和各地普通法竞争的法源之一。不仅如此，西欧各邦国的普通法不仅条文烦冗，而且相互冲突之处所在皆是。这种法制上的乱象势必造成邻近的西欧各封建国家相互交往的困难，因此，法学家的工作就显示出独特的价值。他们借用罗马法的方法尽可能地让各地的普通法具有形式上的统一性，而在属地法缺失的地方，则直接移植和援引罗马法。[④]

---

① ［美］约翰·亨利·梅利曼：《大陆法系》，顾培东等译，1 页，北京，法律出版社，2004。
② 需要指出的是，世界上除了这三大法系，还有伊斯兰法系和不能归类于任何单一法系的混合法系国家。［美］约翰·亨利·梅利曼：《大陆法系》，顾培东等译，5 页，北京，法律出版社，2004。
③ ［德］弗朗茨·维亚克尔：《近代私法史》，陈爱娥、黄建辉译，20~21 页，上海，上海三联书店，2006；［比利时］R. C. 范·卡内冈：《欧洲法：过去与未来——两千年来的统一性和多样性》，史大晓译，北京，清华大学出版社，2005。
④ ［德］弗朗茨·维亚克尔：《近代私法史》，陈爱娥、黄建辉译，第十四章，上海，上海三联书店，2006。

欧洲法学家们之所以能做到这点，是因为罗马法的编撰方法和结构方式适于教学、传播。[①] 这样就造成了一个后果，在西欧，大部分国家在形式上复活了罗马法。在现代民族国家的建构完成之后，以法国为代表，纷纷编订了法典，构成了大陆法系；只有英国维持了它的普通法传统，这就是大陆法系和普通法系分野的开端。

二、法典编纂

现代大陆法系和普通法系在制度上显示出巨大的差别，是因为在文艺复兴以后，特别是启蒙运动以后，在大陆法系国家编撰的法典中，除了注意形式上的逻辑连贯性之外，还在法典中贯注了人文关怀的目的论特征。而普通法系国家虽然也接受了人文主义的价值关怀，但它们更多的是坚持通过判例解释和衡平正义的方式践行其价值关怀。大陆法系和普通法系真正的分野由此确定，并在法律文本上有鲜明的体现。

成文法典是大陆法系国家法律制度的一个明显的外部特征，但我们接受这个说法的前提是必须意识到，法典只是大陆法系国家和地区的派生性特征，因为实行普通法的国家和地区其实也存在法典。正如梅利曼指出的，"美国加利福尼亚州所有的法典比任何一个大陆法系国家的法典还多，但它并不属于大陆法系。"反之，实行大陆法系的国家或地区有时法典的制定特别晚，例如，希腊属于大陆法系国家，但其制定法典却迟至第二次世界大战之后。[②] 尽管如此，两种法系的法典还是存在着实质上的差别，这就是大陆法系的法典概念及其在法律程序中的作用和普通法系大不相同。大陆法系有其独特的法典编纂观念。首先，大陆法典要求逻辑形式性上的完整；其次，它必须反映启蒙运动以后所产生的人文观念，具体说，是人权观念。以法国为例，其法典要求简洁、无技巧和通俗易懂。其根本出发点是把立法权尽可能地授予立法机构，而极大压缩司法部门的解释权。其目标则是希望法典成为公民手册般的教科书。之所以有这个要求，是因为在法国的绝对主义王权时代，司法职位是可以世袭和买卖的，从而造成了司法部门极其容易在解释法律的幌子下实行司法暴政。新法典要纠正旧制度下的这种法律弊端。法国大革命后法典编纂的最后成就是《拿破仑法典》，它随着拿破仑一世的欧洲征服活动而影响了欧洲大部分地区，并在一定意义上也激起了相应的反动。

对法国式法典的反动特别清晰地反映在 1896 年德国的民法典上，它不同于法国民法典的地方在于对自然理性的审慎态度。萨维尼是其主要代表，"萨维尼并未将历史视为非理性的，决定论的生命运动，毋宁是今昔之间的精神传统关联，它容纳了人类理性与自由的作用史。"[③] 因此，德国民法典被认为是德意志民族精神的历史展开，它不可能是普通民众的教科书，而被认为是"法律职业者使用的一个基本工具。"[④] 但德国民法典在强调权力分立、人权保护和逻辑体系性方面，和法国民法典并无二致。

① ［美］艾伦·沃森：《民法法系的演变及形成》，李静冰、姚新华译，37~39 页，北京，中国法制出版社，2005。
② ［美］约翰·亨利·梅利曼：《大陆法系》，顾培东等译，26 页，北京，法律出版社，2004。
③ ［德］弗朗茨·维亚克尔：《近代私法史》，陈爱娥、黄建辉译，378 页，上海，上海三联书店，2006。
④ ［美］约翰·亨利·梅利曼：《大陆法系》，顾培东等译，32 页，北京，法律出版社，2004。

体现这一点的是，大陆法系国家在法律文本上明显有公法（宪法、行政法、刑法）和私法（民法）的区别，并因此导致法典部类繁多。

我们在这里只提到法国民法典和德国民法典，一方面是因为它们在大陆法系国家民法典中极具代表性，"欧洲法学家的著作和欧洲的法典编纂形式，也为拉丁美洲、亚洲和非洲的大陆法系国家所普遍采用"；[①]另一方面也是为了说明，大陆法系国家的民法典虽然在结构的逻辑形式性以及人文关怀方面高度相近，但是它们的内容却可能大相径庭，因为各个大陆法系国家的历史背景差距甚大，反映在法典上，内容自然不同。

与大陆法系的法典相比，普通法系国家法典的内涵相当不同。在普通法系国家的法典中，"人们无须对法典作完美无缺的矫饰，也不强求法官在法典内寻找判案的根据。而且，通常这些法典都不否定过去的法规，它们并不是要废止在同一调整范围内的一切旧法，而是通过补充使之完善化（与这些法典的特殊目的相抵触的法规除外）。当一个法典或其他法律的某些规定可能同普通法的固有原则发生冲突时，一般要求对这些规定加以解释，通过这种途径以避免冲突。"[②]也就是说，普通法系国家的法典实际上是一系列判例性法规的汇编，[③]它们之间并不要求严格的逻辑形式性。在适用时一旦判例之间发生冲突，则采用超法规的衡平解释。

三、法官角色

大陆法系和普通法系对法官角色的定位差别很大。在普通法系国家中，虽然立法的作用得到普遍承认，而且也有大量成文法规存在，但是，人们普遍认为，普通法是由法官创造和建立的，立法仅仅发挥一种辅助性作用。这是因为在普通法系，法官很早就扮演着积极对抗专制的角色，正是法官的努力使普通法系发展成推论相当严密的"遵循先例"的普通法体系。因此，梅利曼指出，"我们不喜欢使用'司法至上'之类的戏剧性语言，但是，当迫不得已时，我们也承认它是对普通法系的一种正确描绘，特别是对美国。"[④]在美国,流传着这样一个家喻户晓的名言："法官所言即为法律"。[⑤]也就是说，普通法系的法官在很大意义上是造法者，他们对法律解释的权限之大，是大陆法系的法官所不能比拟的。

大陆法系国家对司法暴政的历史恐惧反映在革命的成果上，就是制定了逻辑体系严整的法典，严格限制法官的司法解释权。如果说普通法系国家是"司法至上"的话，那大陆法系的主要特色是"立法至上"。大陆法系的法典编纂的意图留给法官的角色是作为一个机械的操作者，法官本身的作用是被动的，一切权威在于规定严密的法条和制定法条的立法者。这和普通法系国家的法官形成鲜明对照，普通法系中的法官地位高得多。在大陆法系国家，法官职业往往是"二流"大学毕业生的避难所；而在普

---

① ［美］约翰·亨利·梅利曼：《大陆法系》，顾培东等译，33 页，北京，法律出版社，2004。
② ［美］约翰·亨利·梅利曼：《大陆法系》，顾培东等译，32 页，北京，法律出版社，2004。
③ ［美］判例，指的是普通法中成为发源的较早期的法院判决。
④ ［美］约翰·亨利·梅利曼：《大陆法系》，顾培东等译，34 页，北京，法律出版社，2004。
⑤ ［美］约翰·亨利·梅利曼：《大陆法系》，顾培东等译，62 页，北京，法律出版社，2004。

通法系国家，法官则是一个为世人所尊崇的职业。一个典型的例子是，美国第 27 任总统威廉·霍华德·塔夫脱在卸任后被任命为美国最高法院的首席法官。塔夫脱把这项任命当作一生中最大的"荣誉"，在他去世时，他要求在其墓碑上刻上"美国最高法院首席法官塔夫脱"，而不是"美国总统塔夫脱"。

这种地位的差别源于法官在两种不同法系中的实际作用。大陆法系审判过程所呈现出来的画面是一种典型的机械活动的操作图，法官的形象就是立法者所设计和建造的法律机器的操作者。因此，在大陆法系中，伟大人物并不出于法官，而是那些立法者，如查士丁尼、拿破仑；或者法学家，如盖尤斯、巴尔多鲁、萨维尼等。法学家是大陆法系真正的主角，大陆法系是法学家的法。[1] 而法官在审判活动中就像一个书记员，很大程度上是照本宣科。因此，"在多数大陆法系国家的审判实践中，无论法官对案件持赞同意见还是反对意见，都不作记载，也不予以公布。"[2]

相比较而言，普通法系国家的许多制度创新和社会变革都是通过司法而非立法来完成的。就像哈佛大学教授莫顿·豪维茨所言，美国联邦最高法院"常规发布的判决改变了美国的宪法原则，并随之深刻影响了美国社会"。其中最典型的例子就是 1953—1969 年的沃伦法院，沃伦法院通过司法判决、扩张性宪法解释介入社会生活，在公民权利保护方面发挥了独特的政治功能，推动了美国的政治发展：黑人的公民权得到了渐进式的保护；按照"一人一票"原则重新划分了选区、国会议席分配不公的现象得到了遏制；米兰达警告诞生；穷人获得了律师协助权；权利法案适用于各州。[3] 而法院政治功能的发挥与法官的作用密不可分。当然，普通法系的这种司法能动主义（Judicial Activism）也有其风险，因为"对于广泛而复杂的社会问题作出判决，法庭并不是一个合适的论坛"。[4] 如何保持一定程度的自制，作为宪法解释的参与者，而不是宪法解释的最终裁决者，有所为有所不为，这是普通法系的法院和法官面临的考验。

事实上，在总统制的美国，司法部门是采取积极主动还是消极顺从的态度，取决于政府其他部门之间是分裂还是团结。如果面对其他部门的联合反对，法院会约束自己的行动。当国会多数坚决站在总统一边时，如果法院对国会立法或行政命令持反对立场，不仅会导致国会通过新的法案，而且有可能更糟，即个别法官会受到弹劾，或者司法自主性受到攻击。在美国历史上，有若干这样的时期。如 1800 年大选后的数年、杰克逊当选后的数年、内战之后的大约 6 年，以及罗斯福新政的早期。[5] 在英国这样的议会制国家，由于立法和行政是融合的，因此，法院自主行动的空间就受到挤压。

另外一方面，大陆法系的法官真的成为机械操作者了吗？"绝大多数的立法历史表明，立法机关并不能遇见法官所能遇到的问题。"[6] 因此，大陆法系并不能完全拒绝

① [美]约翰·亨利·梅利曼：《大陆法系》，顾培东等译，59 页，北京，法律出版社，2004。
② [美]约翰·亨利·梅利曼：《大陆法系》，顾培东等译，37 页，北京，法律出版社，2004。
③ [美]小卢卡斯·A. 鲍威：《沃伦法院与美国政治》，欧树军译，北京，中国政法大学出版社，2005。
④ [美]彼得·G. 伦斯特洛姆：《美国法律辞典》，贺卫方等译，344 页，北京，中国政法大学出版社，1998。
⑤ [美]卡尔斯·波瓦克斯、[美]苏珊·斯托克斯主编：《牛津比较政治学手册》，唐士其等译，729 页，北京，人民出版社，2016。
⑥ [美]约翰·亨利·梅利曼：《大陆法系》，顾培东等译，45 页，北京，法律出版社，2004。

判例，大陆法系的法官在解释法律方面依然存在一定的空间。

尽管大陆法系和普通法系在法律文本的形式上有巨大的差异，但毕竟都曾受罗马法的影响，而且，随着欧盟的产生和发展，两大法系的传统都遭遇到了挑战。梅利曼简洁地归纳了欧洲的这一趋势："欧洲经济共同体的发展以及《欧洲人权法院》的法律机制使传统的法律制度遭遇挑战。欧洲共同体法院有权撤销与共同体法有冲突的成员国的国内立法。欧共体的法律……具有最高效力：成员国法院有义务拒绝适用与共同体法律有冲突的国内立法。在涉及到共同体法的解释事项时，成员国法院必须向欧共体法院寻求解释。违反《欧洲人权公约》的国内立法可以在欧洲人权委员会以及人权法院受到质询。"和这种改变相适应，两种法系国家的内外权力发生了微妙的调整，"在国家内部，人权的扩张以及对利益集团和利益阶层的承认，将主权移至个人、利益集团以及利益阶层；在国家外部，欧共体的权威以及《欧洲人权公约》则将主权从国家移至国际组织"①。也就是说，在法律形式上，在立法和法典化等观念方面，欧共体借鉴了大陆法系的诸多特点；但在法律实践方面，欧共体法律则倾向于借鉴普通法系的长处，法院和法官的地位得到显著提升。总而言之，两大法系的协调和融合正成为一个新的发展趋势。

第二节　司法独立的制度保障

司法独立的含义可以从两个层面来理解：一是司法权作为现代宪政制度结构的一部分而独立，它意味着"司法权的独立"；二是裁判主体作为司法权的具体行使者而独立，它意味着"法院和法官的独立"。通常，人们是从后一种意义上理解司法独立，也就是司法系统"在免受不当控制和影响的情况下合法公正地判案的能力"。②具体来说，作为司法机关，法院独立首先意味着法院独立于立法机关和行政机构，在审理案件时不受其干扰；其次，法院独立还意味着法院和法院之间是相互独立的，任何一个法院在审理案件时不受其他法院的干扰。与行政机关不同，法院和法院之间不存在领导和被领导的关系。

法官独立首先意味着对当事人保持中立。它涉及的是庭审中法官和当事人的关系，它要求法官和当事人不能有亲缘关系，不能被当事人以任何方式控制和影响；其次，法官独立还意味着保持法官的自主性。它涉及的是法官和司法系统其他成员之间的关系。它要求法官在审判时不仅不受同级法官的影响，也不受高级别法官的影响，如院长、首席法官等，仅需依据案件事实和遵守相应的法律，司法判决是法官个人良心和责任的体现。③正如马克思所言："法官除了法律就没有别的上司。"④再次，法官独立还意味着法官的内心独立。它要求法官在审判时应避免受到自己的偏见、好恶等主观因素影响。

---

① ［美］约翰·亨利·梅利曼：《大陆法系》，顾培东等译，164页，北京，法律出版社，2004。
② 葛维宝：《法院的独立与责任》，载《环球法律评论》，2002（1）：7~16。
③ Owen Fiss. The Law As It Could Be. New York: New York University Press, 2003, chap. 3.
④ ［德］马克思：《第六届莱茵省议会的辩论（第一篇论文）》，载《马克思恩格斯全集》：第1卷，2版，180~181页，北京，人民出版社，1995。

一、法院制度

由于大陆法系和普通法系的区别，两者反映在法院制度上面也有很大的不同。大陆法系的国家由于特别警惕司法暴政，在法院制度设计上通常会建立两套或两套以上独立的法院体系，它们各自都有独立的司法管辖权、审级、法官和程序制度，同时并存于一个国家之中。[①] 一套是普通法院（ordinary court），其普通法院由普通法官组成，审理和判决多种刑、民事案件。以典型的大陆法系国家法国为例，在法国和许多采用法国模式的国家，其普通法院体系的最高层是最高上诉法院。最高上诉法院是非司法裁决性的法院，即它通常不受理案件的审判，而只是对普通法官呈交给它的法律解释问题提供权威性的回复意见。

除了普通法院，典型大陆法系的国家还有一套行政法院体系，它与普通法院分立，并拥有独立司法权。这一套法院体系的创设意图是为了分割司法系统的权力，防止单一的司法权力既管普通民事、刑事行为，又可以对政府行政行为进行干涉。按照大陆法系国家的权力分立理念，立法机关有权对行政机关的每一项活动是否合法进行审查，但它还需要有专门的机构来帮助立法机关行使这一权力。

一般来说，大陆法系国家两套法院系统彼此间是相互分立和排斥的，也就是说，一件案子不可能同时被两套法院系统受理。然而，也有极少数疑难案件可能被一个系统的法院受理，但被告人仍可主张应归属另一系统的法院管辖。对这种情况，欧洲大陆法系主要国家的处理程序略有差别。在意大利，最高上诉法院是解决普通法院和行政法院之间司法管辖权争议的最终裁决机关；在法国，此类争议由特殊法院——"权限争议法庭"（Conflicts Tribunal）来进行裁决；在德国，此类争议由审理案件的法院自己决定，其判决可以在其管辖范围内上诉，但不受进一步的审查。

除了这两套法院系统，大陆法系国家对立法机构通过的法案是否合乎宪法，又另设专门机构——如宪法法院或宪法委员会（将在下节具体讨论）——来负责审查。

和大陆法系国家复杂的法院系统不同，普通法系国家只有一套司法系统。这套系统是金字塔结构，最高法院位于塔顶。无论有多少法院，也不论其案件的管辖权分配状况，从理论上讲，每一个案件均受制于最高法院的终审审查。最高法院对行政行为是否合法、立法行为是否合宪，以及对民事、刑事案件，均拥有最高的终审权。

最后需要介绍的是普通法系中独特的衡平法院。它主要存在于英国，这是英国的另一套法院系统。衡平法产生于中世纪晚期，其目的是为了避免或矫正由于普通法的严格实施所致的不公平或过于残酷的后果，或是对普通法的令状中没有设定的情形提供救济，[②] 衡平法由作为"国王良心的守护人"的大法官行使管辖权。[③] 衡平法是为了弥补判例法的缺失，这一特点决定了它的适用有别于其他普通法的判例法。适用衡平

---

① 以下有关大陆法系国家法院体系的介绍，主要参考梅利曼著作第13章"法院系统"。
② 令状是普通法传统中发源的重要构成内容，历史上主要指国王发布的命令或法规。
③ ［比利时］R. C. 范·卡内冈：《法官、立法者与法学教授》，薛张敏译，45~46页，北京，北京大学出版社，2006。

法的审判完全不借助陪审团，而是由大法官独立作出决定。①

虽然衡平法院只存在于英国，但它的实践对整个普通法贡献很大：一是"司法自由裁量权"，这是普通法系法官固有的权力，因为普通法是依照判例判案，对判例的解释权完全操诸法官之手；二是对"民事藐视法庭行为"（the Civil Contempt Power）处罚权的设立。其内容是：在民事案件当事人违背法院命令他"为"或"不为"某种行为的判决时，法院有权对该当事人加以惩罚。例如，一个劳工组织非法在工厂附近设置罢工纠察线，法院可以令其撤销，若违反法院的禁令，这个组织的负责人将因之受到处罚。大陆法系国家不存在对"民事藐视法庭行为"的处罚权。②

二、法官的产生方式

在所有司法活动中，法官是一个极其重要的角色。在庞大的公职系统中，法官数量上处于绝对少数，但就其担负的职责而言，却与立法、行政系统鼎足而立。卡内冈把现代各国法官的产生方式总结为以下几种：③

（一）统治者任命型

这一类型历史悠久，而且到了现代社会仍然是重要的方式之一。历史上欧洲各国大多数法官均由君主任命。最初，君主甚至可以随心所欲地任命法官，但这一权力随着资产阶级的逐步壮大，特别是法国大革命后，有所改变。在现代西方君主立宪制的国家中，法官履任仍要经由皇家政令的背书，但这已经只是一个程序而已，主要的任免权力仍集中于内阁制政府中。在美国，联邦法官是由总统提名，参议院批准。在联邦德国和法国第五共和国，由特别组织的委员会提名，总统任命。任命型的法官产生方式可能产生的问题之一是，政府可能利用任命权干涉司法，从而影响司法的独立。以美国为例，虽然美国联邦最高法院一直试图保持的形象是超脱于党派政治冲突和民主政治程序之外，但是，只要最高法院作为一个权力中心在国家政治生活中持续发挥作用，其政党色彩就无可避免，"法庭功能的政治性越强，法官的任命程序往往就更加政治化"。④ 一方面，被任命的法官存在明显的党派色彩，总统很少从反对党中提名法官。从富兰克林·罗斯福时代开始，大约90%的通过司法任命的法官来自跟总统同一个政党的候选人；⑤ 另一方面，参议院在批准过程中充满了党派之间的斗争。在1968年到1970年两年里，美国参议院连续拒绝总统关于3名大法官的提名，这一罕见举动表明这一时期两党争夺大法官席位的斗争是很激烈的。最近几十年，美国社会

① [比利时]R. C. 范·卡内冈：《法官、立法者与法学教授》，薛张敏译，115~116页，北京，北京大学出版社，2006。
② 关于衡平法院对普通法的贡献，请参考[美]约翰·亨利·梅利曼：《大陆法系》，顾培东等译，52~56页，北京，法律出版社，2004。
③ [比利时]R. C. 范·卡内冈：《法官、立法者与法学教授》，薛张敏译，141页以下，北京，北京大学出版社，2006。
④ [美]阿奇博尔德·考克斯：《法院与宪法》，田雷译，394页，北京，北京大学出版社，2006。
⑤ [美]詹姆斯·麦格雷戈·伯恩斯：《民治政府：美国政府与政治》，吴爱明、李亚梅译，439页，北京，中国人民大学出版社，2007。

在宗教、文化、价值观上日趋分裂,新任大法官的人选成为保守派和自由派争夺的焦点。特朗普最大的政治遗产,就是他任命的美国最高法院大法官,9 名大法官中,他竟然任命了 3 名,特朗普一举改变了最高法院的生态,也打破了美国的政治平衡。

（二）贵族世袭型

法官的这一履任模式今天已经成为历史。它是第一种模式的初始阶段的延续,曾在欧洲历史上长期占有重要地位。法官职位世袭通常发生在贵族阶层,贵族阶层通过血缘或金钱承袭而来的权力获得法官职位。这种模式正是欧洲历史上出现司法暴政的主要诱因,它的存在使得法官这种在古典传统中被认为代表了正义的职业沦为统治阶级豢养的帮凶。最终,这种法官择取模式在欧洲各国的资产阶级革命中基本上被扫进了历史的垃圾箱,只有英国是一个例外,在相当长一段时间里还保留着贵族世袭高级法官的尾巴。1876 年的《上诉管辖法》保留了上议院的司法职能,不仅确立了上议院作为英国最高上诉法院和最高审判机构的地位,而且确立了上议院常任上诉法官的任命规则:女王可以随时通过书面特许状任命 12 名上议院常任上诉贵族法官。区别于上议院其他贵族,常任上诉贵族法官是带薪贵族,兼具立法和司法职能,终身任职,并因此成为英国历史上最早的终身贵族。[①] 在理论上,英国贵族院 700 名议员都可成为法官,但依照惯例,只有 12 名被加封的司法贵族才构成英国上诉法院,其他上议院议员不参与司法权的行使。[②] 这种情况直到 2009 年最高法院的成立才得以改变,上议院所把持的最高司法权被剥离出来,常任上诉贵族法官的尾巴也随之被切除。[③]

（三）选举型

这也是在欧洲历史上出现的法官择取模式,但在现代西方世界,它仍然以改良的方式广泛存在。在不同的国家,选举的主体有差别。在瑞士,联邦法院的法官是由联邦议会两院召开联席会议选举产生,任期 6 年,可连选连任。瑞士地方法院的法官产生方式不一,有的州由议会选举,有的州由民众直接选举。[④] 在美国,很多州的法官由民众选举产生。1812 年,佐治亚州首开民选法官的先例。到 20 世纪初,在绝大多数州中,从乡村的治安法官到州最高法院的法官,都是通过选举产生。民选法官虽然比较民主,但民选法官受党派利益的影响比较大,而且从职业化角度来讲,民选法官往往表现不佳,缺乏法官所需的专业技能。[⑤] 因此,在 20 世纪,对之进行改革的呼声和尝试不断。时至今日,美国仍有 20 多个州的法官采取选举方式产生。[⑥]

三、司法独立的制度保障

---

① 王婧:《1873 年英国司法改革与上议院司法权的变迁》,载《上海师范大学学报》(哲学社会科学版),2018(3):75~84。

② 武增、蔡定剑:《英国上议院作为司法机关的组织与职能》,载《人大研究》,2004(6):44~46。

③ 江国华:《世纪之交的英国司法改革研究》,载《东方法学》,2010(2):115-130。

④ 吴志成:《当代各国政治体制:德国和瑞士》,267、269 页,兰州,兰州大学出版社,1998。

⑤ 李世安:《美国州宪法改革与州和地方政治体制发展》,255~256 页,北京,人民出版社,2009。

⑥ 美国司法学会网站,http://www.ajs.org.

　　为了保证司法独立，各国均建立了相应的制度。下面以美国为例来说明司法独立的制度保障。①

　　第一，法官的任职期限和工作报酬。一般来说，除法官遭弹劾去职、法官辞职或退休之外，各国宪法均规定高等法院法官为终身任期制。例如，美国宪法第三条规定，联邦法官不仅终身任职，并且任职期间不得被减薪。这被视为美国联邦司法系统独立性的主要保障，因为这一规定使法官有能力阻止政府和立法部门对司法事务的干预，从而达到将司法隔绝于政治的目标。

　　第二，法官享有民事豁免权。在正常的司法程序中，一般来说，基层法院的长处和主要职责是负责案件的事实认定，因此有可能在法律适用上产生误判，这也是司法系统必须建立上诉制度的原因。尽管法官作出被证明是"误判的"判决可以在上诉法院被推翻，但"错误的判决"几乎从来不会导致法官遭受任何其他形式的个人制裁。只有在最极端的情况下，有足够的证据表明法官无能或者存在腐败行为，才会对法官加以制裁。

　　第三，针对司法系统的拨款是有保障的。众所周知，法官的薪水、法院的房屋建设和维修，给法院提供足够的图书馆及助理人手等，所有这些最终都掌握在非司法官员手中。如果立法部门以拨款为武器牵制司法系统，就可能对司法独立造成致命的伤害。所以，保证法院的拨款对司法独立具有重要意义。以美国为例，至少在联邦层次上，国家预算程序中的司法预算与众不同。政府部门的预算申请通常提交给管理与预算办公室（总统办公室的一个部门）供其修改，然后由总统将总体联邦预算提案提交国会。但根据联邦法，联邦司法部门的预算不受管理与预算办公室修改，必须将司法部门起草的预算原文提交国会。这种特别程序降低了政治干预的风险，并强化了尊重司法独立的文化。

　　第四，法院的司法管辖权是既定的。在美国，法院必须拥有裁决案件的最终权力，这一原则在各种规则中均有表述。一个早已既定的规则是，如果某行政机构有权推翻某法院案件的审判结果，法院便会因此认定自己在此案中的职能是非司法性质的，从而拒绝审理该案。美国联邦最高法院认为："联邦司法部门不仅有权裁理案件，而且有权作出裁决。这种裁决仅受系统内上级法院的复审。"也就是说，除非案件没有提交到法院，在这种情况下，法院不能干涉案件的处理。但一旦案件提交给法院，则法院系统将独立处理案件，而不受其他政治机构的干涉。这是任何现代法治国家都公认的原则。

　　第五，法官和法院独立的最后也是最重要的制度需求是，要保证司法系统的裁决能得到有效执行。这就要求政府部门的配合，并使司法独立问题变得复杂化了，因为法院本身只拥有有限的执法权力。这种复杂性体现在两个方面：首先，当法院要求政府官员作为败诉方做某事时，政府官员的服从原则要求他们合作并默认法院判决。其次，为执行法院对私人当事人的判决，法院可能需要执法部门或其他政府官员协助扣

---

① 除非特别注明，以下有关美国司法方面的内容主要参考：葛维宝：《法院的独立与责任》，载《环球法律评论》，2002（1）：7~16。

押资产，执行逮捕等。这也要求他们的合作和对法院判决的默认。这一事实表明，司法裁决能否得到有效的执行，会受到真正的挑战。执行司法裁决是一个制度要求，但从根本上来说，它依赖于一个国家法治精神的发育状况。一般而言，在现代成熟的法治国中，如果司法系统的信誉能得到司法人员的珍惜，司法裁决的历史如果得到民众的广泛信赖，那么，司法机构的权威性就会得到尊重，其他政治机构执行司法裁决的自觉性就有保障。反之，则整个司法独立将成为空中楼阁。

司法独立的基本制度框架已经在全世界绝大部分国家建立起来，但其在全球各国运转的具体实效如何呢？应该说，情况并不乐观，不仅大部分第三世界国家的司法独立制度表现不佳，即便最早建立起司法独立制度的发达国家，司法的运转也不能令人满意。在美国，号称司法独立，但司法依然不能摆脱政治的操弄，金钱堂而皇之地宰制着司法，刑事司法体系昂贵而失败，甚至令人发出"审判的死亡"的惊呼。[1]

四、法律解释与对法官的约束

法官在现代宪政国家中承担着十分重要的角色，随着司法审查制度的发展，这一非民选的权力变得越来越强大，以至于人们担心它们会不会造成司法暴政（judicial despotism）？之所以有这样的担心，原因在于法官的司法解释权。司法系统的主要工作是处理司法诉讼，正如德沃金指出的，"至少从原则上讲，诉讼总会引起三种争论：关于事实的争论，关于法律的争论，以及关于政治道德和忠实的双重争论。"[2] 这段话的意思是，法官面对诉讼，首要的是确认到底发生了什么，如何解决控辩双方提供的事实分歧；接着是考虑应该适用何种法律条款，为什么是这些条款；最后是判决的意图，要不要考虑公共道德诉求，判决会不会有政治倾向等。我们假设整个司法系统在审判中的上述每一个环节都会出现偏向，而这结果又是不可更改的，那么，司法系统将成为一个为所欲为的权力利维坦，从而形成人们担心的司法暴政。

正是基于这种担心，无论是普通法系国家，还是大陆法系国家，都采取了一定的限制性措施，对法官自由裁量权加以限制，以防止出现司法暴政。对此，我们可以从内部约束和外部约束两个方面来加以观察。

所谓法官的内部约束，主要指法官的自我约束。首先，尊崇感会让法官关注自己的形象，从而构成法官的内部约束。正如波斯纳所言，"受人尊崇是法官职位的一项非货币回报"，"同一般律师相比，大多数寻求或接受法官职务的人都从闲暇和公众承认——相对于收入——中获得更多的效用，并且更多回避风险。"[3] 其次，在审判中，法官遵循法条主义（指按照法律条文的字面意义来主持审判）的方法是必要的，也是可行的，[4] 这也构成法官的内部约束。

---

① Robert P. Burns. The Death of the American Trial. Chicago: The University of Chicago Press, 2009.

② [美] 德沃金：《法律帝国》，李常青译，3页，北京，中国大百科全书出版社，1996。

③ [美] 波斯纳：《法官如何思考》，苏力译，55～56页，北京，北京大学出版社，2009。

④ [美] 波斯纳：《法官如何思考》，苏力译，161～162页，北京，北京大学出版社，2009。

所谓的外部约束指相应的制度安排。[①] 在普通法国家，如英国，对司法裁量权十分忌惮，主要用三种技巧使之最小化：审判要求刻板地遵循先例；审判遵守"口头"原则，即法官所做的一切事情必须公开，接受公众的评判和监督；最后，英国的法官从少量同质化的社会和职业精英中挑选。这保证法官在面对分歧时，总有共同辩论的基本立场。相比于英国，美国对法官的约束不是那么刻板，但更强有力。根据美国宪法规定，联邦法官的提名需经总统提名、参议院简单多数通过方可履任。此外，立法机构也可以对司法机构进行足够的制约。国会可以控制法院的预算，包括法官的薪水（不可以降低）；还可以决定法官的数量，如果它认为新的任命可以改变最高法院的政治平衡的话。虽然这种极端措施很少实施，但它一直存在。美国宪法还创立了强有力的陪审团审判的权利保护，在民事和刑事案件中，公民都有权要求陪审团的参与。即便所有上述限制失灵，法官们一意孤行——这几乎不可能出现，国会还可以通过立法权，以消极的方式让法院通过的宪法性判决无疾而终。

对大陆法系国家的法官而言，法典本身就是制约他们的有效制度：大陆法系国家的法典门类齐备，逻辑连贯，这决定了在多数情况下法官不需要运用自由裁量权，他们只要找出适用的法条即可。当然，由于大陆法系法官的文官特征，法官还面临晋升的压力，好的名声和业绩对晋升十分重要，这也构成了对法官的制度性制约。

除了上述常规的制度性约束外，两大法系还对法官的渎职和越轨行为设置了惩戒制度以制约法官的越轨行为。

普通法系国家以美国为例，其宪法第2条第4款规定：合众国总统、副总统及其他所有文官，因叛国或其他重罪和轻罪被弹劾而判罪者，均应免职。大陆法系国家的惩戒制度稍有不同，以德国为例，德国《基本法》第98条规定：联邦法院法官于职务上或职务外违背基本法的基本原则和各邦的宪法秩序时，经多数表决，判令该法官调职或退休。如违反出于故意，则应撤职。据此，德国建立了法官的弹劾制度。

涉及最高司法部门法官的惩戒制度具有一些共同点：首先，判定法官的不轨行为必须依照宪法或其他具体法律规定采取行动；其次，有关最高司法部门法官的弹劾必须经过立法机关裁定这一程序，而决不能经过行政机关。

第三节　违宪审查制度

一、违宪审查的基本理念

违宪审查又称司法审查（Judicial Review）、宪法审查（Constitutional Review），指由特定机关（最高法院或专门法院）履行对一切法律文件与政府、社团、公民个人的行为是否合乎宪法进行权威性的审查。

违宪审查的思想渊源，根植于某种高级法的观念，它认为立法机构的特定行为应该遵循更高位的、更持久的原则。发端于古希腊—罗马文明中的高级法观念，经中世

---

① ［美］波斯纳：《法官如何思考》，苏力译，143~145页，北京，北京大学出版社，2009。

纪经院哲学，一直延伸到现代的人民主权思想之中。[①] 由于在实际的政治运作中，人民作为一个整体无法直接行使主权，而只能依赖于代议制。这就必然导致一个疑问：人民的意志能被代表们代表吗？事实上，这是很成问题的。如果代议制度不能充分实现"人民主权"，就必须有特别机构来维护人民主权在实践中获得保障。从这个意义上来说，自从西方中世纪的学者提出"人民主权"论以后，随着民主思想的普及、民主实践的复杂化和专业化，它注定最终将成为现代民族国家的宪政实践所必须面对的问题。法国当代著名的宪法学家路易·法沃勒对此有深刻的体认，他认为不论是在美国还是在欧洲，"宪法审查都被赋予了重要而棘手的使命：用法律措辞处理政治问题。"[②]

根据迪特尔·格林的简明见解，宪法就是主权者（人民）的意志，"旨在约束国家"。[③] 由于宪法无论是成文的还是不成文的，都只是从原则（而不是细节）上规范政治统治，因此，在实际运作中它是需要解释的。在这个意义上，我们就可以理解，在宪政格局下，只要其行动处在"法治"原则下，那么，作为对政治权威部门行动的正当性进行复议，违宪审查自然就获得了内在的合法性。剩下的问题是，违宪审查的权力归哪个部门掌控？

二、违宪审查的制度安排

从历史发展来看，违宪审查制度 1803 年起源于美国，并逐渐为世界上越来越多的法治国家所采用。有学者对 194 个国家和地区的最新统计，司法审查制度在世界范围的覆盖率将近 90%，其中美洲达到 100%，欧洲达到 93%，非洲达到 98%，亚洲达到 70%。[④] 在其产生和发展过程中，有两个人发挥了重要作用。一个是美国最高法院第 4 任首席大法官约翰·马歇尔（John Marshall），是他在马伯里诉麦迪逊案中创造了这一制度；[⑤] 另一个是德国著名法学家汉斯·凯尔森（Hans Kelsen），是他在 1920 年为奥地利起草宪法时倡导建立宪法法院。但是，这并不意味着宪法审查观念在马歇尔之前不存在，也不意味着凯尔森是第一个倡导建立宪法法院的人。事实上，在马歇尔之前，汉密尔顿就提出过宪法审查的想法；在法国大革命期间，西耶士就有了建立宪法法院的设想。[⑥] 从最早受到美国影响的欧洲来看，欧洲宪法司法所迈出的第一步并不是设立局限于审查法律的抽象（或者说是主要的）违宪审查制度，也不是设立专门负责违宪审查的法院。欧洲宪法司法产生的最初动力是联邦制的运作以及人权保护，如瑞士。但 1921 年奥地利宪法设立了抽象的法律违宪审查制度，从而完全扭转了这一趋势并导致欧洲模式的出现。[⑦]

---

① ［意］莫诺·卡佩莱蒂：《比较法视野中的司法程序》，徐昕、王奕译，162~170 页，北京，清华大学出版社，2005。

② ［法］路易·法沃勒：《欧洲的违宪审查》，载［美］路易斯·亨金编：《宪政与权利》，郑戈、赵晓力、强世功译，28-60 页，北京，生活·读书·新知三联书店，1996。

③ ［德］迪特尔·格林：《宪法的起源与演变》，载［德］迪特尔·格林：《现代宪法的诞生、运作和前景》，刘刚译，20、14 页，北京，法律出版社，2010。

④ 张千帆：《从宪法到宪政——司法审查制度比较研究》，载《比较法研究》，2008（1）：72~86。

⑤ 关于违宪审查制度诞生的详细过程，可以参考：任东来等著：《美国宪政历程：影响美国的 25 个司法大案》，第 4 章，北京，中国法制出版社，2014。

⑥ Virgílio Afonso da Silva. Beyond Europe and the United States: the Wide World of Judicial Review. In: Erin F. Delaney, Rosalind Dixon, ed. Comparative Judicial Review. Northampton, Mass: Edward Elgar Publishing, 2018, 318~336.

⑦ ［法］米歇尔·弗罗蒙：《欧洲宪法司法的多样性》，载《厦门大学法律评论》第十八辑，2010，203~215。

从制度安排上讲，普通法国家和大陆法国家对违宪审查的制度安排是不同的。在普通法国家，以美国最为典型，由于特殊的历史经验，其违宪审查的权力属于普通法院，美国各级法院都可以履行此一职责，虽然往往以其联邦最高法院的违宪审查案件最为引人关注。[①] 而在欧洲，传统的议会主权观念使之很难接受由独立的司法机关对于议会的立法进行审查。在欧洲人尤其是法国人看来，如果法律是公意的表达，如何能够设想对它的正当性提出质疑呢？由谁提出？怎么提出？在法律之上，不可能存在一个裁判者。不可能存在一种司法权，有资格对立法权进行审查和监督。法官是法律的仆人，他是法律的"嘴巴"，而不可能是法律的审查者。[②] 在这种观念的影响下，欧洲人经过了上百年的摸索，逐渐发展出一种与美国不同的违宪审查制度。

根据违宪审查组织方式的不同，人们通常将美国模式称为分散型违宪审查模式，而将欧洲模式称为集中型违宪审查模式。

在美国模式中，违宪审查的权力分散在各级法院，其发动违宪审查的原因来自公民对具体案件的诉讼，法院不能主动对法律条文进行审查，只能借助具体的案件为契机，对案件涉及的法律条文提起审查。相较而言，在欧洲模式中，违宪审查的权力集中在单一的机构手中，只有专门的宪法法院或宪法委员会才有权进行违宪审查，其发动也无需借助具体的诉讼。值得注意的是，尽管我们说有一个与美国不同的欧洲模式，但是，在欧洲内部各国的违宪审查制度也有差别。在欧洲大陆，奥地利、西班牙、德国、意大利等国是一种类型，法国是另一种类型。这只要看看它们的名称就可以有一个直观的感受：在奥地利、德国或意大利，违宪审查机构名为"宪法法院"；而在法国，它被称为"宪法委员会"。这种术语上的选择表明，法国人在 1958 年创立违宪审查机构时并无意建立一个以保障法律对宪法和基本权利的尊重为使命的"法院"，他们主要是想限制议会来保障政府的权力，尤其是保护其行政立法权，其用意与当时建立半总统制是一样的，都是为了加强行政权。从这个意义上讲，宪法委员会是"权力边界的守护者"，而不是"权利的保障者"。[③]

根据违宪审查活动目的的不同，不同的模式构成了一个连续谱，美国模式位于一端，其主要目的是保护公民权利；法国模式则位于另一端，其主要目的是确立权力边界。而奥地利、德国模式则位于二者中间。当然，这并不意味着违宪审查在美国就不具备权力制衡的功能。事实上，在一些特定的历史时期，美国的违宪审查在总统与国会、联邦与州之间发挥着制衡作用。例如，新政初期，根据罗斯福"复兴"计划制定的国会立法几乎全被最高法院判为违宪，其中一个最重要的理由就是最高法院认为总统被不适当地授予了立法权。另一方面，近年来，法国模式也在发生变化，并逐步具备了保障公民权利的功能。

下面，我们首先对不同模式的违宪审查制度进行介绍，然后重点考察法国宪法委

---

① 在美国的实践中，违宪审查意味着一个国家的立法和行政系统可能面临着司法系统的强力制约，这可能对民主构成潜在的威胁。正如法伯指出的，"对违宪审查的一个通常的民主异议是，非选举产生的法官不能宣布民选代表的动议无效。"这就是美国违宪审查中的"反多数难题"。

② [法]皮埃尔·若克斯：《法国合宪性审查的五十年》，载《厦门大学法律评论》第十八辑，2010，170~183。

③ [法]皮埃尔·若克斯：《法国合宪性审查的五十年》，载《厦门大学法律评论》第十八辑，2010，170~183。

员会的制度变迁过程。

（一）分散型违宪审查

分散型模式源于美国，也以美国最为典型。一些欧洲国家也曾尝试过这种模式，最初是挪威和丹麦，在 19 世纪末到 20 世纪初引入，随后有瑞士和魏玛时期的德国、1948—1956 年的意大利。但欧洲国家采用这一模式时还是对之进行了改造。例如，在瑞士，普通法院也存在一般审查权，但是，其司法审查限于州法，不存在对联邦法进行合宪性审查。①

（二）集中型违宪审查

1. 奥地利的宪法法院

该法院是 1920 年奥地利根据凯尔森的计划建立的，二战期间被纳粹终止，战后恢复。宪法法院的 14 名法官中，8 位经政府提名后由共和国总统任命，6 位由总统从议会两院提交的名单中指定。② 该法院主要有以下几种事项的管辖权：选举争议、法院之间的冲突、联邦和各州之间的诉讼。它还是奥地利的行政法院，审查那些被控侵犯了宪法所保证的权利的行政法规。同时，它也是高级司法法院，有权审判议会两院所控诉的国家领导人和各部部长。总的来说，奥地利的宪法法院审查权力相当广泛。奥地利的宪法法院受理诉讼的程序为，如果州政府、高级法院、国民议会成员的三分之一（或一州立法机关成员的三分之一）、特别情况下的个人，上述任何一方提出诉讼，宪法法院即进入违宪审查程序。另外，奥地利宪法法院还可以主动提起宪法问题。该院的判决对政治法律制度的影响力很大，但判决对普通法院没有约束力，这意味着奥地利的宪法法院主要是进行行政性法规的合宪性审查。

2. 联邦德国的宪法法院

德国违宪审查的历史非常悠久，但毫无疑问的是，"专门解决宪法实务问题的审判机构的设立，是在联邦德国 1949 年基本法出台以后才得以完整实现的。"③ 德国联邦宪法法院成立于 1951 年，是一个"纯粹由法学者组成的法院"。16 位法官皆为立法机构选任产生，其中一半由联邦议院选任，另一半由联邦参议院选任产生。④ 其法官的任职期限为 12 年，年龄限制为 68 岁以下。为确保其独立性，过了任期期限的法官不得再次被选。法官的提名由联邦参众两院各选任一半，并需在国会获得 2/3 多数同意，由此给予了重要的少数党以提名否决权，这就在制度上使得政党倾向于选择那些享有公正和相对克制名声的法官，那些狂热的政党支持者很难入局。⑤

---

① [意] 莫诺·卡佩莱蒂：《比较法视野中的司法程序》，徐昕、王奕译，180~182 页，北京，清华大学出版社，2005。

② [意] 莫诺·卡佩莱蒂：《比较法视野中的司法程序》，徐昕、王奕译，199 页，注释 117，北京，清华大学出版社，2005。

③ [德] 克劳斯·施莱希、[德] 斯特凡·科特里奥：《德国联邦宪法法院》，刘飞译，3 页，北京，法律出版社，2007。以下德国宪法法院的审查权力亦参该书第一章，不再注明。

④ [意] 莫诺·卡佩莱蒂：《比较法视野中的司法程序》，徐昕、王奕译，199 页，注释 117，北京，清华大学出版社，2005。

⑤ [美] 布鲁斯·阿克曼：《别了，孟德斯鸠：新分权的理论与实践》，聂鑫译，48~49 页，北京，中国政法大学出版社，2016。

从国际比较来看，德国联邦宪法法院的职权最为全面。① 根据德国的宪法，联邦宪法法院对于全部三种国家权力机构拥有广泛的审查权，州与联邦之间、各州之间以及一州内部在联邦宪法法院提出的联邦争议也在联邦宪法法院的裁决范围内；最后，联邦宪法法院还对无法划归上述事务的其他一些争议拥有裁判权，特别是保护宪法的特别程序（如弹劾联邦总统）、政党禁止程序和选举审查程序。可以说，联邦德国的宪法法院是欧洲管辖权最广泛的宪法法院。在 1951-1990 年间，不少于 198 个联邦法律被宣布为无效或与《基本法》不符。总体而言，所有联邦法律的 5% 被彻底废除。② 但需要注意的是，即便如此，德国的宪法法院不是凌驾于国家三大权力机构之上的超级法院。

3. 意大利的宪法法院

和德国一样，意大利也经历了法西斯专政之苦。也是在二战后，意大利宪法法院依据 1947 年宪法建立，1956 年开始运转。意大利宪法法院由 15 名法官构成，议会、共和国总统、最高法院各提名 5 人。

意大利联邦宪法法院的管辖权包括：不同国家机关和地区之间的权属冲突；对共和国总统、总理、各部部长的指控；公民投票的接受；法律的违宪审查。法律的违宪问题都是由适用这些法律的普通的民事、行政和商事法院移交过来的。根据法沃勒的分析，意大利普通法院都倾向于把疑难案件移交给宪法法院，所以，意大利的宪法法院在该国的政治和法律生活中作用巨大。

需要强调的是，尽管人们通常会认为，对法律的抽象审查是集中型违宪审查的特点，但是，在实践中，几乎所有的西欧国家都是具体的违宪审查程序和抽象的违宪审查程序并存，而且后者的重要性要小得多。以德国为例，从 1951 年到 1996 年，抽象的违宪审查案件仅有 72 起，而个人因国家行为（立法行为、行政行为或司法行为）侵犯其基本权利而提起的违宪审查诉讼达到 90082 起。在西班牙，1996 年二者的数量分别为 14 起和 4689 起。③

4. 法国的宪法委员会：从例外到回归

在违宪审查制度上，法国是一个明显的例外，它完全不承认普通法院享有对其所适用之法律进行违宪审查的权力。在法国，处理违宪审查事务的机构被称为"宪法委员会"，该机构成立于 1958 年。在人员构成上，宪法委员会包括两部分成员。一部分是经任命产生的 9 名法官，任期 9 年，每 3 年改任 1/3。总统、参议院院长和国民议会议长各任命 1/3。通过"三三制"实现一种政治平衡。另外一部分是宪法委员会的当然终身成员。按惯例，前任共和国总统是宪法委员会的当然成员。④

法国宪法委员会的主要职权是监控议会已经通过、但尚未由总统；签署的立法法案的合宪性。除此而外，它还有四项职权：选举监督及选举纠纷的裁决、关于紧急状

① ［德］沃尔夫冈·鲁茨欧：《德国政府与政治》，熊炜、王健译，240 页，北京，北京大学出版社，2010。
② ［德］沃尔夫冈·鲁茨欧：《德国政府与政治》，熊炜、王健译，245 页，北京，北京大学出版社，2010。
③ ［法］米歇尔·弗罗蒙：《欧洲宪法司法的多样性》，载《厦门大学法律评论》第十八辑，2010，203~215 页。
④ 王建学：《法国式合宪性审查的历史变迁》，89~90 页，北京，法律出版社，2018。

态的政治咨询、裁决法律和法规调整范围划分上的冲突、裁决国家和海外地方自治团体的权限范围。但从实践上看，这四项职权中，除了选举纠纷裁决较为活跃之外，其他三项职权日益淡化，因此，其核心职权还是合宪性审查。但与其他国家的宪法法院相比，这是典型的事前审查。而且，它与其他法院不存在任何合作，因为法国不存在任何具体的违宪审查程序，甚至是事后的法律违宪审查也不得在宪法委员会中进行。[①]

在法国宪法委员会 60 多年的发展历史中，它经历了三次重大的改革，使其逐渐地向宪法法院靠近。第一次改革是 1971 年的"结社自由案"。这个被称为法国版的"马伯里诉麦迪逊案"实现了两个突破，一是探寻新的合宪性审查依据，通过对宪法序言法律效力加以确认，丰富了宪法委员会实施合宪性审查的依据，为宪法委员会未来的实践开辟了新的广阔空间；二是大胆涉足新的领域，从权力之争转向权利保障，这是宪法委员会的自我扩权，它使得宪法委员会不仅仅是公共权力正常运作的保障者，而且是基本权利和原则的捍卫者，从而推动了法律秩序的宪法化。[②]

第二次改革发生在 1974 年，德斯坦总统上任伊始就发起了一次宪法修改，扩大了向宪法委员会提起审查的请求权，使得 60 名国民议会议员或 60 名参议院议员也能够决定是否提起审查请求。此前只有四个机构有权向宪法委员会提出审查请求：共和国总统、总理、国民议会议长和参议院议长。改革后，提请审查的主体范围大大扩充，改革的效果明显。在 1974 年之前，15 年的时间里，只有 9 次针对普通法律的审查请求，平均每年 0.6 次；但从 1975 年到 2008 年，宪法委员会作出了 368 个针对普通法律的判决，平均每年有 11 个。[③]

第三次改革是 2008 年，在宪法委员会成立 50 周年之际，增设了事后的合宪性审查程序。自 1958 年设立以来，宪法委员会对法律的审查只是事前的，因此，基本权利主体没有任何直接的渠道向宪法委员会申诉，这使得法官和公民成为观众而不是参与者。2008 年的宪法改革就是要改变这种处境。自 1970 年代以来，法国学者就致力于推动建立事后的宪法审查程序，并分别于 1990 年和 1993 年向议会提交了改革的提案，均因保守派的反对而流产。2007 年 7 月，新任总统萨科齐启动深层次宪法改革，其中最引人注目的措施就是将普通诉讼程序与合宪性审查程序连接在一起，使公民能够接近宪法委员会。这一改革最终奠定了宪法委员会作为一个实质性宪法法院的地位。与此同时，将新设的事后审查和原有的事前审查相结合，互为补充，使法国的合宪性审查焕发出新的生命力。[④]

法国，一个与议会主权紧密联系的国家，长期以来都抵制合宪性审查制度，但最终它以一种渐进的方式建立起具有自身特点的合宪性审查制度。

回望欧洲违宪审查制度的发展历程，我们看到各国都不是简单照搬美国的模式，而是结合自身的国情大胆地进行理论创新和实践探索。二战后，德国宪法法院的成功

① [法]米歇尔·弗罗蒙：《欧洲宪法司法的多样性》，载《厦门大学法律评论》第十八辑，2010，203~215。
② 李晓兵：《法国宪法委员会 1971 年"结社自由案"评析》，载《厦门大学法律评论》第十八辑，2010，223~244。
③ [法]皮埃尔·若克斯：《法国合宪性审查的五十年》，载《厦门大学法律评论》第十八辑，2010，170~183 页。
④ 王建学：《法国式合宪性审查的历史变迁》，129~132、144 页，北京，法律出版社，2018。

实践为欧洲模式的违宪审查制度树立了自信；法国宪法委员会的建立及其不断完善，则是法国人自己制度创新的结晶。

第四节 陪 审 制 度

在现代宪政体制中，彰显"人民主权"显然成为一个不言而喻的主题。若是把人民的权力全盘委诸国家机构，无论是哪一个部门，都有可能导致危险的结果：人民被代表，也意味着人民有可能被背叛。那么，有没有一个能较为充分地反映人民直接参与宪法守护的制度安排呢？有，它就是"陪审制度"。

在世界各地的司法实践中，存在着两种主要的陪审模式，它们与两大法系对应。普通法系的陪审模式被称为陪审团模式（jury model），大陆法系的陪审模式被称为参审模式（mixed tribunal model）。前者以美国和英国为代表，后者以法国和德国为代表。这两种模式的主要差别在于：在陪审团模式中，陪审员和法官在职权上是"分离"的，陪审团只对刑事案件的事实部分进行独立裁判，法官则负责适法与量刑；在参审模式中，陪审员和法官是协作关系，二者共同组成合议庭，共同对案件的事实认定和法律适用问题进行裁判。

一、陪审制度的产生与发展

陪审制度在一定意义上可以说是普通法国家独特的制度安排。甚至在很大程度上，普通法国家的司法制度是围绕陪审制度而进行的。关于陪审团的起源，主流观点认为源于加洛林王朝时期的宣誓调查制度（sworn inquest）。[1] 公元 829 年，查理大帝的儿子虔诚者路易颁布法令规定，关于王室权利情况的调查将不再通过证人举证的方式，而是要召集 12 位当地最值得信赖的长者经宣誓后予以陈述，这种调查被称为宣誓调查。后来，宣誓调查制度随诺曼征服而传到了英格兰。亨利一世将这种行政性质的宣誓调查制度创造性地运用于司法审判，不仅使作为行政工具的宣誓调查司法化，而且使这项国王的特权变成了普通民众的一项普通权利。但是，直到此时，陪审团仍然只是"信息提供者"，而不是"裁断者"。13 世纪，随着社会的发展，传统的三种事实裁断方式——神明裁判、共誓涤罪和决斗——都越来越行不通了，陪审团开始在某些案件中具备了裁断功能。这种转化是法官为了应对传统事实裁断方式的衰落而进行的尝试。最初，它只是一种权宜之计，但在功效得到验证后得到推广，并逐渐形成了正式的制度。[2]

接下来，陪审员从可以依据其个人所知作出裁断到仅能依据公开的呈堂证供作出裁断，是一个更为漫长和曲折的过程。詹克斯认为，这一转变是在 18 世纪头三个 25 年内完成的。由此，现代陪审制的原则——陪审员只能考虑呈堂证供——被确立下来。第一次对此新原则予以阐述的是 1650 年的本尼特诉哈特福德百户区案。[3] 尽管其间

---

① [美]腓特烈·坎平：《盎格鲁 - 美利坚法律史》，屈文生译，46、48 页，北京，法律出版社，2010。
② 李红海：《英国陪审制转型的历史考察》，载《法学评论》，2015（4）：177~189。
③ 李红海：《英国陪审制转型的历史考察》，载《法学评论》，2015（4）：177~189。

经历过反复，但人类理性的力量、对程序正义的追求和政治斗争的需求最终促成了现代陪审制度的建立，并传播到了包括美国在内的普通法系国家。

1789 年法国大革命后，英国陪审制首次登陆法国，并经由法国开始在整个欧洲大陆传播与发展。但与英属殖民地不同，欧洲大陆各国均具有悠久的法律传统，因此，陪审制在欧洲大陆的发展历程也更为复杂。在长期的发展过程中，欧洲各国在建立陪审制度时，并非以英国的陪审团制度作为模板，而是直接参照法国，并逐渐形成了以法国和德国为代表的、具有自身特色的参审制。

二、以美国为代表的陪审团模式

美国总统杰弗逊在评价美国民主制度时曾说，陪审团制度在维护民主的作用上比选举权还要重要。虽然陪审团制度源于英国，但是经过上百年的发展演变，美国陪审团制度已经迥异于英国陪审团制度。美国不仅从宪法的高度规定了公民享有陪审团审判的权利，而且联邦各州的法律也作了翔实的规定，使得美国的陪审团制度在司法实践中发挥了强有力的作用。现在，全世界每年以陪审团方式审理的案件中 90% 在美国。仅 2000—2005 年，就有 1700 万左右的美国人担任过陪审员，近 1/3 的美国公民会在他们人生的某一阶段担任陪审员。[①]

陪审团有两种：大陪审团和小陪审团。英美普通法系的司法实践中普遍采用的是小陪审团，大陪审团制度已经式微。英国已经在 1948 年废除了大陪审团制度，而美国大部分州也废弃了大陪审团制度。

（一）大陪审团

大陪审团不判定被告有无罪行，它的主要职责在于指控。当公诉人向大陪审团提交证据时，大陪审团的任务在于确定公诉方提交的证据是否可以确保有罪判决的形成。如果大陪审团认为证据能确保有罪裁决结果的形成，就签发"准予起诉书"，案件就进入审判程序。否则，案件将被驳回。有时，大陪审团也会受法官的命令来调查民众或者公职人员中可能存在的特定类型的犯罪活动。这种调查也可能归于公诉。[②]

（二）小陪审团

陪审团本质上是由一群公民（通常为 12 人）组成的团体，在民事或刑事案件的审判中负起特别的任务，其基本程序如下。

第一，挑选陪审员。为了保证社会公众平等参与的权利，美国陪审团制度采取随机抽选的方式，以选民登记名单、汽车驾驶执照名单或者其他可以总体上涵盖社区各阶层人士的公共名单为总名单，随机挑选出部分人员发放调查问卷，之后又进行更为详细预先审核程序，最终才确定参加案件庭审的陪审员名单。[③]

---

① [美]约翰·加斯蒂尔等著：《陪审团与美国民主——论陪审协商制度如何促进公共政治参与》，余素青、沈洁莹译，3 页，北京，法律出版社，2016。
② [美]腓特烈·坎平：《盎格鲁 - 美利坚法律史》，屈文生译，47 页，北京，法律出版社，2010。
③ 齐树洁主编：《美国司法制度》，656 页，厦门，厦门大学出版社，2006。

第二，庭审。（1）主审法官宣布适用案件的相关法规；（2）诉讼双方当事人的律师负责向法官和陪审团举证；（3）法官按逻辑的方式复述证词，以便指示陪审团所须判决的主要矛盾或疑点。在此过程中，陪审团成员需要认真聆听控辩双方的开场陈述、证据展示、终结辩论；（4）接受法官指示，即向陪审团成员解释说明裁决的基本原则，如排除合理怀疑、特定证据的收集、被告人所享有的权利等。

第三，商议。陪审团退庭，进入密室商议案件。当陪审团形成决定后，回到法庭宣布结果，而无须解释或辩明。期间，法官不得进入陪审室，也不得在审判的任何时候私下与陪审团或任何单个陪审员接触。封闭式的讨论使陪审员们不用担心来自外部的压力，使他们免于来自利益集团的贿赂或威胁。一旦陪审团作出裁决，就标志着初级法院的审判结束。

如果法官确认陪审团的裁决显然不合理，他可以行使有限权力将该项裁决搁置。当一项裁决被搁置时，意味着此案将交由一位法官和另外的陪审团重审。法官行使这项权力的时候有一个例外，如果陪审团在刑事裁决中，决定开释被告，则法官无论如何不能搁置。

三、以法国为代表的参审模式

法国参审制度的确立并非一朝一夕之功，而是经历了200多年的变革与抉择。在这200多年里，"陪审制存废"之争、"陪审抑或参审"之争一直存在。但参审制终究占据了上风，并在民众中获得了良好的声誉。

在法国，只有重罪（即量刑在10年以上的刑事犯罪）才适用参审制来审判。因此，重罪法院是法国的"参审法院"。重罪法庭并不是常设法庭，这主要是因为重罪法庭必须召唤普通的公民参加庭审，因此，不可能过多占用这些人从事职业的时间。

法国参审制度的基本程序如下：[①]

第一，参审员的遴选。在法国，参审员遴选程序比较复杂，可分为三个阶段：首先，制定重罪参审员总名单。每一重罪法庭辖区每年度要制定一份重罪参审员总名单；其次，制定审季参审员名单。审季参审员名单是在省重罪参审员总名单的基础之上抽签产生。审季参审员名单包括35名正式参审员和10名候补参审员；最后，确定具体案件的参审员。在每一个具体案件开庭审判前，法官应当在被告人在场的情况下，公开开庭，从审季参审员名单中抽签产生9名正式参审员以及数名候补参审员（通常2名）。

第二，庭审。首先是庭审预备阶段，这一阶段主要解决的是庭审的各项先决措施；其次是法庭调查阶段，有讯问被告人、听取证人证言、其他证据材料的调查等若干环节；再次，是庭审辩论阶段，控辩双方的辩论可以分成几轮，辩方享有最后的发言权。

第三，合议、表决程序。（1）提出问题。辩论结束后，审判长应当命令重罪法庭的书记官保管案卷，但是保留移送案件裁定书，以便进行合议。与英国的做法不同，审判长在庭审辩论阶段结束后，不得总结控诉和辩护的要点，而是直接向法庭和参审

---

① 施鹏鹏：《法国参审制：历史、制度与特色》，载《东方法学》，2011（2）：120~130。

团宣读各种问题，要求他们回答。（2）休庭合议。合议具有连续性和机密性的特点。合议的连续性是指职业法官和参审员在进入合议室之后，在未作出决定之前，不得离开合议室。合议的机密性则是指职业法官和参审员秘密进行合议。任何其他人不论任何原因，在未获审判长许可的情况下，不得进入合议室。

合议包括两个阶段：一是对"被告人是否有罪"进行合议；二是对"被告人的量刑"进行合议。在合议过程中，职业法官和参审员对每一个问题都进行一次投票：首先是主要事实，其次是每个加重情节，最后是附加问题以及各项减免刑事责任的情节。依次进行，直至法庭最终确定被告人的量刑。

第四，判决程序。职业法官和参审员在合议结束之后返回审判大厅。审判长下令传唤被告人上庭，宣读法庭对各项问题的回答，并且宣布包括定罪、免刑或者释放的判决。

依法国传统的理论，参审制是人民行使主权的一种重要方式。鉴于"人民不会犯错"的政治教条，参审团所作出的判决理应具有终局效力，不得提起上诉。2000年6月15日，法国在欧共体法院的压力下对本国的上诉制度进行了大刀阔斧的改革，引入了"轮转上诉制度"。依据这一制度，当事人可对重罪法院所作出的判决提起上诉，但该上诉由最高法院所指定的另外一个重罪法院负责审理，而不专设重罪上诉法院。

四、陪审制度的政治功能

陪审制度不仅是一项司法制度，也是一项政治制度，具有独特的政治功能。

第一，陪审制度具有制约权力的功能。这种制约功能不是通过权力结构内部不同分支之间的相互制衡来实现的，而是通过权力结构之外的社会力量的介入实现的。陪审团做出无罪裁决的绝对权力对政府权力起到制约作用。[①] 当人们认为美国法律不公正时，陪审团就会使用自由裁量权反抗法律。如《1850年逃亡奴隶法》，该法律规定，帮助奴隶逃跑者可能受到罚款和监禁，而且要就奴隶的价值对奴隶主负责。当时的陪审团直接无视这一法律，拒绝对那些帮助奴隶的人定罪。他们认为这一法律过于不公正，故无法执行。[②]

近年来，陪审团充分知情协会（Fully Informed Jury Association, FIJA）与其他类似组织大力向美国公民宣传陪审团否决权，[③] 要求陪审团成员被告知，如果他们不同意法官的指导，可以将其"否决"，这意味着陪审团可以自己决定需要适用的法律。主张陪审员们亟须在法庭外为了更高的正义（Higher Justice）[④] 而崛起，以对抗法庭的支配。

第二，陪审制度具有公民教育的功能。陪审团打破了以往以法官为主导的庭审模

---

① 无罪裁决的绝对权力，即陪审团否决权（Jury Nullification），又称自由裁量权，赋予了陪审团拒绝某个人适用法律的不受审查的权利。

② [美]伦道夫·乔纳凯特：《美国陪审团制度》，屈文生、宋瑞峰、陆佳译，350页，北京，法律出版社，2013。

③ 陪审团充分知情协会官网：http://fija.org/，网站提供详细介绍美国陪审员权利、义务、陪审员否决权、宪法权利等内容的陪审员手册、宣传海报、光盘、书籍等资料。关于陪审团充分知情协会的资料可参考 https://www.wikiwand.com/en/Fully_Informed_Jury_Association。

④ Higher Justice，在英美法传统中，如果律师认为法官的意见不能接受，可以寻求或诉诸"更高的正义"或曰"更高正义原则"，以此作为对代表实在法的法官的抗衡，这在很大程度上受到自然法观念的影响。此处参见 [美]威廉·L，德威尔：《美国的陪审团》，王凯译，74页，北京，华夏出版社，2010。

式，转而形成普通公民与职业法官共同决定案件裁决的审判模式，为普通公民的政治参与创造了条件，也为公民教育提供了平台。首先，公民在陪审团里的经历可以形成一种正向反馈，强化公民的权利意识和政治参与意愿。正如经验研究所观察到的，很多陪审员是带着一种焕发的公民精神和更加强烈的参与社区与政治生活的意愿离开法庭的，有陪审经历的人在之后参与其他公共活动方面也更为主动。[①] 其次，陪审经验可以提升公民的理性协商能力。在陪审过程中，陪审员必须充分运用理性推理的能力来对证据进行甄别、对事实序列进行重建，并在此基础上做出合理的裁决。他们在陪审过程中习得的这些能力使他们在未来更乐意通过公共讨论来解决所面对的问题。

加斯蒂尔等人研究了近 10 年间美国上千位陪审员的经历，发现陪审团不仅可以帮助个体公民和国家之间建立全新而持久的关系，更重要的是，陪审经历能够重振公民意识，让公民对自己以及国家机构更为自信，也培养了他们在民主社会中作为自由公民进行有效参与所必需的技巧，强调了理解、领会、推广有意义的公共协商对于现代民主机制的重要性。[②] 早在近 200 年前，托克维尔就曾指出：陪审团不仅仅是一项司法制度，它"首先是一种政治制度"。陪审团是一所"常设的免费学校"，它能培养公民的法治思维、责任感，并帮助公民获得政治实践所需的必要知识，让普通公民成为有见识的参与者。[③]

当然，我们也不能不看到，陪审制度有其局限性，其中之一就是程序过于冗杂重复。以世纪审判"辛普森杀妻案"为例，将近 2 个半月的陪审团遴选，为期 9 个月的证据展示环节，以及上百场法官会议和媒体沟通会，数百万美国人曾被征召履行陪审义务。烦冗复杂的程序"不仅激怒了特定案件的当事人、证人和陪审员，更是给予整个社会一种关于法律意图与目的的错误的观念"。[④]

在现代司法体系中，无论哪种法系，法院是绝对的主角。这一过程当然是随着律师和法官的职业化水准的提升而逐步发展的，这个过程同时也意味着陪审制度在司法中的角色日益褪色。克雷默指出，"到了 1820、1830 年代，法律与合法性已经同律师和法官联系在一起，它们被视为一种外行人无法理解的职业过程"。他进而指出，"陪审团依然是重要的，但它们的角色只限于事实的认定，而且受到法院更多的束缚"。[⑤]

这样一个现实，意味着"人民"在广义政府中的任何一个部门中被挤压出来。实际上，现代政党政治的强势存在，已经使得大众开始失去了从外部控制政治机构的可能性。人民的声音要得到重视，往往是被动的，实际上只能依靠民选代表在选举的时候回应民众诉求，以及社会运动才可能得到政治的回应。正如克雷默精辟指出的："简

① ［美］约翰·加斯蒂尔等著：《陪审团与美国民主——论陪审协商制度如何促进公共政治参与》，余素青、沈洁莹译，271、162 页，北京，法律出版社，2016。
② ［美］约翰·加斯蒂尔等著：《陪审团与美国民主——论陪审协商制度如何促进公共政治参与》，余素青、沈洁莹译，4 页，北京，法律出版社，2016。
③ ［法］托克维尔：《论美国的民主》（上卷），董果良译，315~316 页，北京，商务印书馆，1991。
④ ［美］伦道夫·乔纳凯特：《美国陪审团制度》，屈文生、宋瑞峰、陆佳译，139 页，北京，法律出版社，2013。
⑤ ［美］拉里·克雷默：《人民自己：人民宪政主义与司法审查》，田雷译，231 页，南京，译林出版社，2010。

而言之，政治走向了大门之内。"①

　　如何使"人民主权"不至于彻底地沦为口号，而让它尽可能地是一个事实，无疑，依靠司法体系是一个相对可行的方案，但它不是一个完美的方案。也许，要尽可能地解决这个问题，我们还需要更多的政治和法律探索。

思　考　题

1. 大陆法系和普通法系的区别表现在哪些方面？
2. 在一个民主社会中，法院的角色是什么？
3. 司法独立有何局限性？
4. 大陆法系和普通法系的违宪审查有什么不同？
5. 为什么欧洲国家要用非职业法官来从事违宪审查工作？
6. 陪审制的政治意义为什么会退化？

进一步阅读书目：

- [美]梅利曼：《大陆法系》，顾培东等译，北京，法律出版社，2004。
- [比利时]卡内冈编著：《英国普通法的诞生》，李红海译，北京，中国政法大学，2003。
- [美]亚历山大·M·比克尔：《最小危险的部门》，姚中秋译，北京，北京大学出版社，2007。
- [意]莫诺·卡佩莱蒂：《比较法视野中的司法程序》，徐昕、王奕译，北京，清华大学出版社，2005。
- [美]约翰·加斯蒂尔等著：《陪审团与美国民主——论陪审协商制度如何促进公共政治参与》，余素青、沈洁莹译，北京，法律出版社，2016。
- Tim Koopmans. Courts and Political Institutions: A Comparative View. NY: Cambridge University Press, 2003.
- Erin F. Delaney, Rosalind Dixon, ed. Comparative Judicial Review. Northampton, Mass: Edward Elgar Publishing, 2018.

---

① ［美］拉里·克雷默：《人民自己：人民宪政主义与司法审查》，田雷译，237 页，南京，译林出版社，2010。

CHAPTER 7
第七章

比较政党制度

本章重点：

➤ 政党在现代民主政治中居于核心地位。按照组织形态，政党可以分为以下几种类型：精英型、群众型、全方位型以及卡特尔型。

➤ 政党提名不仅是政党最重要的工作之一，而且是现代选举政治的基础环节。政党提名方式的变迁反映了政党党内民主的发展状况和政党内部的权力结构。

➤ 议会党团的主要功能是控制本党议员投票，防止其出现分裂投票和换党行为。政党对议会的影响，在很大程度上是通过议会党团的活动实现的。

➤ 政治极化意味着精英群体或者公众层面广泛存在着意识形态的对立和清晰的党派界线。一方面，政治极化会影响政党的竞选策略；另一方面，极化条件下的政党竞争可能将分权制衡机制转变为畸形的否决政体，造成政治运作的恶化甚至瘫痪。

政党在现代民主政治中居于核心地位。世界上绝大多数国家，无论民主与否，几乎都有政党的存在。虽然各国的历史传统、政治制度差异很大，政党之间的意识形态、价值取向也各有不同，但政党在大多数国家的政治舞台上都是最基本、最重要的力量。通过掌控或参与政治运作，政党对国家和社会生活产生了广泛而深远的影响。

如果没有政党，现代民主政治是不可想象的。对此，早在近一个世纪前，詹姆斯·布赖斯就强烈地表达了这一观点，他认为政党是必不可免的，没有哪个大的自由国家不存在政党，同样没有哪个代议制政府可以离开政党而运作。[①] 即便新社会运动、利益集团和大众媒体等其他政治活动主体正在持续挑战着政党在民主政治中的地位与作用，但是在杰弗里·普雷德姆看来，政党作为国家与社会之间政治性

<hr>

① ［英］詹姆斯·布赖斯：《现代民治政体》，张慰慈等译，101 页，长春，吉林人民出版社，2011。

和组织性的联系机制,在自由民主政体中的作用依然关键,并且这种角色很难被复制。[①]因此,要了解现代国家的实际运作,政党和政党制度无疑是一个合适而且必要的观察窗口。

第一节　政党与政党制度

一、什么是政党?

政党(party)一词源于拉丁动词 partire(分开),从词源上看有表示部分的意思。政党的含义与派系(faction)相近,但本身却没有多少贬损的含义。从明显具有贬损意味的"派系"演变到更少负面意涵的"政党",无论在观念领域还是在事实层面,这一过程都是相当缓慢、相当曲折的。在 17、18 世纪,很长时间内"政党"与"派系"都被混为一谈。英国的博林布鲁克是较早对政党展开深入思考的学者。在他看来,"政党乃政治之邪恶,而宗派则为所有政党中最恶者",二者仅有程度上的区别。休谟认为,与个人宗派相比,政党是现代世界才有的一种根据原则组织起来的真正宗派;尽管政党是自由政府的一个不愉快的结果,但试图消除政党是不切实际的。在休谟的基础上,柏克首先廓清了政党与宗派之间的区别。[②] 在他看来,"人们结为政党,是为了依据他们共同认可的某一原则,同心协力,以推进国家的利益"。[③] 它是由派系发展而来,不仅是利益的结合、感情的结合,更主要的是基于共同利益的结合。

随着选举权的逐渐普及,政党与民主政治的关系变得越来越密切,政党政治成为民主政治的一般形式,政党则成为公众与政府之间联系的重要渠道。一般来说,政党具有如下特征:一是通过赢得公职来掌握政府权力;二是拥有很多成员的有组织的实体;三是议题焦点非常广泛,针对政府的政策大多都要发表自己的意见;四是在不同程度上享有共同的政治偏好和特定的意识形态认同。[④]

在现代民主政治中,政党的主要功能包括:第一,政治代表,指政党回应和表达党员与选民意见的作用;第二,精英录用,指政党为政治机构和政府招募并训练工作人员;第三,目标制定,指政党为社会设定集体目标,包含了一揽子的政策选项,选民得以在不同政党的目标中进行有效的选择;第四,利益表达和聚合,指政党能够表达和凝聚社会上存在的各种不同利益;第五,社会化和政治动员,指政党通过内部辩论、竞选活动和选举竞争,能够向社会传递自身的价值和态度,并且吸引党员和民众在选举竞争中给予支持;六是组建政府,指政党能够提供组建政府所必要的人选班子,并使政府保持一定程度的稳定性和连贯性。[⑤]

① Geoffrey Pridham. Securing Democracy: Political Parties and Democratic Consolidation in Southern Europe. London and New York: Routledge, 1990, 3~4.
② [美]乔万尼·萨托利:《政党与政党体制》,王明进译,13~22页,北京,商务印书馆,2006。
③ [英]埃德蒙·柏克:《美洲三书》,缪哲译,337页,北京,商务印书馆,2012。
④ [英]安德鲁·海伍德:《政治学核心概念》,吴勇译,270页,天津,天津人民出版社,2008。
⑤ [英]安德鲁·海伍德:《政治学的思维方式》,张立鹏译,212~216页,北京,中国人民大学出版社,2014。

二、政党组织形态

对政党进行分类的角度很多，由此可以形成不同的政党发展谱系。比如说，从政党是否源于议会的角度看，可以分为内生型政党与外生型政党；从政党的阶级性质角度看，可以分为资产阶级政党和无产阶级政党；从政党的组织形态角度看，西方政党自产生以来就一直处于不断的变化过程中，先后经历了精英型、群众型、全方位型以及卡特尔型的变迁过程。① 其变迁的动力，来源于政党与其所处环境之间的互动。为适应周围环境的变化，政党不得不对自身进行调整，这些适应性改变积累到一定程度，就会引发政党内部人员、技术和结构等诸要素组成的有机系统发生显著变化，这就是政党组织形态的变迁与发展。②

从发生顺序看，最早的政党组织类型是精英型政党，又称权贵党、干部党，它产生于18世纪末至19世纪初英美等国的议会中。精英型政党主要由政见相近的议员组成，其中多数具有贵族身份，组建目的是为了维护权贵的利益和地位，比如近代早期的自由党和保守党。这类政党的特点一般都是小而精，组织结构十分松散，其中政党的公职部分占据支配地位，不仅没什么基层组织，中央机构也没有完全形成。精英型政党的活动重心在议会，由党内精英推动政党日常运转，并在争夺选票过程中发挥主要作用。事实上，加入精英型政党的仅限于社会上的少数人，这些人基于个人的较高才能或所拥有的显著地位，才有机会被挑剔的政党组织所吸纳，政党的活动资金也由少数富有者来提供。

随着西欧国家公民选举权的扩大，一个国家的选民人数由几千人快速增加到几十万人，人数本身成为选举竞争中的一种重要政治资源。在政党政治的竞争压力下，19世纪末期西欧产生了一种新的政党类型——群众型政党，又称群众党、大众党或大众型政党。这类政党宣称代表社会某一阶级或群体的利益，成员数量众多，社会基础更为稳固，其中最具代表性的是欧洲的社会党。它们通过积极吸收政党成员，一方面推进政党理念的社会化，发现并储备足够的后备人才；另一方面依赖于人力、党费等资源来维系政党的日常运转和竞选活动。

二战后，西方发达国家的经济社会状况发生巨大变化，推动群众型政党普遍向全方位型政党转型。全方位型政党的主要特征包括：一是减少对某一具体社会阶层的倚重，转而在全体社会成员中寻求更广泛的支持；二是保持与各种利益集团沟通的渠道；三是政党意识形态色彩大为减弱。③

20世纪70年代以来，西方民主国家的政党面临着新的严峻考验，一方面，经济全球化和债务上升等因素开始限制执政党的行动空间；另一方面，新社会运动和利益集团蓬勃发展，开始挑战政党作为民众意愿表达主体的地位。此时，政党之间的意识形态差距较以往已经明显缩小，政治的职业化和专业化水平越来越高。各政党之间逐

① 李路曲：《导致欧美政党权力结构变迁的因素及相关争论》，载《当代世界社会主义问题》，2006（3）：54~59。
② 徐锋：《当代西方政党组织形态变化述评》，载《欧洲研究》，2006（4）：100~110。
③ 转引自［英］韦农·波格丹诺主编：《布莱克维尔政治制度百科全书》（新修订版），邓正来主编译，82~83页，北京，中国政法大学出版社，2011。

渐有了妥协的意愿和可能，开始有意识地将选举竞争限制在一定范围和限度内，共同排斥新政党或政治力量的介入。这种政党，就是卡茨和梅尔所提出的卡特尔型政党（Kartel party）。它逐渐脱离公民社会而积极融入国家，成为事实上的准国家机构，共同变身为国家代理人，依靠大量的国家资源来维持政党的集体共存。在选举竞争时，政党之间已经不存在根本性的政策差别，出于共谋原因彼此竞争趋于缓和化、象征化，最重要的目标就是确保本党代言人顺利获得政府公职。①

近 30 年来，一些民主国家出现了一种新的政党类型——商业公司党或者说企业党。它主要包括两种形式："一种是建立在业已存在的商业公司的基础上，其结构被用来为政治计划服务；另一种是一个新的独立组织，特地为某项政治事业而建构起来。"②商业公司党带有很强的个人政治企图，经常是由民族主义者、民粹主义者或者极端右翼分子所创建，其唯一的基本职能就是在选举期间动员选民的短期支持。商业公司党主要是从私营部门获取资源，内部制度化水平很低，没有规范化的基层组织，带有很强的寡头化特征，甚至可以说政党权力归于创建者一人所有。这一类型的政党不仅在中南美洲和一些去殖民化的国家很普遍，近年来在发达民主国家里也屡见不鲜。③

三、政党制度的主要类型

政党制度（party system），又称政党体制或政党体系，是指各政党之间以及各政党与整个政治体系之间的相互关系。④它是在同一国家各政党之间长期互动的过程中形成的，是主要政党之间经常性竞争与合作的反映和体现。第一次系统地运用"政党制度"这一术语的是迪韦尔热，他认为："除了一党制国家外，每个国家都有几个政党共存：它们共存的形式和模式定义了特定国家的'政党体制'。"⑤后来，萨托利将政党制度界定为"政党与政党之间通过竞争而形成的互动体系（system of interactions）"。⑥

通常来说，一个国家的政党制度都比较稳定，发生变迁的情形相对比较少见。在政党制度的分类方法中，按照政党数目进行分类是最早、也是最被广为接受的一种方法。由于这里的政党制度是由政党之间相互作用所形成的，而非国家法律规定的结果。因此，单一政党的情形就不包含在政党制度的类型之中。当仅考虑政党数目而不考虑政党的相对规模时，各国的政党制度大致可区分为一党独大制、两党制、多党制三种主要类型。⑦

---

①　胡伟、孙伯强：《政党模式的理论建构：以西方为背景的考察》，载《马克思主义与现实》，2010（5）：75-81。

②　[美] 理查德·S. 卡茨、[美] 威廉·克罗蒂编：《政党政治研究指南》，吴辉译，汲惠忠校，471 页，南京，江苏人民出版社，2020。

③　Shane Martin, Thomas Saalfeld, Kaare W. Strøm, ed. The Oxford Handbook of Legislative Studies. New York, NY: Oxford University Press, 2014, 381.

④　迈克尔·罗斯金等：《政治科学》（第十版），227 页，北京，中国人民大学出版社，2011。

⑤　[美] 理查德·S. 卡茨、[美] 威廉·克罗蒂编：《政党政治研究指南》，吴辉译，汲惠忠校，98~99 页，南京，江苏人民出版社，2020。

⑥　[意] 萨托利：《政党与政党体制》，王明进译，69 页，北京，商务印书馆，2006。译文根据英文版有改动。

⑦　虽然一党独大制的提法已经考虑了政党的相对规模，但因其与一党制有本质不同，与多党制也有巨大差异，所以在政党制度类型中，这里予以单列。[英] 艾伦·韦尔：《政党与政党制度》，谢峰译，144~145 页，北京，北京大学出版社，2011。

（一）一党独大制

一党独大制指某一政党在选举投票中经常性胜出，能够单独控制政府、实现长期稳定执政的政党制度。与一党制相比，一党独大制的重要特点是允许反对党自由参加竞选，角逐政治职位。在一党独大制下，主要政党长期垄断执政权，面对的是分裂的反对派，其他政党即便组成选举联盟，也很难成为主要政党的真正竞争对手。这样一来，主要政党在选民中就被认同为国家的政党，在选举过程中没什么竞争压力，也不需要主动求新求变，就能很轻松地保持独大型政党的地位。[①] 比如说，从 1955 年至 1993 年，日本自民党虽然大多数时候的选举得票率低于 50%，但却一直把持执政地位，形成一党独大的态势。

（二）两党制

两党制指政治权力的交替只发生在两个大党之间，其他小党没有能力参与政治权力的组织与运行。小党不仅根本无法与两大政党相抗衡，还经常受到两大政党的排挤，甚至走向瓦解。雷伊（Douglas W. Rae）甚至对两大党给出了数量上的标准：两大党合计拥有议会 90% 以上的席位，其中无任何一党单独拥有 70% 以上的席位。[②] 一般来说，两党制被视为一种相对公平、比较负责任的温和政党体制，选民可以在两个可替换的政党中作出明确选择，防止某一政党无限期垄断政治权力。并且，两个主要政党都得积极争取中间选民阵营的投票支持，这就鼓励了相对温和的政治竞争。[③] 英美两国是两党制的典型代表，虽然这两个国家的主要政党在历史上曾经发生不少变化，但总体来看，选举竞争仍然主要发生在两个大党之间。

（三）多党制

多党制指议会里存在不少于三个政党，并且通常任一政党都很难取得过半数席位，这就使得组建联合政府成为常态。由于各政党代表的利益群体和政治主张不同，一旦联盟内部基于明显的意识形态差异而展开离心竞争，那么，这些联合政府将变得非常脆弱，造成政权频繁更迭，德国魏玛共和国、法国第四共和国都是多党制的典型例子。如果组成联盟的各政党之间意识形态距离相对较小，彼此之间展开的是向心竞争，那么，这样的联合政府会比较稳定，例如，斯堪的纳维亚半岛的国家。根据这两种互动情形的不同，萨托利对多党制进一步细分为极化多党制和温和多党制。温和多党制下的政党竞争类似于两党制，竞争机制是向心式的，各政党都在争夺中间选票；极化多党制的动力机制是离心式的，处于中间位置的政党和选民被拉向政党光谱的两侧。[④]

政党制度的不同类型，对所在国家政党的内部竞争形势和激烈程度有着不同的影

---

① ［英］艾伦·韦尔：《政党与政党制度》，谢峰译，146 页，北京，北京大学出版社，2011。
② Douglas Rae. The Political Consequences of Electoral Laws. New Haven: Yale University Press, 1971, 47~53.
③ ［英］韦农·波格丹诺主编：《布莱克维尔政治制度百科全书》（新修订版），邓正来主译，450 页，北京，中国政法大学出版社，2011。
④ ［美］理查德·S. 卡茨、威廉·克罗蒂编：《政党政治研究指南》，吴辉译，汲惠忠校，107~108 页，南京，江苏人民出版社，2020。

响。在一党独大制下，主要政党的执政地位非常稳固，相对于其他政党具有非常明显的选举优势。一方面，在主要政党长时间连续执政的情况下，很多选民的投票行为表现出明显的路径依赖倾向，这种投票惯性使得主要政党拥有了稳定的票源，可以比较轻松地获得过半数的选票；另一方面，即便主要政党不再能获得大多数的选票支持，它也可以利用选举制度形成的优势，获得大多数议会席位。[1] 因此，在一党独大制下，各政党之间的竞争非常有限，主要政党的生存环境相对宽松，社会上各利益团体的不同诉求只能寻求主要政党内部的各派系来代表，这样，党内竞争就部分地取代了党际竞争，其组织化程度和激烈程度反而会很高。

在两党制国家里，政党竞争更接近于零和博弈状态，也就是说，一党之所得就是另一党之所失。因此，两大党之间在竞选过程中缺乏合作的动力，都是一心追求本党选票收益的最大化。在第三党并非相关性政党[2]、无力影响两大党的竞选策略时，这种情况尤其明显。两个同等规模的政党都面临着不小的选举压力，为了保持党内团结以应对选举压力，必须将党内竞争的组织化程度限制在一定范围内。因此，两党制下的党内竞争比一党独大制更为温和。

在多党制国家里，各政党面临着严峻的竞争压力，尤其是一些小党，其生存压力更大。当然，政党并不是与其他所有政党开展竞争，而是与政党光谱上位置接近的其他政党争夺选民的投票支持。多个政党的格局提供了多种政治选择，有利于社会各利益集团寻求最适合的利益代表。这样，多党制下政党内部的利益主张相对就纯粹得多，也更为一致。此外，基于组建政治联盟的需要，政党内部必然需要有足够的向心力和团结度。因此，多党制下党内竞争的程度比较低，竞争后的派系弥合也更为迅速。

第二节　政党提名与政治竞选

一、提名与政党提名

从政治学意义上说，提名（nominate）是指享有提名权者按照法律规定，针对需经选举产生的各级立法机构席位或其他政府公职，在选举时从合格的登记选民中提出供选民投票的候选人名单。[3] 在各国政治运作中，不同职位的提名主体不尽相同。最主要的是政党提名，其他还有社会组织和公民提名等。本节主要关注的是政党提名。

政党提名是指政党提名政府公职候选人，包括各级立法机构的议员或代表、各级行政机构的负责人以及经选举产生的司法机构公职人员等。比如，美国民主党、共和党提名国会参众两院的议员候选人以及总统候选人，而在法官实行选举制的地方，两党也都推选本党的候选人。从宽泛意义上说，政党提名不仅包括政党提名政府公职候

---

[1]　选票并不一定能等比例地转换为议会的议席，关于选举中的比例性偏差，可以参考第八章第一节的相关论述。

[2]　萨托利认为，"一个政党的存在或出现时，将影响政党竞争的技术，尤其是改变了'执政取向'政党的竞争方向，使其向左转、向右转或同时左右转，由向心的竞争变成离心的竞争，都有资格称之为'相关性政党'"。[意]乔万尼·萨托利：《政党与政党制度》，雷飞龙译，150页，台北，韦伯文化事业出版社，2000。

[3]　李步云：《宪法比较研究》，668页，北京，法律出版社，1998。

选人，也包括政党内部各级代表大会的代表、各级组织机构领导人等的候选人提名。[①]
比如，英国保守党、工党对本党领袖候选人的提名。

政党提名的形式或者过程，在不同的国家和不同的政党发展阶段差异很大，既有党团会议决定，又有党员代表大会、群众大会或者党内选举确定，也有政党领袖指定或者派别领袖之间协商确定。米歇尔·加拉格尔（Michael Gallagher）按照各国政党挑选候选人的集中化程度，将政党提名方式分为七种类型：1. 政党选民，指有意参与某政党初选的选民，不论其党派归属如何，都有机会参与其中。这是一种极端方式，只有美国的一些州实行，在其他西方国家极为罕见；2. 利益团体影响，指一些利益团体与某政党关系密切，在政党提名过程中扮演着关键性角色。如意大利的基督教民主党、日本的民主社会主义党均是如此；3. 党内初选，指所有正式登记或交纳党费的正式党员参与党内公职候选人的提名过程。如英国的自由党和芬兰所有的政党；4. 选区干部投票，通常以选区委员会组织或党代表会议来选拔并决定该选区的政党提名人选，这是西方国家中最常见的方式；5. 全国性派系领袖决定，指政党正式组织架构之外的派系协商对于政党提名有决定性影响。如日本的自民党，党内派阀政治对党内提名有重大影响；6. 政党中央机构决定，指由全国性党部参酌选区党部或区域性党部的建议推荐名单来决定提名人选。这是西方国家次常见的方式；7. 党魁决定，指政党领袖一人拥有决定党内公职候选人提名的权力。这是政党挑选候选人的另一种极端形式，日本过去宗教色彩浓厚的公明党曾采用这种方式。[②]

二、政党提名与代议制民主

提名工作可以说是政党最重要的工作之一，也是各政党完成精英招募的主渠道之一。提名方式的变迁以及具体进程的操作，在一定程度上真实反映了各国政党党内民主的发展状况，同时也动态地反映了政党内部的权力结构。不论是谁或者哪个群体，只要控制了政党提名进程，就等于有权决定政党最终代表哪些利益。这是因为经遴选产生的候选人群体，在很大程度上将成为政党竞选乃至执政后的形象代表。以美国435 名众议员选举为例，大约只有60 位来自两党竞选非常激烈的选区，其他大多数选区的竞争毫无悬念，赢得民主党或共和党的党内初选，基本上就等同于赢得了该选区的竞选。[③] 英国的情况与之类似，在 2010 年大选的 650 个选区中，有 382 个选区是安全选区，所占比例接近六成。这些安全选区大多数都掌握在保守党和工党手中，两党议员候选人遴选的重要性由此进一步放大。[④] 在 2015 年、2017 年大选中，选区易手的数量分别仅为 111 个和 70 个。实际上，无论是政党的意识形态、政治纲领还是具体的政策主张，都主要由其提名的议员候选人呈现给公众。一旦竞选获胜，这些候选人将顺理成章地成为国家代议机构的成员，这直接关系到议会乃至政府的组成状态、行

① 刘红凛：《政党政治与政党规范》，170 页，上海，上海人民出版社，2010。
② 王业立：《比较选举制度》，147~151 页，台北，五南图书出版股份有限公司，2006。
③ 赵怡宁：《探访美国政党政治：美国两党精英访谈》，39 页，北京，中国人民大学出版社，2014。
④ 谢峰：《政治演进与制度变迁：英国政党与政党制度研究》，216~217 页，北京，北京大学出版社，2013。

为方式及政策导向。因此，对于代议制民主来说，政党提名具有非常重要的意义。具体而言，主要体现在以下三个方面：

第一，政党提名是现代选举政治的基础环节。与直接民主相比，代议制民主有"代表"作为中介，这就需要通过直接或间接选举的方式来落实。从整个选举过程来看，包括政治宣传、竞选演讲、选民投票等许多具体环节都是围绕着候选人来展开的，在选民投出选票之前必须有一定数量的候选人作为选择项，而政党内部的提名过程就成为"选择之前的选择"。正是借助于政党筛选出的正式候选人，普通选民最终的投票选举才成为可能。[①]

第二，政党提名是政治精英录用的关键环节。当今社会，政治精英录用的入口主要包括：政党、地方和州政府、政府行政机构和军队。[②] 其中，政党是最为重要的一个入口。组织议员候选人遴选活动，无疑有助于增强政党在社会上的影响力、吸引力，使其有机会广泛吸纳和凝聚有潜力的政治人才。对于有竞选意向的党员来说，通过提名考验后，自己的名字才有可能在最终的正式选票上出现，也才有可能被政党纳入高级精英人物的备选库，进而加快从党内积极分子到政治精英的转换过程。

第三，政党提名是选民诉求汇集的重要环节。不管政党是采取任命方式还是投票方式提名候选人，也不论提名方式的集中化程度和包容性程度如何，有意向的追逐者要想成为正式的候选人，都必须获得政党内部乃至党外一定数量支持者的强烈认可。而在选民给予各种认可支持的同时，潜在的候选人需要以相对明确的政策立场，回应这些选民的利益诉求，在最终成功当选议员乃至政务官员后，也需要认真考虑以政策输出的方式对这些诉求予以反馈。这样一来，提名环节就成为潜在候选人与选民之间进行非正式缔约的过程，选民用当下的"认同支持"换取政党候选人未来的"利益代表"承诺。

三、政党提名与政治竞选

政治代表是代议制政治的核心，政治代表观反映的是如何看待代议制情境下代表的角色和作用。在政党提名过程中，主要存在两种取向：一个是择优取向，另一个是镜像取向。择优取向倾向于选择从政条件相对好的人选，看重的是参与党内角逐的个体能力强不强、资源多不多。在这种提名取向下，有能力、有资源的人选被视作最好的公职候选人，他们所拥有的能力和资源成为其发挥代表作用的必要保证，他们的主观意见也被认为更能体现和维护被代表者的客观利益。与之相比，镜像取向反映了不同的政治代表观。这种政治代表观认为，以往的政治代表存在不容忽视的结构性缺陷，导致政治实践中一些弱势群体的利益长期被忽视，普通选民的利益诉求得不到政治阶层的理解和重视。因此，代表人选应该精确地反映社会的人口构成，而最好的代表人选势必要与选民群体保持足够的相似性。只有从属于同样的性别、种族及经济地位等弱势群体，这样的人选才会具有与特定选民更为相近的成长史、生活经验及社会认知，才会天然地具有与之相同的社会视角，这样才能更了解、更能维护相关群体的利益，

① 刘红凛：《政党政治与政党规范》，171~172，上海，上海人民出版社，2010。
② [美] 加布里埃尔·A. 阿尔蒙德、[美] 小 G. 宾厄姆·鲍威尔：《比较政治学——体系、过程和政策》，曹沛霖等译，130 页，北京，东方出版社，2007。

反映他们的意见。正是在这种政治代表观的影响下，很多国家的政党针对特定的弱势群体，推行配额制、竞选培训等配套举措。①

政党提名是政治竞选的前置环节，必然以服务于政治竞选为依归。政党提名方式的变化，是与政治竞选的形势相适应的，带有鲜明的民主化趋势和实用性色彩。一方面，随着选举权范围的逐步扩大和大众政治的兴起，主流政党在提名方式上出现了权力下移的总趋势，提名过程中的参与范围由最初的党内权势人物慢慢地扩大到如今的基层党员甚至是广大选民。比如，英国 1832 年议会改革后，保守党的中央机构基本上掌握在几位权势人物手中，由他们内部安排哪些人担任议员候选人。直到二战之前，保守党的议员候选人仍然需要强有力的私人关系和特定金主的竞选资金支持。不过，除了由党内上层人物指定的人员外，议员候选人产生方式开始出现新的情况：由政党的基层组织以较为民主的方式自行选出。二战之后，保守党对提名程序进行了多次较大幅度改革，逐渐形成了一套适合自身特点的、比较规范的议员候选人提名程序。2006 年至 2010 年间，保守党在提名过程中引入了初选。初选会议或者说开放初选，在组织的 100 多场开放预选中由参会公众代替党员大会对政党候选人作出最后决定。②另一方面，自政党政治形成以来，各国主要政党从实用主义的立场出发，在长时间里采取择优取向，着力于提名社会上的各界名流，借助这些人的高知名度和支持率来赢得大选。不过，随着近 30 多年来社会大环境的变化，大众民主意识不断增强，女性、少数族群等弱势群体的政治诉求愈发强烈，主要政党及时适应这一变化，在政党提名中有意识地推出一些更能体现镜像特征的制度举措，支持特定弱势群体的人选成为政党认可的议员候选人，以此向相应的选民"示好"，争取他们在大选中的选票支持。

从提名方式的调整时机看，各国主要政党的实用主义态度也是高度一致。当政治竞选态势良好时，政党往往选择沿用以往的提名做法；当连续遭遇大选失利或者长期在野时，政党从扩大选民基础的务实考虑出发，常常有意识地调整本党的提名方式，力求挽回大选的颓势。美国民主党在总统选举失败后，最常见的反应就是对内部提名程序进行修改，1968 年、1972 年、1980 年、1984 年和 1988 年选举失利后都曾对党内的提名程序作了修改。③英国政党近 40 年提名议员候选人的发展史同样佐证了这一点。自 1979 年败选后，英国工党进入了长达 18 年的在野期。为了走出困境，工党在20 世纪八九十年代持续改革议员候选人遴选程序，其中的一个重要方面就是增加议员候选人的代表性。与之相应，保守党在 20 世纪末 21 世纪初连续遭遇大选失败，其社会基础迅速萎缩，尤其是女性选民的支持率急剧下降，重新赢得女性选民的支持成为保守党的重要议题。戴维·卡梅伦继任保守党领袖后，2006 年一度想尝试引进全女性决选名单制，在遭遇党内强烈反对后推行了相对温和的改革举措，重点引入了"A 名单"

---

① 张君：《择优取向、代表功能与议员候选人遴选——以英国保守党和工党为例》，载《当代世界与社会主义》，2019（3）。

② Rhys Williams, Akash Paun. Party People: How do- and how should- British Political Parties Select Their Parliamentary Candidates?, London: Institute for Government, 2011, 21~22.

③ [美]迈特·格罗斯曼、[美]戴维·霍普金斯：《美国政党政治：非对称·极端化·不妥协》，苏淑民译，126~127 页，北京，当代世界出版社，2021。

制，以此来提高女性和少数族群的候选人数量，取得了不错的效果。[1]2009 年，日本自民党在众议院选举失利后，为应对选举竞争带来的压力以及社会舆论对世袭政治的批评，开始在开放选区强制推行公开招募议员候选人。招募公告发出后，无论是否是自民党党员，有意角逐候选人提名的人选都可按条件提出申请。[2]

政党提名既可以是自变量，也可以是因变量。一方面，各国的选举制度影响了政党提名的产生、演变及其所采取的策略。比如说，在实行单一选区制的情况下，政党根据各选区的胜选前景，往往提名 1 人或者是不提名；在实行复数选区制的情况下，政党不仅要提名多人而且还要对其进行排序。如果选举制度发生了重大改革，政党的提名很可能也会随之发生变化。1994 年，日本大幅改革了众议院议员的选举方式，由中选区制改为小选区与比例代表并行制，将全国划分为 300 个单名额选区，以简单多数决方式产生 300 名议员，同时将全国再划分为 11 个比例代表选区，按照政党得票比例产生其余 200 名议员。选举制度的这一改革影响了自民党的候选人提名方式。尤其是在小选区中，自民党内部各派系之间的平衡很难实现，反而加强了党内中央执行部门在提名中的话语权，同时对派系的影响力有所削弱。[3]

另一方面，政党提名会影响参选人的竞选策略。英国在整个 19 世纪有许多"口袋选区"，这些选区牢牢地装在有钱有势的头面人物口袋里。在这样的选区，要想成为议员候选人，就必须投靠党内的权势人物，靠政治庇护或者高价购买的方式来获得提名。待到提名权力不断下移后，有意竞选的人就必须主动迎合本党普通党员乃至广大选民的偏好，而无需过多考虑党内政治精英的看法。近半个世纪以来，美国两党总统候选人提名发生了根本改变，党内初选和党团会议在提名过程中发挥了核心作用。由于共和党总统候选人的提名竞争长期被意识形态冲突所主导，共和党选民更关心人选是否具有纯粹的保守主义意识形态。因此，自 1980 年以来，成功获得提名的共和党候选人更愿意强调自己捍卫保守原则和政策的决心，在意识形态上往往表现得比党内主要竞争对手更右倾。比较而言，民主党选民具有更明显的实用主义的倾向，并且更关心候选人当选的可能性。因此，民主党的提名竞争很少被自由主义意识形态的辩论所主导，成功获得提名的民主党总统候选人往往主动回应党内不同群体的具体诉求，证明自己可以被工会、少数族裔、女权主义者、环保主义者等主要群体所接受，同时还要让选民相信自己在大选中有更大的胜出可能。总统候选人提名中的党派不对称，同样体现在国会议员初选中，意识形态在共和党的议员候选人提名中扮演更重要的角色，社会群体成员身份在民主党的议员候选人提名中更重要。因此，在党内提名过程中，共和党的挑战者往往会在意识形态上比在任者表现得更右倾，而民主党的挑战者则通过强调自身的社会群体背景等方式来强化与本党选民之间的社会认同纽带。[4]此外，在单一选区，有意参加角逐的人选必须击败党内所有竞争对手才能获得提名；在

① 谢峰：《政治演进与制度变迁：英国政党与政党制度研究》，222~233 页，北京，北京大学出版社，2013。
② Nathan F. Batto, Chi Huang, Alexander C. Tan, Gary W. Cox, ed. Mixed-Member Electoral Systems in Constitutional Context: Taiwan, Japan and Beyond. Ann Arbor: University of Michigan Press, 2016, 157~158.
③ [日] 五十岚晓郎：《日本政治论》，殷国梁、高伟译，134 页，北京，北京大学出版社，2015。
④ [美] 迈特·格罗斯曼、[美] 戴维·霍普金斯：《美国政党政治：非对称·极端化·不妥协》，苏淑民译，252~299 页，北京，当代世界出版社，2021。

复数选区政党会提名多人，因此参加角逐的人选就不是击败所有对手，而是使自己在政党候选人提名名单中占据一个稳操胜券的位置。

第三节 议会党团与立法过程

政党是由众多的个体组成的群体，同时又超越这些个体而长期存在。不管在哪一个民主国家里，政党都在不同的领域和背景下开展活动，并且要适应这些领域和背景的多样化要求。这样一来，政党就同时面临着多种政治场合所提供的博弈机会和制约条件，由此，议会中的政党和政府中的政党呈现出不同的组织形态。在这一节中，我们主要讨论议会中的政党组织及其活动。

一、什么是议会党团？

议会党团（parliamentary party groups）是由议会中某一政党或政党联盟的成员所组成的集团。它是政党或政党联盟在议会中的最高领导机构，其目的在于在议会立法中协调成员的立场、形成统一的集体行动。这些成员往往从属于同一政党或者是由不同政党组成的政党联盟。议会党团是庞大复杂的政党组织的一部分，是政党影响或控制议会的组织形式。借助议会党团，政党能够有效地增强内部凝聚力，影响本党议员的投票行为，从而影响乃至控制议会的立法。

议会党团大致可分为三种类型：第一种是由属于同一政党的议员单独组成的议会党团，大多数政党在具有一定数量议员的情况下，都会采取这一组织形式，并以该党名称命名。第二种是由两个以上的政党的议员联合组成一个议会党团，通常以政党联盟的名称命名。比如说，在德国联邦议院选举中，基民盟、基社盟长期联合组成一个议会党团；1996 年欧洲议会选举中，不同国家的 105 个全国性政党共组成了 8 个跨国性议会党团。第三种是比较特殊的情形，有些国家的法律对议会党团的人数或者席位占比有明确的规定，比如德国规定联邦议院中拥有 5% 以上席位的政党可组建议会党团，那么，对于未达到法定要求的政党就不能组建本党的议会党团，其党内的议员就只能依附于其他政党的议会党团或者与其他政党的议员组成形式上的议会党团，以此获取基于议会党团地位而来的好处。[①] 比如，1992—1996 年捷克的一些议会党团除了谋求财政支持外，内部几乎没有其他共同点。[②]

议会党团通常被视为议会投票联盟，其领导人和后座议员之间类似于一种不稳定的代理关系，内部往往存在着一种等级结构和专业化分工。议会党团的领导人有着程序性、纪律性的权力以及不对称的信息优势，可以约束后座议员在立法过程中的行为，在特定问题上达成统一的政策立场，实现维持政党团结的目的。在议会党团内部往往还会存在一个中间层，这部分人员担任某一方面具体政策工作组的主席，便于党内的

① 赵磊：《西方国家政党与议会立法的运行机制分析》，载《创新》，2011（2）：29~32+126。
② Knut Heidar, Ruud Koole, ed. Parliamentary Party Groups in European Democracies: Political parties behind closed doors. London: Routledge, 2000, 181.

协调和控制，并且成为议会和政府中拥有议程权力的高级职位的重要人选来源。特别是在一些较大的议会党团中，中间层还包含了负责本党信息、协调和纪律的若干名党鞭。不少议会党团及其领导人有相当数量的工作人员，在这方面大多数的欧美议会党团都经历了显著扩张。2010 年，德国联邦议院的 5 个议会党团共雇用了 870 名工作人员，此外还有 4209 名工作人员被议员个人所雇佣。除了等级结构外，议会党团还具有突出的专业化特征，制定某类政策或者阻止某些倡议的议程权力就下放给了专门的政策委员会专家们。比如，美国国会的议会党团就以各类政策委员会和工作组为基础，并且给予其一定的政策自由裁量权。[①]

议会党团是在议会政治和普选的双重背景下产生的，已成为民主政治正常运作不可或缺的重要组成部分。议会党团的普遍存在，时常会让人忽略"它为什么会存在"这样的问题。然而，这一基础性问题并非是不言自明的，其令人困惑之处在于，为什么平等的议员们会加入有等级结构的议会党团？换句话说，为什么拥有平等投票权的议员们甘愿放弃立法过程中的自主权？对此，学界主要存在两种解释路径：一种在方法论上是整体主义的，从系统层面或者说功能上解释议会党团为什么存在；另一种在方法论上是个人主义的，试图从议员的自身利益和偏好出发来寻求合理的解释。从整体主义的角度看，议会党团的存在是民主政治顺利运作所必需的，政党借助于这一组织形式，能够切实地保证本党的内聚力，在立法过程中充分体现本党的政策意志；与此同时，选民可以将议员的立法投票行为与其所属政党的纲领、选举承诺等互相印证，由此倒逼政党构建一种负责、透明的健康形象。从个人主义的角度看，议员加入议会党团，可以充分利用可识别的政党标签带来的有利影响，在日后选举中获得更好的竞选结果；议会党团也能够为议员争取更多的政治历练机会，如进入立法机构的小组委员会并担任重要职务等，有助于议员在党内外都有更好的政治发展前景。[②]

二、议会党团的功能和组织模式

历史地看，议会中的政党或者说议会党团是适应议会中集体行动的实际需要而产生的，在时间上往往要早于政党的其他组成部分。在民主政治框架内，议会党团的主要活动包括参与议长提名、内阁人选的审议、议会活动程序的安排、各专门委员会的组成以及各项法案的提出、审议、协商和表决等。在这些活动中，议会党团的主要功能是控制议员投票，防止其出现分裂投票和跨党投票行为。从积极的角度看，议会党团对议员投票行为的控制，是建立在了解党团内部议员动态的基础上，通过协调议员们的立场和行动，使本党的议员们凝聚成一个整体，达到在议会立法及相关活动中贯彻政党纲领、路线和政策的目的，从而更好地维护本党或本联盟的利益。[③] 从消极的角度看，议会党团的这种控制是进行党争倾轧、实现分赃政治的有力工具，历史上曾

① Shane Martin, Thomas Saalfeld, Kaare W. Strøm, ed. The Oxford Handbook of Legislative Studies. New York, NY: Oxford University Press, 2014, 374~376.
② Shane Martin, Thomas Saalfeld, Kaare W. Strøm, ed. The Oxford Handbook of Legislative Studies. New York, NY: Oxford University Press, 2014, 380~382.
③ 孙双琴：《西方国家的议会党团及其活动》，载《人大研究》，2002（12）：37~38。

经长期备受诟病。

21 世纪以来，欧美国家的议会党团在功能上出现了显著变化，总体上进一步走向细化和深化。议会党团在功能上的新拓展，集中体现在议员管理、院内协商和政治训练等三个方面，对提高议会的运作效率发挥着积极作用。一是议会党团事实上承担了议会内相当比例的议员管理和会议组织工作。现代议会在结构和功能上日益复杂，其成文的制度安排和议事规则很难覆盖到议会活动的方方面面。这样一来，大量的议程设定工作就不得不通过非正式的组织渠道来完成。比如说，在对议会正式议程的辅助性组织和协调方面，确定全体会议辩论发言的顺序安排、挑选辩论题目等都需要议会党团的组织工作介入其中，发挥一种必要的补充作用。议会党团在促进议会有效组织和运作过程中，获得了更多的资源分配权。这些资源，既包括一般意义上的津贴等物质资源和议员助理等人力资源，还包括议会拥有的决策信息资源和媒体资源。尤其是在各类媒体与议会接触越来越频繁的情况下，获得更多的曝光率势必有助于提高议员竞选连任的可能性。二是议会党团的组织工作是议会协商的一种重要形式。议会投票前的内部协商，是近几十年来欧美国家议会党团的发展潮流。借助于党团中的一系列正式和非正式的各类组织，议员们可以通过多种渠道在议会党团内部开展议题讨论和协商。在讨论和协商过程中，议会党团允许议员们存在有限的分歧，允许甚至鼓励通过内部协商渠道加以解决，这样议员的意见就能够在一定程度上对政党的政策产生实质性影响。三是议会党团承担着政治训练和选拔的任务。议员在议会中工作，需要具备演讲能力、了解法律政策、熟悉各种成文和不成文的规则惯例。这其中，大多数的议会规则尤其是涉及立法与行政之间关系的规则，都是以不成文的惯例形式存在的，政党是这些惯例的主要使用者。议员在议会中所受的政治训练，很多都是通过党鞭、本党同事以及党内会议等渠道进行的。在议员的选拔和晋升上，议会党团也能发挥一定的作用。尤其是在议会制下，议会党团的党鞭会详细记录议员的发言、投票以及在委员会的工作情况，这些都会成为面向议员的党内晋升和职务任用时的重要依据。[1]

在组织模式上，各国议会党团比较常用的方式是党鞭控制和党纪约束。党鞭(whip)最初是狩猎场用语，18 世纪时首次被用于英国的议会政治中。[2] 党鞭制度源起于 19世纪初的英国，它是适应议会党派斗争的需要、着眼于加强政党自身的管理和党纪而产生的。在议会内，党鞭代表政党领袖，主管政党纪律，负责督促本党议员出席并按本党立场行事。它既可以是一个人，也可以是多个人。在议会的日常运作中，党鞭主要发挥着议会事务管理、意见沟通、说服和督导议员等三重作用。议会事务管理是党鞭存在的最初原因，它涉及协助规划议会的议事日程并通知本党议员、为议员表决提供信息和指导，以及本党议员的请假管理等事务。在意见沟通方面，党鞭是议员和政党领袖之间的沟通桥梁，既需要将政党领袖的规划告知议员，也需要将议员的意见建议转达给政党领袖。比较而言，说服和督导议员是党鞭最主要的工作。在议案表决前，

① 严行健：《功能拓展与党内协商：欧美政党议会党团的新特征》，载《当代世界与社会主义》，2018（3）：128~135。
② [英] 韦农·波格丹诺、邓正来主编：《布莱克维尔政治制度百科全书》，689 页，北京，中国政法大学出版社，2011。

党鞭有责任充分了解本党议员的意见情况，并且有必要采取情理结合、恩威并施的多种方式来规劝议员们接受本党的政策立场。[①]

除了党鞭控制和党纪约束外，议会党团还通过探索新的组织模式来满足议员的多元化需求。近年来，议会党团建立了各种形式的组织化协商机制。协商过程中，对具体政策或政策路线持不同意见的议员可以在议会党团会议上提出，政党的领导人也会视议员们的意见情况来决定是否调整具体政策或政策路线。组织化协商机制的具体制度安排，与各国立法—行政关系、选举制度等密切相关。比较而言，议会制下的不信任投票机制会迫使议员们围绕本党的组织开展活动，规避政府解体和重新选举的风险。总统制下议会和行政分支按照宪法规定独立产生、独立存续，分权改变了政党在所有重要问题上的行为取向，信任投票机制的缺失也限制了政党对议员的控制能力，这就造成了议会党团更难团结一致。[②] 因此，总的来说，在以英国为代表的议会制下，议会党团中起决定作用的是具有震慑力的党纪约束和惩罚，贯穿在日常运作中的是议员之间的非正式协商互动；在以美国为代表的总统制下，议会党团内部的协商机制往往是以一种正式制度而存在，党纪约束和惩罚仅作为非正式制度起辅助性作用。[③]

三、议会党团对立法过程的影响

在西方国家里，立法机关的机构设置和日常运作长期受到选举制度、政党体系、议会规模等多重因素的交叠影响。比如说，立法机关内设委员会的发展就深受政党力量的影响。如果政党能够在很大程度上掌控着议员的职业生涯，这种情况下议会就会呈现出权力集中的特征，由此很难发展出强大的内设委员会体系。美国国会的历史证据就表明，强大政党是强大委员会的替代物。如果强大委员会与强大政党共存时，委员会就只是议会中的多数党或者多党联盟的代理人。[④]20 世纪 70 年代中期，美国国会的改革举措削弱了委员会主席在议程设定和政策制定方面的权力，政党特别是多数党领袖在立法中的作用明显增强，国会由委员会中心的运作模式过渡为政党中心的运作模式。[⑤] 政党力量对议会的影响，很大程度上是通过议会党团的活动实现的。围绕立法卡特尔（legislative cartels）的相关研究就强调了议会中多数党对议程的把关权力。在这一理论看来，如果选举投票后形成了多数政府，那么议会中的多数党就发挥着立法卡特尔的作用，拥有了实质性的议程设置权。不管什么样的提案，要想进入议会全体会议的讨论环节，都需要得到立法卡特尔的认可。因此，在议会中存在多数党或政党联盟的情况下，法律政策的改变必须取得该党或该联盟议会党团中大多数成员的支持。比较而言，议会制国家的多数党牢牢掌握着议程的把关权，而在总统制国家里，

① 朱孟光：《西方议会党鞭制度探析——基于英、美、加三国的考察》，载《当代世界与社会主义》，2015（1）：88~95。
② ［美］大卫·J. 塞缪尔斯、［美］马修·S. 舒格特：《总统、政党与首相：分权如何影响政党的组织和行为》，杨潇译，13~17 页，北京，社会科学文献出版社，2016。
③ 严行健：《功能拓展与党内协商：欧美政党议会党团的新特征》，载《当代世界与社会主义》，2018（3）：128~135。
④ Jennifer Gandhi, Rubén Ruiz-Rufino. Routledge Handbook of Comparative Political Institutions. New York, NY: Routledge, 2015, 149.
⑤ 张业亮：《"极化"的美国政治：神话还是现实？》，载《美国研究》，2008（3）：7~31。

即便是占议会多数席位的政党联盟中一些政党的多数成员没有给予投票支持，有些法案仍然能够获得通过。①

立法僵局是立法过程中的一种非常态情况，是指议会的重要提案无法获得通过。在议会制下，政府的成立和存续完全依赖于议会的信任。如果一项重要提案得不到议会多数支持，那么政府首脑就可能会发起信任投票，将议会对该提案的表决视同于对政府的信任案表决。在这种情况下，一旦提案得不到议会多数支持，那么，议员们就会面临着政府总辞职或者议会被解散的严重结果。从这一角度说，这是议会制下打破立法僵局的途径之一。与议会制相比，总统制国家由于立法权和行政权之间的分立制衡，更容易产生立法僵局。琼斯认为，立法僵局是政党极化和政党席位分布两种因素叠加作用的结果。聚焦政党极化，主要观察在立法投票中一个政党集体性地反对另一个政党的情况。自 1990 年以来，美国超过半数的国会投票都是一个政党的多数反对另一个政党的多数。聚焦政党席位分布，主要是看政党控制的席位数是否达到了防止否决或者防止其他政党有意阻挠议事的多数席位。② 比如，美国法律规定，国会参众两院能够以至少 2/3 的多数票重新通过总统否决过的议案。因此，如果同一政党或政党联盟同时掌握了参众两院的 2/3 以上的席位，那么，它就有能力避免立法僵局的产生。

在立法过程中，议会党团对于议员的投票能够施加显著的影响，可以综合运用威胁、贿赂或者诱骗等手段来保持其党团成员的一致性，持有异议的议员可能轻则面临丢掉额外津贴、被剥夺参加议会代表团的出访资格的风险，重则会失去政治晋升、连选连任的机会以及开除党籍等处罚措施。③ 当然，这也要视议案的重要程度而定。对于一般性议案，议会党团往往只要求本党议员在发言和表决时注意维护本党的利益即可，对投票行为没有具体的统一指示。对于重要议案，则会要求议员在发言和表决时要服从本党的最终决定，不允许违背本党的统一意志。一旦议员没有遵从，他可能会受到不同程度的党纪处罚，情况严重时该议员在下次议会选举时就不再有机会获得政党提名，甚至会被政党开除。

第四节　政党竞争与政治极化

近年来，西方社会在经济全球化、移民与难民、族群差异等问题上的分歧程度不断加深，群体层面的身份意识和对立情绪显著增强，竞争型政治所内含的政治弊病逐步凸显出来。在西方国家，政治极化（political polarization）成为一个颇受关注的高频词汇，也是各国政治普遍面临的一个严峻挑战。④ 政治极化现象的形成及走势，既受到所在国家政党竞争的一定影响，也在很大程度上制约着主流政党的竞选策略和组织行为。

---

① Jennifer Gandhi, Rubén Ruiz-Rufino. Routledge Handbook of Comparative Political Institutions. New York, NY: Routledge, 2015, 153~154.

② David R. Jones. Party Polarization and Legislation Gridlock. Political Research Quarterly, 2001, 54(1): 125~141.

③ [英] 比尔·考克瑟、[英] 林顿·罗宾斯、[英] 罗伯特·里奇：《当代英国政治》（第四版），孔新峰、蒋鲲译，204 页，北京，北京大学出版社，2009。

④ 刘擎：《西方社会的政治极化及其对自由民主制的挑战》，载许纪霖、刘擎主编：《知识分子论丛》，9-25 页，南京，江苏人民出版社，2018。

一、什么是政治极化？

在日常生活中，极化通常是与分歧相联的，它首先意味着相互之间存在较为严重的分歧和差异，同时也暗含着各自内部具有较高的同质性。极化程度代表着分歧的严重程度。有学者对 2000—2012 年期间美国中期选举和大选年的新闻媒体报道进行了研究，认为极化一词在媒体报道上越来越常见，从每年的几十篇报道显著增加到几百篇；与此同时，随着时间的推移，极化一词成为党派政治分歧的同义语，到 2012 年近乎 80% 的报道使用极化时涉及政治。[①]

政治极化是社会极化现象在政治领域的集中反映和体现。对于政治极化的范围，学界争议较大。首先，政治极化是局限于政治精英，还是遍及大众？多数学者认为，政治极化主要存在于精英领域。以美国为例，政治极化主要表现在民主党、共和党议员在国会中的分歧、对立和歧视。而美国民众则比较温和，能够包容不同的观点和立场，远非极化的、无条件的、对立的。也有学者认为，政治极化不仅有精英极化，而且有大众极化，即民意和公众态度的分歧甚至极端化过程。[②] 其次，政治极化仅仅表现在特定议题上，还是一种普遍存在的政治现象？多数学者认为，政治极化是当今西方国家广泛存在的一种政治现象。在此，我们对政治极化采取较为宽泛的定义，只要在社会主要群体中广泛存在着意识形态对立或者党派界线清晰，就可以视为政治极化。它既体现为因政党之间严重对立而引发的政治僵局、政策震荡，也体现出因严重社会分歧所造成的民粹泛滥、局势动荡。

政治极化在美国有着突出的表现，尤其是近 20 年来，政治极化成为美国政治中最显著的变化之一。这既体现在政治精英层面的对立，充斥在美国联邦机构、州政府等政治运行各领域各层面，特别是国会党派投票行为的显著增加，也体现在选民和媒体层面意识形态偏好越来越清晰、政党认同越来越强烈上。[③] 当然，政治极化并非新现象，美国历史上至少出现过四次比较严重的政治极化时期。第一次是 19 世纪 60 年代美国内战时期，南北双方在废奴还是蓄奴问题上存在严重对立，由于无法在既有政治框架内解决而走向了内战。第二次是 19 世纪末 20 世纪初，美国处于由农业经济向工业经济的转型时期，围绕政府在工业化和城市化进程中的作用，不同地域的利益阶层之间产生明显分歧，形成了不同的政治阵营和选举联盟。第三次是"新政"时期，1929 年爆发的经济危机对当时的两党政治产生巨大冲击，两党围绕"新政"和政府在经济中的作用展开激烈争斗，除了明显的政策分歧外，国会党派投票显著增加，两党选民沿着阶级画线变得明显。[④] 第四次以 2016 年特朗普当选为标志，政治极化危机凸显。经过特朗普的四年执政叠加新冠疫情，美国的政治极化愈演愈烈。统计显示，共和党选民在"支持'黑人的命也是命'运动的观点""保留总统选举人团制度"，以

---

①   Matthew Levendusky, Neil Malhotra. Does Media Coverage of Partisan Polarization Affect Political Attitudes? Political Communication, 2016, 33(2): 283~301.

②   孙存良：《选举民主与美国政治极化研究》，3 页，北京，世界知识出版社，2020。

③   节大磊：《美国的政治极化与美国民主》，载《美国研究》，2016（2）：61~74。

④   张业亮：《"极化"的美国政治：神话还是现实？》，载《美国研究》，2008（3）：7~31。

及"赞成特朗普对于'弗洛伊德之死'的抗议活动的处理手段"等不同政治议题的支持率为13.7%、84.2%与89.7%；而民主党选民的支持率则分别为93.7%、10.2%以及4.7%。[①] 这显示，立场较为温和的中间选民已大量"退场"，选民政治立场的极化程度进一步加剧。

二、政治极化对政党竞选策略的影响

近年来，政治极化现象不仅在美国政治中愈发加剧，在其他西方国家中也呈蔓延之势，社会撕裂和群体间对立日益常见。

政治极化现象对政党竞选策略造成了重要影响，成为选举极化竞争的诱因和催化剂。

第一，竞选策略焦点。在公众层面极化影响下，各种政治力量认识到极端化的选民成为选战的决定因素，往往通过政党认同、强化身份、设置议题等方式，主动对选民采取切割和分化策略，争取本党基本盘和铁杆支持者的最大支持，以此谋求在选举竞争中胜出，或者赢得与选民基础不成比例的选举影响。比如，2000年美国大选时，小布什在共和党内部都不看好的情况下，采取竞选顾问卡尔·罗夫提出的极化战略，将美国选民切割为"红色美国"和"蓝色美国"，通过积极争取共和党基本盘和草根选民的选票，最终赢得了总统大选。[②] 除了目标群体外，美国两党竞选策略的聚焦点还与公众中长期存在的矛盾现象有关。近50多年来，美国大部分选民总体倾向于在大多数单个政治议题上支持自由主义立场，同时在国家总体规模上持保守观点，这种长期存在的矛盾现象强化了两党的不对称竞争。在两党竞选过程中，共和党主要是基于有限政府的宏大主题和传统的美国价值观来强化其对党内外选民的吸引力，民主党则通过倡导为选区和其他选民提供具有实实在在利益的具体政策来赢得支持。[③]

第二，议题设置。将哪些议题列为选举中的重要议题，对于竞选而言至关重要。在政治极化的背景下，政党和候选人往往通过策划有争议、抓眼球的议题，提出激进的观点，塑造与众不同的形象，让选民"归队"。一般而言，激进、极端的观点比中立的观点更明确，也更容易吸引那些对选举关注度不高、政治知识不丰富的选民。近年来，种族问题、移民问题、同性恋权利问题引发的争议越来越严重，这为政客操纵这些敏感议题提供了土壤。[④] 在比例代表制之下，由于当选门槛低，使得政党和候选人有更大的动机操纵这些敏感议题，因为他们只要通过这些议题吸引很小的一部分选民就可能达到当选的门槛。

第三，媒体宣传报道。在西方，大众媒体已经渗透到政治生活的方方面面，并且

① 王格非：《政治极化与政治冲突的"变质"：当前美国政治困境及原因》，载《美国研究》，2022（3）：72~91。

② 孙存良：《选举民主与美国政治极化研究》，172~173页，北京，世界知识出版社，2020。

③ [美] 迈特·格罗斯曼、戴维·霍普金斯：《美国政党政治：非对称·极端化·不妥协》，苏淑民译，65页，北京，当代世界出版社，2021。

④ 孙存良：《选举民主与美国政治极化研究》，185页，北京，世界知识出版社，2020。

越来越成为政党及其候选人宣传政策主张、动员选民的主阵地。在公众极化背景下，政党和候选人操纵立场鲜明的媒体相互攻击、抹黑，通过制造新闻、放大丑闻的方式来误导选民，促使选战陷入"选丑困境"。2016 年，希拉里和特朗普在大选中借助揭短揭丑来攻击对手，频频传出的丑闻和负面新闻不断挑战着选民的心理底线，也加剧着选民内部的撕裂程度。在网络时代，大众媒体的低门槛、便捷性、虚拟性为政治极化提供了沃土。在这里，越是极端偏激的言论，越容易引起关注和传播；同时，通过信息的精准投放，同质化信息所形成的"信息茧房"效应，可以有效巩固选民群体。因此，在信息时代，政党和候选人越来越愿意借助新技术，精准"操纵"特定的极化选民群体，将其纳入自己的阵营。这一点在美国 2016 年大选中表现得淋漓尽致。

三、政治极化、政党竞争与政治运作

政党是选举政治不断发展的产物。在选举过程中，政党通过对选民诉求的聚合和代表来尽可能多地争取选民手中的选票，以此达到赢得执政权的目的。选举政治内在地包含着冲突因素，这种冲突被西方主流政治理念认为是正常的，有意的，政党之间的竞争也是必需的。这一点在美国政治的制度结构、政治实践以及其背后的思想传统中都可以找到印证。不过，在共同价值和社群归属感遭到削弱的情况下，内生性的冲突确实有极大的可能演化为派系恶斗或者政治极化。[①]

政治极化是当前西方国家尤其是美国政治的一个显著特征，与以往相比，民主党、共和党党员之间的相似性确实减少了。[②] 芭芭拉·辛克莱注意到，美国国会的民主党、共和党似乎被分为两大对立阵营，双方在公共政策上持有非常不同甚至直接对立的观点。[③] 政党极化意味着政党之间的分界线更加明晰，党员的议题立场与本党保持高度一致，党派间的敌意大幅增加，已经明显地影响了日常的政治运作。据统计，在过去的 50 年中，美国参众两院政党一致性投票的比例一直呈上升趋势。以参议院为例，民主党一致性投票的最低点是 1968 年，只有 51%。但是，在 2013 年，达到最高点 94%；共和党一致性投票的最低点是 1970 年，只有 56%。但是，在 2017 年，达到最高点 97%。[④] 在克林顿和布什时期，美国的政党极化程度不断上升，参众两院的议员经常沿着党派立场进行投票，很少有跨越党派界线的投票行为。[⑤] 奥巴马政府极力推行的医改法案就曾受到种种阻挠，经过一年多的努力后于 2010 年获得国会通过。这之后，参众两院的共和党议员多次试图废除该法案，仅表决就进行了几十次。2018 年美国最高法院大法官人选布雷特·卡瓦诺的任命过程，也是观察两党政治极化的有趣案例。当年 9 月 28 日，美国参议院司法委员会就最高法院大法官人选布雷特·卡瓦诺的提名进行了

①　段德敏：《重思美国政治中的冲突与"极化"》，载《学术月刊》，2021（1）：93~102。

②　Fiorina, Morris. Unstable Majorities: Polarization, Party Sorting, and Political Stalemate. Stanford, CA: Hoover Institution Press, 2017.

③　Sinclair, Barbara. Party Wars: Polarization and the Politics of National Policy Making, Norman. Oklahoma: University of Oklahoma Press, 2006, 3.

④　Roger H. Davidson, Walter J. Oleszek, Frances E. Lee. Congress and Its Members (17th edition). Washington: CQ Press, 2019, 274.

⑤　Claude S. Fischer, Greggor Mattson. Is America Fragmenting. Annual Review of Sociology, 2009, 35(1): 435~455

表决，以 11 票赞成、10 票反对获得通过。这其中，所有共和党议员都投了赞成票，所有民主党议员都投了反对票。10 月 6 日，在随后的参议院全体表决中，投票基本上遵循了政党路线，两党中各有 1 人没有坚持党派划分立场。当时共和党在参议院中以 51 席对 49 席占多数，最终以 50 票赞成、48 票反对的结果通过了总统特朗普提名卡瓦诺担任最高法院大法官的任命。对此，有学者尝试用部落主义（Tribalism）解释当下的美国政治，认为两党的行为方式像有着血仇的部落似的，几乎一切事务都被政治化。[①]

2019—2020 年特朗普弹劾案中两党议员的投票同样反映了政党间的激烈冲突，两党对立的趋向更加明显。针对特朗普"滥用职权"的指控，众议院中 190 名共和党人全部投出反对票，民主党 231 人中仅 2 人反对、1 人弃权，其余全部赞成；针对"妨碍国会"的指控，共和党全部反对，民主党中有 3 人反对、1 人弃权。在参议院投票中，45 名民主党参议员和 2 名无党籍参议员确认有罪，52 名共和党参议员支持无罪，唯一在第一项指控中认为特朗普有罪的共和党参议员罗姆尼则承受了较大的政治压力。[②]

在政党的极化条件下，党派投票不仅影响了立法输出（参见第 5 章第 3 节），而且影响了西方国家的政治运作和政策过程。众所周知，西方国家的政治传统对权力有着一种深深的不信任感，政治制度的设计往往强调权力的分立和制衡。这种分立制衡设计隐含着一种危险：它可能异化为否决政体。泽比利斯认为，无论何种政治体制，某种程度上都可能存在许多个体或集体性的否决者。他将否决者概分为机构性的和党派性的两大类。[③] 如果这些否决者仅仅从自身利益出发行使否决权，那么，政治体制就很难作出有效的决策，政治运作将陷入空转的僵局状态。在极化背景下，政党之间的过度竞争很容易走向否决政治，各政党通过宪法创造的制度空间来阻挠正常的政治运作，造成政治运作趋于恶化乃至瘫痪。以美国为例，就立法机构的运作来讲，马修·赛义德认为，美国的政治极化达到了百年来的最高点，尖锐的党派矛盾导致国会无法通过所有人都明知是符合国家利益的立法。[④] 就行政机构的运作而言，在三权分立的制度安排下，联邦政府预算是由国会进行审议和通过，是立法权制衡行政权的一种重要方式。这种制衡在极化政治中容易沦为党争利器，在分立政府的情况下经常使联邦政府陷入关门停摆的僵局。

与此同时，政党间的过度竞争也会造成公共政策预期的不确定性，引发不同程度的政策震荡现象。尤其是在政治极化情况下，公共政策的制定过程极容易陷入政党间的意识形态之争，各党派过多地考虑自身的政治立场而非政策产出的预期效益。一旦选举后执政党发生变化，公共政策制定的倾向和重点都会发生明显的变化，上一届政府的政策甚至可能被推翻。特朗普上台后，先是用行政权力叫停了奥巴马医改法案，随后不到 4 个月就推动众议院以通过新法的形式废除和替代了该法案。与之类似，拜

① 段德敏：《重思美国政治中的冲突与"极化"》，载《学术月刊》，2021（1）：93~102。
② 陈琪、罗天宇：《美国政治的极化之势》，载《人民论坛》，2020（17）：120~123。
③ George Tsebelis. Veto Players: How Political Institutions Work. Princeton, N.J.: Princeton University Press, 2002, 117~121.
④ 《战争让西方看清自身的衰败》，载《参考消息》，2022-03-08。

登在就职典礼后的几小时内就签署了 17 项行政命令、备忘录和公告，迅速废除了特朗普政府的多项政策。如此翻手为云覆手为雨，不可避免地会造成人为的政策震荡。

<h1 style="text-align:center">思 考 题</h1>

1. 什么是政党？按照组织形态，可分为哪几种类型？
2. 政党制度主要有哪几种类型？
3. 议会党团有什么样的功能和组织模式？
4. 政治极化指什么？它与政党竞争有何关联？

进一步阅读指南：

- [美] 理查德·S.卡茨、[美] 威廉·克罗蒂编：《政党政治研究指南》，吴辉译，汲惠忠校，南京，江苏人民出版社，2020。
- [美] 乔万尼·萨托利：《政党与政党体制》，王明进译，北京，商务印书馆，2006。
- [英] 艾伦·韦尔：《政党与政党制度》，谢峰译，北京，北京大学出版社，2011。
- [美] 大卫·J.塞缪尔斯、[美] 马修·S.舒格特：《总统、政党与首相：分权如何影响政党的组织和行为》，杨潇译，北京，社会科学文献出版社，2016。
- [美] 迈特·格罗斯曼、[美] 戴维·霍普金斯：《美国政党政治：非对称·极端化·不妥协》，苏淑民译，北京，当代世界出版社，2021。
- [美] 拉里·戴蒙德、[美] 理查德·冈瑟主编：《政党与民主》，徐琳译，上海，上海人民出版社，2017。
- George Tsebelis. Veto Players: How Political Institutions Work. Princeton, N.J.: Princeton University Press, 2002.
- Richard Gunther, et al, ed. Political Parties: Old Concepts and New Challenges. Oxford: OUP, 2002.

CHAPTER 8

第八章

比较选举制度

本章重点：

➤ 按照选举公式，选举制度可以划分为三种类型：多数决制、比例代表制和混合选举制。三种类型的选举制度各有利弊，任何一个国家在选择选举制度时都必须充分考虑各自的优缺点。

➤ 选举制度会影响政治精英和选民的策略选择，并进而影响政党制度的类型。

➤ 选民在投票时，并不总是会将选票投给自己最偏爱的政党或候选人。很多时候，他们会采取策略投票或分裂投票等形式，以期获得更佳效果。

➤ 法国政治学家迪韦尔热认为，不同的选举制度对政党体系有重大影响，多数决制倾向于产生两党制，而比例代表制倾向于产生多党制。

➤ 选举活动的组织与管理是选举的关键环节，选举管理机构和选举观察是保障选举质量的两个重要机制。

　　选举制度是一项基础性的政治制度。前面在讨论总统制和议会内阁制的优劣时，舒加特就认为民主制度的崩溃应该到选举制度中寻找原因。萨托利在其《比较宪政工程》一书中，开篇讨论的就是选举制度，在此基础上比较三种行政制度，考察立法—行政关系。① 选举制度的重要性不仅表现在它会直接影响政党体系，而且表现在它还可能会产生其他的相关后果，例如影响选民参与、执政联盟的形成、公民偏好与政策制定者偏好之间的匹配、政府稳定等。②

　　选举虽然起源甚早，但现代意义上的、作为代议制民主之有机组成部分的选举，其历史不过两个世纪，关于选举的系统研究也是非常

---

① Giovanni Sartori. Comparative Constitutional Engineering: An Inquiry into Structures, Incentives and Outcomes. London: Macmillan, 1994.

② Jennifer Gandhi, Rubén Ruiz-Rufino, ed. Routledge Handbook of Comparative Political Institutions. New York, NY: Routledge, 2015, 123.

晚近的事情。在 1930—1950 年代，选举研究主要是规范性的，其议题集中在三个问题上：选举制度对政党数量的影响、选举制度对选票转换为议席的影响、选举制度对政党竞争的意识形态结构的影响。1969 年，道格拉斯·雷伊出版了《选举法的政治后果》，该书标志着现代意义上的比较选举制度研究的诞生。这一研究路径在 1994 年出版的《选举制度与政党制度》中达到一个高潮，在该书中利普哈特运用跨国数据，对 27 个国家选举规则的变化及其影响进行了分析，并提出了颇有影响的选举规则分类。[①]

"选举制度是一种向候选人和政党分配公职，把选票转换成席位的方法"。[②] 从表面上看，选举制度所引起的问题仅仅是技术性的；实际上，选举要解决的是统治的合法性问题。通过投票而不是武力实现权力的转移，这是现代政治的巨大进步。但不可否认的是，选举确实存在一系列技术上的问题。而且，在民主的各种技术中，选举的技术是最为重要的技术，它对于民主的运作具有决定性的影响。[③] 本章分为四节，第一节讨论不同类型的投票规则；第二节讨论政党的竞选活动，以及选民的行为；第三节讨论选举制度对政党制度的影响；第四节讨论选举管理。

第一节　选举规则：类型及影响

世界各国的选举制度可谓五花八门，对其进行分类是一件很困难的事情，不同的学者提出了不同的分类标准。目前最常用的一种分类标准是观察选票转换为议席的机制。其中，有三个因素非常重要：一是选举公式（electoral formula），即按照少数服从多数的原则来分配议席，还是按照得票比例来分配议席？二是选区规模（district magnitude，简称 M），即每个选区所分配的议席数量。如果一个选区只有一个议席，就称之为"单一选区"（M=1）；如果一个选区有多个议席，就称之为"复数选区"（M>1）。三是选票结构（ballot structure），即选民是直接将选票投给某个候选人（如美国）或政党（如巴西），还是将选票投给所有候选人，并对他们进行偏好排序（如爱尔兰和马耳他）。

按照选举公式，可以将选举制度分为两种主要类型：多数决制（含相对多数决制和绝对多数决制）和比例代表制。按照选区规模和选票结构，可以在这两种主要类型中划分出子类型。二战以后，一些国家的选举制度将多数决制和比例代表制混合在一起，因此诞生了一种新的选举制度类型。据此，我们可以将选举制度划分为三种类型：多数决制、比例代表制和混合制。据统计，目前世界上 178 个国家中，这三种选举制度的分布情况如下（见表 8-1）。[④]

① Bernard Grofman. Electoral Systems. In: Dirk Berg-Schlosser, Leonardo Morlino, Bertrand Badie, ed. The SAGE Handbook of Political Science. London: SAGE Publications Ltd, 2020, 747~748.

② [英] 戴维·米勒、[英] 韦农·波格丹诺编：《布莱克维尔政治学百科全书》，219 页，北京，中国政法大学出版社，1992。

③ 桑玉成：《论民主的技术》，载《政治学研究》，2000（3）：12~17。

④ Lawrence LeDuc, Richard G. Niemi, Pippa Norris. Comparing Democracies 3: Elections and Voting in the 21st Century. London: SAGE Publications, 2010, 27.

表 8-1　目前世界各国立法机构选举制度

选　举　制　度			数量	百　分　比	代表性国家
多数决制	相对多数决制	单一选区相对多数决	36	20.2%	美国、英国、印度
		全额连记法	11	6.2%	黎巴嫩、科威特
		单记非让渡投票制	3	1.7%	阿富汗、约旦
	绝对多数决制	两轮决选制	20	11.2%	法国、加蓬
		选择性投票制	4	2.2%	澳大利亚
比例代表制		政党名单比例代表制	67	37.6%	俄罗斯、西班牙、南非
		单记可让渡投票制	2	1.1%	爱尔兰、马耳他
混合选举制		偏向比例的混合选举制	9	5.1%	德国、新西兰
		偏向多数的混合选举制	26	14.6%	韩国、日本
合计			178	99.9%	

资料来源：www.sagepub.co.uk.leduc3

一、相对多数决制

多数决制是最古老和最简单的选举方式，也是目前使用最为广泛的选举方式。如表 8-1 所示，目前有 41.5% 的国家采用这种选举方式。按照当选所需票数的多寡，多数决制又分为相对多数决制（Plurality）和绝对多数决制（Majority）。在相对多数决制中，得票多者获胜，但并不需要超过半数；在绝对多数决制中，候选人需获得 50% 以上的选票才能当选。

在相对多数决制中，根据选区规模的不同，可进一步细分为单一选区相对多数决制（Plurality with Single-Member-District, 简称 SMD）和复数选区相对多数决制（Plurality with Multimember District, 简称 MMD）。而绝对多数决制只能在单一选区下实行。

（一）单一选区相对多数决制

单一选区相对多数决制是最经典的选举制度，其构成要素包括三个方面的内容：一是每个选区只产生一名代表。二是选民在投票时，只能将选票投给自己最中意的一名候选人。因此，选举竞争事实上是在候选人之间，而不是在政党之间展开。三是赢得选举的候选人所获得的选票，只需在众多候选人中得票最多即可，无需过半。

在地理分布上，这种选举制度主要分布于英国和英国的前殖民地国家，如美国、加拿大、印度、菲律宾、泰国、新西兰、赞比亚、南非等国。值得注意的是，原来采用这种选举制度的新西兰和泰国已经改为混合选举制，南非改为比例代表制。而在新兴民主国家中，无论是 1970 年代的南欧三国，还是 1980 年代的中东欧国家和苏联的加盟共和国，都没有采用这种选举制度。[1]

（二）复数选区相对多数决制

复数选区相对多数决制就是在相对多数决的原则下，每个选区可产生两名以上

---

[1]　David M. Farrell. Comparing Electoral Systems. New York, NY: Prentice Hall, 1997, 12.

的代表。根据选区规模的大小，2-5 名应选名额为"中选区"，6 名以上的应选名额为"大选区"。根据选民可圈选的候选人数量，该选举制度可以分为三种类型：全额连记法（Block Vote）、限制连记法（Limited Vote）和单记非让渡投票制（Single Non-Transferable Vote，简称 SNTV）。

1. 全额连记法

在这种选举制度下，选区有几个应选名额，选民即可投几票。例如，美国建国之初，13 个州中有 8 个州的众议院选举采用复数选区，其中最常用的投票程序就是全额连记法。而其他 5 个州和后来新加入的州则采用单一选区相对多数决制。后来，由于全额连记法在相当一部分州造成了一党统治的局面，1842 年美国国会通过法案，规定所有的州均采用单一选区制度。但是，这一法案当时并未得到执行。其后，经过多次改革，迟至 1960 年代才全面形成现在的相对多数决制。[①] 日本 1889 年的选举法，将全国分为 214 个单一选区和 43 个两人选区，并在两人选区中采用全额连记法。[②]

需要指出的是，在实践中，大部分实行全额连记法的国家（例如波兰）在每个选区产生 N 名当选人的情况下，并不强制要求选民投 N 票给 N 名候选人。选民只要投 1 票给 1 名候选人，选票就是有效票。

2. 限制连记法

这种选举制度与全额连记法最大的区别在于，选民可圈选的票数必须低于应选名额。在某种意义上，这种选举制度是对全额连记法的一种修正，试图通过限制选民的投票数，使每位选民的投票数少于选区产生席位数，从而避免获得相对多数票的政党垄断选区全部席位。这种方法曾在 19 世纪末到 20 世纪初被西班牙和葡萄牙采用。1946 年，日本在美军占领下，也曾使用过一次限制连记法。目前，在议会选举方面，只有西班牙的上院选举还采用这种制度。此外，还有美国 5 个州的地方政府，也用这种制度选举地方议会的议员。[③]

3. 单记非让渡投票制

这种选举制度中的"单记"指的是选民在投票时只能将票投给若干候选人中的一位；"非让渡"指的是不管候选人得到多少选票，也不能将超过当选门槛的多余选票转让给其他的候选人。最后计票时按照得票多少，依次确定正式的当选人。日本是使用单记非让渡投票制最典型的国家，1900—1994 年一直采用这种制度。其中，从 1900—1942 年，日本众议院选举始终奉行复数选区应用单记非让渡投票制，而单一选区则采用相对多数决制。尽管 1946 年曾在美国指导下使用过一次限制连记法，1947 年再次对选举法进行修改，恢复单记不可让渡投票制，直至 1994 年。[④]

相对多数决制最大的优点是：它可以降低政党碎片化的程度。即使不能形成两党

① Josep M. Colomer, ed. Handbook of Electoral System Choice. New York: Palgrave Macmillan Ltd., 2004, 82~83.
② 王业立：《比较选举制度》，14 页，台北，五南图书出版公司，2001。
③ 何俊志：《选举政治学》，55 页，上海，复旦大学出版社，2009。
④ 张鑫：《混合选举制度对政党体系之影响：基于德国和日本的比较研究》，133~137 页，天津，天津人民出版社，2018。

制，也可以将其政党数量控制在较低的水平，从而提高政府的治理能力。[1]

二、绝对多数决制

绝对多数决制有两种类型：两轮决选制（Two-Round System，Runoff Election，Two-Ballot System）和选择性投票制（Alternative Vote）。

（一）两轮决选制

在这种选举制度下，候选人必须获得过半数选票才能当选，选民往往需要投两次票才能决出胜者。如果在第一轮选举中有候选人获得过半数的选票，则该候选人获胜，无需进行第二轮选举；如果没有任何候选人在第一轮选举中获得过半数选票，则需举行第二轮选举。只有在第一轮选举中得票数领先的候选人才有资格进入第二轮选举，并由第二轮选举中得票最多的候选人当选。这种选举制度最典型的国家是法国，自法国大革命开始，法国人就偏爱上多轮投票方式。[2] 在第四共和国时期，国民议会选举虽短暂采用比例代表制，但在第五共和国时期，又改采单一选区两轮投票制。

关于这种选举制度，有两个地方需要解释。一是进入第二轮选举的资格问题。法国的总统选举和国民议会选举都采用两轮决选制，但是，二者在进入第二轮选举的资格认定问题上采用的是不同的标准。在总统选举中，是规定在第一轮选举中得票最多的两位候选人进入第二轮选举。而在国民议会选举中，是规定在第一轮选举中获得登记选民数一定比例以上选票的候选人进入第二轮选举。这个比例在 1958 年是 5%，1967 年将其提高到 10%，1976 年再次提高到 12.5%，并沿用至今。[3]

二是第二轮选举的选举公式问题。还是以法国为例，在总统选举中，由于第二轮选举是在两个候选人之间对决，因此，获胜者必然是得到半数以上的有效选票。但是，在国民议会选举中，由于第二轮选举的进入门槛是登记选民数 12.5% 以上的选票，因此，进入第二轮选举的候选人可能不止两人，这就使得第二轮选举的选举公式不可能一刀切地采用绝对多数决，而只能是相对多数决。否则，可能出现无人能够胜出的尴尬局面。例如，1997 年法国国民议会选举，577 个席位中，仅有 12 席在第一轮选举中确定当选人。在第二轮选举中，有 474 席是两人对决，79 席是三人竞逐；另有 12 个席位由于对手退出，第二轮选举只有一人参选。[4] 换言之，在此次选举中，有 486 个席位是按照绝对多数规则决出，有 79 个席位是按照相对多数规则决出。

（二）选择性投票制

这种选举制度又称偏好投票制（Preferential Ballot），在投票时，选民可依据自己的偏好，在选票上对候选人进行排序。计票时，分多轮进行。在第一轮计票中，根据

① Giovanni Sartori. Comparative Constitutional Engineering: An Inquiry into Structures, Incentives and Outcomes. London: Macmillan, 1994, 55~58.
② [法]让 - 马里·科特雷、[法]克洛德·埃梅里：《选举制度》，张新木译，52~53 页，北京，商务印书馆，1996。
③ Josep M. Colomer, ed. Handbook of Electoral System Choice. New York: Palgrave Macmillan Ltd., 2004, 214.
④ 王业立：《比较选举制度》，19~20 页，台北，五南图书出版公司，2001。

所有选民的第一偏好来计票，如果有某一候选人获得绝对多数票，则该候选人当选。如果没有任何候选人获得绝对多数票，则淘汰得票最少的候选人，进入第二轮计票。在第二轮计票中，将被淘汰候选人的"第二偏好票"分别转移给其他候选人。在转票之后，如果某一候选人所获得第一偏好票加上转移来的第二偏好票数超过有效票数的一半，则该候选人当选。如果第一次转票之后还无人获得绝对多数票，则再次淘汰获得第一偏好票最少的候选人，并进入第三轮计票。如此反复计票，直至有一位候选人获得绝对多数票。例如（见表8-2），某选区有四位候选人，共有50000张选票，则25001张为过半数选票。假设A、B、C、D四位候选人所获第一偏好票数分别为：20000张、14000张、10000张和6000张。由于没有人的第一偏好票超过半数，需要将得票最少的候选人D淘汰，并进入第二轮计票。假设第一偏好支持D的6000张选票中，第二偏好支持A、B、C的票数分别为：5500张、400张和100张。将它们转给A、B、C后，A的得票为25500张，超过半数。因此，A当选。

表 8-2　选择性投票制计票方式示例

第一偏好支持 D 的 6000 张选票的第二偏好分布		转票后 A、B、C 三位候选人的得票情况	
A	5500	A	20000+5500=25500
B	400	B	14000+400=14400
C	100	C	10000+100=10100

目前，采用这种选举制度最典型的是澳大利亚的下议院选举。1918年，澳大利亚的农民团体成功游说联邦政府采用选择性投票制来选举联邦下议院议员。[1] 澳大利亚各州议会选举（除了塔斯马尼亚州之外）、爱尔兰和斯里兰卡的总统选举也采用这种选举制度。

多数决制尤其是相对多数决制最为人诟病的是，它容易产生比例性偏差（disproportionality），从而使政党之间出现超额代表或代表性不足，政党在议会中拥有的席位数并不能准确反映其应有的民意支持度。例如，在1992年的英国下院选举中，第三大党自由民主党获得了17.8%的选票，但是只拥有3.1%的议席。在1993年的加拿大议会选举中，进步保守党获得了16.0%的选票，却只拥有0.7%的议席。[2] 这种选票和议席之间的扭曲关系是人们希望用比例代表制来代替多数决制的主要原因。

三、比例代表制

比例代表制（Proportional Representation System）是一种尽量使政党所获议席与其所得选票比例相匹配的制度安排。与多数决制相比，比例代表制有两个显著特点：一是其选区必须是复数选区，而不可能是单一选区；二是政党在选举竞争中发挥着重要作用，议席分配的比例原则主要体现在政党身上。比例代表制最大的优点就是，它更能体现选举的公平性，各个政党在议会中所获得的席位与其选票比例相当，从而避

---

① Josep M. Colomer, ed. Handbook of Electoral System Choice. New York: Palgrave Macmillan Ltd., 2004, 475.

② 王业立：《比较选举制度》，49页，台北，五南图书出版公司，2001。

免比例性偏差现象。而且，在比例代表制之下，选区规模的扩大会提升选举结果的比例性。我们举一个简单的例子（见表8-3）。假设在一个选区中，有100个选民，有5个政党，5个政党的得票分别为38票、31票、17票、9票和5票。按照顿洪特方法计算，在不同选区大小的情况下，各政党所分配的议席是不一样的。

表 8-3　选区规模与比例性的关系

	政党 A	政党 B	政党 C	政党 D	政党 E
M = 3	2（66.7%）	1（33.3%）	0	0	0
M = 9	4（44.4%）	3（33.3%）	1（11.1%）	1（11.1%）	0
M = 18	7（38.8%）	6（33.3%）	3（16.7%）	1（5.6%）	1（5.6%）

当 M = 3 时，得票最多的 A 政党和 B 政党先各分得 1 个席位，余下的一个席位给哪个政党，看 A、B 政党的余票和 C 政党的得票谁多。A 政党的余票是 19 票，B 政党的余票是 15.5 票，C 政党得票为 17 票，因此，剩下的 1 个席位归 A 政党。最后的结果就是 A 政党 2 个席位，占总席位数的 66.7%；B 政党 1 个席位，占总席位数的 33.3%。同理，当 M = 9 时，5 个政党的席位分别为 4、3、1、1、0；当 M = 18 时，5 个政党的席位分别为 7、6、3、1、1。可以看出，M 越大，选举结果的比例性越高。在上述例子中，当 M = 18 时，5 个政党所得议席基本与其得票所占的比例一致了。但是，值得注意的是，这种提升效果是有限度的，当达到一定大小后，选区规模就失去了提升比例性的作用。

比例代表制的出现比多数决制晚，第一个采用比例代表制的国家是比利时，1899年，比利时正式采取比例代表制选举国会议员。但比例代表制是使用最为广泛的一种选举制度。现在，在欧洲，除了英国、法国和爱尔兰，其他国家都使用了比例代表制；几乎所有的新兴民主国家也采用了比例代表制。[①] 经过 100 多年的发展，比例代表制已经呈现出非常复杂的形态。大多数学者都根据政党内部候选人所获选票是否可以转让为基础，将比例代表制分为政党名单比例代表制（List PR System）和单记可让渡投票制（Single Transferable Vote，简称 STV）两种基本类型。

（一）政党名单比例代表制

政党名单比例代表制有三个制度要件：①各参选政党在每个选区都列出数名候选人，人数通常与该选区的应选名额相同；②选民无论投票给哪位候选人，该选票都计入该候选人所属政党；③各参选政党根据其在选区所获得的选票比例分享该选区的议席。

就第 1 个方面而言，政党在开列候选人名单时，有封闭和开放两种形式。在封闭式政党名单比例代表制下，政党在推出候选人时，会按照政党自己的偏好对候选人进行排序。选民在投票时，只能投给政党，而不能在各政党的名单中选择特定的候选人。而各政党依其得票率的多寡确定当选名额，并按照候选人在名单上的排序来决定谁当

---

① David M F. Comparing Electoral Systems. New York, NY: Prentice Hall, 1997, 59.

选。例如，A 政党在某选区推出 5 位候选人，最终只获得 3 个议席，则名单中排在前面的 3 位候选人当选。与此相反，在开放式政党名单比例代表制下，虽然政党也列出候选人名单，但选民可以在同一政党的名单中，甚至在不同政党的名单中，选择一位或数位候选人。计票时，各政党依据该党所有候选人得票总和，作为分配议席的标准。在各政党内部，候选人以自身得票的多寡决定能否当选。

就第 3 个方面而言，如何计算各参选政党在某选区应获的议席，有不同的计算方法，最有名的是三种：最大余数法（Largest Remainder System）、顿洪特最高平均数法（d'Hondt Highest Average System）和圣拉各最高平均数法（Saint-Lague Average System）。需要注意的是，在给定投票结果的情况下，不同的计算方法会得出不同的议席分配方案。就计算结果的比例性而言，最大余数法的比例性最高，较有利于小党；顿洪特最高平均数法的比例性最低，较有利于大党；圣拉各最高平均数法居中。但应用最广的是顿洪特最高平均数法，奥地利、比利时、芬兰、1993 年之前的意大利参议院选举，以及很多拉美国家，均采用此法。[①]

（二）单记可让渡投票制

在这种选举制度下，选民在投票时需对所有候选人进行排序；在计票时，分多轮进行，并按照比例代表制原理，对议席的分配设定一个当选基数。在第一轮计票中，根据所有选民的第一偏好来计票，如果有候选人的得票数达到当选基数即当选。如果当选者的数量还没有达到应选名额，则进入第二轮计票。在第二轮计票中，将已当选者所得选票中超出当选基数的部分，按照相应比例转给其他候选人。比例的计算方法可以用爱尔兰 1997 年大选南都柏林选区的实际案例示范如下：假设 A 候选人共得选票 9904 张，当选基数为 9665 张，则其多余选票为 239 张。如果在 9904 张选票中有 4683 票的第二偏好是选候选人 B，则其比例为：4683÷9904=47.3%，而 239×47.3%=113，也就是说，239 张票中的 113 张应该转给候选人 B。[②] 如果有候选人原来获得的"第一偏好"票加上转移过来的"第二偏好"票超过当选基数，则当选。依次类推，第二轮计票中当选者所得选票中超出当选基数的部分还是按比例转移给其他没有当选的候选人。

如果经过一轮甚至数轮转票后还没有将议席分配完，则需要淘汰获得"第一偏好"票较少的候选人，并将票转给选票上的"第二偏好"并且还没有当选的候选人。以此类推，直至所有议席全部分配完毕。

在单记可让渡投票制中，由于当选基数的设定和选票的可转移性，没有选票被浪费，选举结果通常是每个政党的得票比例与所获席位比例相近，甚至相等。也就是说，其比例性程度相当高。因此，萨托利认为单记可让渡投票制是比例代表制中最纯粹的一种类型。[③] 同时，它也是操作难度较大的一种选举制度。在选票结构方面，需要选

---

① Giovanni Sartori. Comparative Constitutional Engineering: An Inquiry into Structures, Incentives and Outcomes. London: Macmillan, 1994, 8.

② 何俊志：《选举政治学》，80~81 页，上海，复旦大学出版社，2009。

③ Giovanni Sartori. Comparative Constitutional Engineering: An Inquiry into Structures, Incentives and Outcomes. London: Macmillan 1994, 8.

民对所有候选人排序；计票方面，需要首先设定当选基数，然后在多轮计票中"候选人当选"和"候选人被淘汰"交替进行，不停地转移选票。尤其是在参选政党和候选人较多时，转票过程非常复杂，很难被选民所理解，从而无法保障民意的准确表达。而且，高比例性容易在议会中形成"碎片化"政党体系，从而不利于议会的稳定。如果是在议会内阁制国家，就会大大增加联合组阁的概率，并带来政府的不稳定。目前，只有爱尔兰和马耳他两国采用这一制度选举众议院议员。此外，澳大利亚的上议院选举也是采用这种制度。

总体而言，比例代表制的优点是比例性较高、比较公平，利于小党生存。但其缺点也由此而来，容易造成有效政党数量的增加而难以形成新政府，也不利于维持政府的稳定，从而导致政局的动荡。

四、混合选举制

混合选举制（Mixed Electoral Systems）是指将两种（或以上）单一选举制度同时应用于一个选举的制度安排。从理论上讲，它可以是不同的多数决制之间的混合或不同的比例代表制之间的混合，也可以是多数决制和比例代表制之间的混合。但在实践中，混合选举制主要表现为多数决制和比例代表制的结合。混合选举制的设计理念是通过两种不同选举制度的互补，发挥各自的优点，创建一种相对优质的选举制度，既保证政党政治的良性发展，又能反映社会的多元意见。

混合选举制的制度要件包括四个方面：

1. 多数代表制和比例代表制之间的组合方式

从实践来看，多数决制的选项包括单一选区相对多数决（德国、日本）、两轮决选制（匈牙利）和全额连记法（摩纳哥），其中，单一选区相对多数决是应用最为广泛的选项；比例代表制的选项只有政党名单比例代表制，尚无应用单记可让渡投票制的实例。

2. 选区席位和名单席位之间的比例

在混合选举制下，全部席位分为两部分：应用多数决制产生的席位称为选区席位，应用政党名单比例代表制产生的席位称为名单席位。从设计理念上讲，两部分席位各占一半应是标准配置。但从实践上来看，很多国家会基于自身实践需要而偏离标准配置，总体而言，选区席位份额大于名单席位的实例占绝大多数。[1]

3. 选票模式

绝大部分采用混合选举制的国家（如德国、日本）的选票由两部分构成：选区票和政党票，可以称之为"两票制"；少数应用混合选举制的国家的选票仅由一部分构成，即"一票制"，如罗马尼亚、墨西哥。此外，还有个别国家（如苏丹）采用三票制。[2]

---

[1] 张鑫：《混合选举制度对政党体系之影响：基于德国和日本的比较研究》，63页，天津，天津人民出版社，2018。

[2] 张鑫：《混合选举制度对政党体系之影响：基于德国和日本的比较研究》，65页，天津，天津人民出版社，2018。

4. 计票模式

有两种类型：第一种是以德国为代表的"联立制"（Dependent）。两种选举制度在席位分配过程中存在一定联系。德国混合选举制的计票方式是：1. 以最大余数法计算出达到法定门槛的各政党在议会中应分配的总席次；2. 再根据各政党在各邦获得的有效票数计算出各政党在各邦应分得的实际席次；3. 具体分配选区票和政党票时，先扣除该政党在各邦的单一选区中已当选的席次，再来分配比例代表席次。联立制这种计票方式的目的是用比例代表制来校正多数决制可能产生的比例性偏差。

第二种是以日本为代表的"并立制"（Independent）。两种选举制度在席位分配过程中没有联系，各自分开独立计票，这就使得名单席位无法补偿在选区席位中未获得充分代表的政党。

混合选举制的分类问题，学界存在争议。一种较为常见的分类方式是将其分为两种类型：偏重比例的混合选举制（Mixed-member Proportional，简称 MMP）和偏重多数的混合选举制（Mixed-member Majoritarian，简称 MMM）。前者以德国为代表，基本上以政党得票为准来决定各政党应得的总席次，因此，在精神与内涵上偏向比例代表制，有些学者甚至据此将其视为比例代表制的一种特殊类型。[①] 后者以日本为代表，比例代表制因素在总席次的确定过程中不发挥主导性作用。

从混合选举制的历史发展来看，尽管早在 1916 年和 1919 年冰岛就先后两次使用过并立制选举议会,但现代意义的混合选举制第一次使用是 1949 年的联邦德国。其后，在相当长一段时间内，联邦德国是唯一使用混合选举制的国家。1983 年，塞内加尔和日本（参议院选举）成为较早使用并立制的国家。随着苏东解体，混合选举制在世界范围内蓬勃发展起来。[②] 综观近年各新兴民主国家选举制度改革的方向，不难发现混合选举制已成为世界各国选制改革的主要趋势。[③] 但它究竟是如一些学者所言，是 21 世纪最好的选举制度，还是民主转型过程中的一种权宜性的安排，乃至一种最坏的制度安排，恐怕还有待观察。萨托利就认为，多数代表制和比例代表制的结合是一个错误的婚姻，很不健全，也无法达到预期的效果。[④]

第二节   竞选活动与选民行为

选举制度会影响政治精英和选民的策略选择，并进而影响政党制度的类型。[⑤] 因此，在这一节中我们先讨论竞选活动与选民行为，下一节再讨论选举制度与政党制度

---

① 王业立：《比较选举制度》，35~36 页，台北，五南图书出版公司，2001。

② 张鑫：《混合选举制度对政党体系之影响：基于德国和日本的比较研究》，74 页，天津，天津人民出版社，2018。

③ Dunleavy, H. Margetts. Understanding the Dynamics of Electoral Reform. International Political Science Review, 1995, 16(1): 9~29.

④ Giovanni Sartori. Comparative Constitutional Engineering: An Inquiry into Structures, Incentives and Outcomes. London: Macmillan, 1994, 74.

⑤ Christopher J. Anderson. Parties, Party Systems, and Satisfaction with Democratic Performance in the New Europe. Political Studies, 1998, 46(3): 572~588.

之间的关系。

那么，选举制度是如何影响竞选活动，并进而影响选民行为的呢？除了制度因素之外，还有哪些因素影响选民行为？

一、竞选活动：政党中心与候选人中心

竞选活动已经成为当代民主政治的一个核心特征。现代竞选活动具有如下特点：国家政党组织的战略思考与中央协调的重要性与日俱增；国家电视新闻成为竞选运动的主要渠道；竞选顾问和专业的政治营销技术在竞选中发挥着越来越重要的作用。[①]

在不同的选举制度之下，政党为了赢得选举，会采取不同的竞选策略，由此也形成了不同风格的竞选活动。一般而言，在单一选区相对多数决制和单记可让渡投票制之下，选举都是以候选人为中心展开；而在政党名单比例代表制之下，选举都是围绕政党展开。前者以美国为代表，后者以欧洲大陆国家为代表。这两种不同风格的竞选活动之间形成了鲜明的对比：

第一，重政治纲领还是重选举技巧？在候选人为中心的竞选中，候选人的个人特征在选举中会占有重要地位。在竞选过程中，候选人更注重运用选举技巧来赢得选举，雇佣专业的团队来组织竞选，会努力通过各种手段塑造良好个人形象。人们普遍认为，在1960年的竞选辩论中，正是由于尼克松不够上镜，肯尼迪才当上了总统。这种趋势导致的一个恶果是，候选人越来越喜欢采取的策略是攻击政敌，而不是强调自身的积极方面。竞选更像是隐私揭发者之间的战争，而不是围绕政治社会问题的最佳解决方案而展开的辩论。[②]而在政党为中心的竞选中，政党的纲领远比候选人的个人魅力更重要。政党会投入精力来打造更能吸引选民的政治纲领，因此，选举更像是选"思想"，而不是选"人"。

第二，重政党主张还是重选区利益？在候选人为中心的竞选中，通过竞选上台的议员，主要是作为选区代表的身份进入议会，因此，在议会投票时，在一些具体议题上，他不一定会与自己所属政党保持一致，经常会出现跑票现象。在政党为中心的竞选中，选举围绕政党进行，由政党自上而下地组织选举，政党纪律非常重要。选举产生的议员主要是作为政党代表的身份进入议会，因此，其在议会中的活动也更多地体现政党代表的功能。当然，在封闭式政党名单比例代表制中，这种色彩会更浓一些；而在开放式政党名单比例代表制中，由于选举过程既要突出政党色彩，又要强调个人特质，因此，选出的议员必须同时兼顾政党诉求和选区利益。[③]

近年来，出现的一个新趋势是，竞选活动越来越"美国化"，欧洲的选举过程也越来越以候选人为中心，越来越重视确定目标群体、媒体管理、精心敲定的信息。与美国不同的是，这种职业化趋势主要表现在党内竞选中。与此同时，东亚民主国家的

① [美]罗伯特·E.戈定主编：《牛津政治行为研究手册》（下），王浦劬主译，691~693页，北京，人民出版社，2018。
② [美]罗伯特·E.戈定主编：《牛津政治行为研究手册》（下），王浦劬主译，694页，北京，人民出版社，2018。
③ 何俊志：《选举政治学》，124~125页，上海，复旦大学出版社，2009。

竞选，也都是以候选人为中心，而非政党中心。[①]

二、选民投票行为的影响因素

扎勒尔围绕着两个相互作用的因素来探讨选民的投票行为：固有倾向（predisposition）和信息（information）。选民在进入选举过程时，多多少少有一些关于候选人和政党的看法，不管这些看法是如何形成的，它们就是所谓的"固有倾向"。在竞选过程中，选民会通过不同的途径（如政党、媒体）获得各种相关信息。这些信息既可能强化选民固有倾向，也可能使其改变固有倾向，正是这一过程决定了选民最后的选择。[②] 当然，这一过程究竟是如何展开的，不同的研究路径会给出不同的解释。

关于选举行为的研究，通常有三个经典的研究路径：心理学研究路径、社会学研究路径和理性选择研究路径。[③]

第一种是心理学路径，认为选民对特定政党的长期心理认同是选民投票行为背后的主要动机。与之相比，对候选人、政策等的考量是居于第二位的短期因素，政党认同才是相对稳定的长期因素。而且，政党认同强调的是"选民心中的政党"（parties in the voter's mind），这是一种心理上的依附，而不是正式的党员身份。换言之，如果选民认为自己属意哪个政党，即使自己并非该党党员，他也会赞同该党在相关议题上的立场，并倾向于将选票投给该政党及其候选人。在心理学路径看来，政党认同作为一种固有倾向，它会对选举过程中的各种信息进行过滤。选民做出选择的整个过程如同一个漏斗形状，固有倾向位于漏斗的开口处，关于议题和候选人的信息位于漏斗狭窄的末端。

第二种是社会学路径，它与心理学路径在某种意义上讲是殊途同归，只不过心理学路径强调的是个体内在的心理因素，而社会学路径强调的是外在的结构性因素对于投票行为的塑造作用。如果说心理学路径主要是由美国学者发展出来的，那么，社会学路径则主要是由欧洲学者发展出来的。这一模式关注的是选民在社会中的位置对于投票的影响。例如，工会的成员更倾向于支持工党或一般意义上的左翼政党。阶级、宗教、族群、语言等因素是社会学路径研究的重点，这些结构性因素具有自我维系的功能，一旦形成，就具有很强的约束力量。这种"分歧结构"（cleavage structures）是固有倾向形成的社会基础，它们会随着时间的推移而固化，并成为政党组织选民的长期而稳定的基础。

近年来的研究显示，无论是心理学路径所强调的政党认同，还是社会学路径所强调的结构性分歧，在发达民主国家都有所弱化，这也削弱了这些理论模型的解释力。但是，在新兴民主国家，政党常常利用各种社会分歧来进行组织动员，因此，这一理论模型仍有用武之处。不管是心理学路径强调的心理因素（政党认同、意识形态），还是社会学路径强调的结构性因素（宗教、阶级、种族），都是扎勒尔所说的固有倾向，它们都过度地强调了固有倾向的作用，而没有足够重视信息的作用。因此，有学者试

① ［美］罗伯特·戈定主编：《牛津政治行为研究手册》（下），王浦劬主译，698 页，北京，人民出版社，2018。

② John, R. Zaller. The Nature and Origins of Mass Opinion. Cambridge: Cambridge University Press, 1992.

③ Lawrence LeDuc. Comparing Democracies 4: Elections and Voting in the 21st Century. London: Sage Publications, 2014, 145~148.

图纠正这一偏差，提出过程导向的研究路径，转而强调信息的重要性，并致力于探讨选民如何获取和评估相关信息，以及这一过程是如何影响选民的选择的。[1]

第三种是理性选择路径，与心理学路径一样，其重心也是选民个体，它假定选民在投票时会将自我利益置于优先地位，其目标是实现个人利益的最大化，或避免负面的后果。与心理学路径和社会学路径不同的是，理性选择路径反对长期的固有倾向，而将注意力集中在选举竞争中的议题之上。从政党提出的政策中，谁付出？谁受益？这是理性选择模型关注的问题。当然，在解释投票行为时，理性选择模型的变量仍然是宏观经济状况而不是个体的钱袋子，因此，选民会根据经济绩效的好坏，来决定对执政党投赞成票还是反对票。与此同时，理性选择路径强调，制度是选民行为的外在条件，选举制度构成了选民行为的诱因。

这三种模式在特定条件下能对选民的投票行为和选举结果给出合理的解释，但都不具备普遍性。有些选民具有相对稳定的政党认同，即使在经济绩效不佳和候选人较弱的情况下，他可能也坚定地支持其所属意的政党。这三种模式都不能很好地解释变化，无论是长期的变化还是短期的变化。与此同时，它们也无法解释一些比较复杂的现象，如策略投票、分裂投票。[2]

进入 21 世纪以来，政治行为研究出现了一场新的革命，利用统计遗传学、神经造影和分子生物学等技术来分析选民的政治行为和政治态度。这些研究发现，仅仅利用外部环境因素无法有效解释个体政治行为的差异。在未来，需要将这些新的研究方法和研究发现整合到既有的理论框架之中，以期更好地理解选民的投票行为。[3]

三、投票率、策略投票和分裂投票

（一）投票率（Voter Turnout）

投票率被视为政治系统功能良好与否的试金石，高投票率意味着公民认为投票是一件有意义的事情，而且是有效表达偏好的通道。[4] 在关于投票率的跨国比较中，有不同的研究路径：文化路径、社会经济路径、政治制度路径和政治过程路径。[5] 此处我们将主要考察选举制度对于投票率的影响。其中，有两个变量最为重要：选举公式和选区规模。

关于选举公式对投票率的影响，通常认为，比例代表制国家的投票率较高。早在1930 年代，就有学者观察到，当德国、挪威和瑞士在 20 世纪初通过选举制度改革采纳

---

① Richard R. Lau, David P. Redlawsk. How Voters Decide: Information Processing in Election Campaigns. Cambridge: Cambridge University Press, 2006.

② Lawrence LeDuc. Comparing Democracies 4: Elections and Voting in the 21st Century. London: Sage Publications. 2014, 148.

③ Kai Arzheimer, Jocelyn Evans, Michael S. Lewis-Beck. The SAGE Handbook of Electoral Behaviour. London: Sage Publications Ltd, 2017, 368.

④ Kai Arzheimer, Jocelyn Evans, Michael S. Lewis-Beck. The SAGE Handbook of Electoral Behaviour. London: Sage Publications Ltd, 2017, 459.

⑤ Fornos, C.A., Power, T.J., Garand, J.C. Explaining voter turnout in Latin America, 1980 to 2000. Comparative Political Studies, 2004, 37(8): 909~940.

比例选举制后，这些国家的投票率均有所上升。[①] 为什么会这样？首先，比例代表制下会有更多的政党，这意味着选民有更多的选择，他们更有可能找到一个能捍卫其利益或价值的政党；其次，在多数决制之下政党只会在摇摆选区展开竞争，而不会在稳操胜券的选区浪费精力，但比例代表制之下几乎所有的选区都存在竞争，政党会投入更多的精力来进行动员,这会让选民觉得他们的选票是重要的。由于小党也有机会赢得议席，因此，很少有人会觉得他们的选票会没有价值。[②] 这两个方面的因素可以让选民产生更高的政治效能感。当然，也有学者认为比例选举制会拉低投票率，因为比例代表制会产生更多有效政党，并导致联合执政，这意味着选举对于政府的形成不具备决定性影响。而在多数决制之下，政府的形成与选举结果是直接关联在一起的。因此，比例代表制下选民的投票动机会受到削弱。[③] 那么,经验研究的证据如何呢？一些代表性的研究结果如下（见表 8-4）。既有研究都证明比例代表制下投票率确实更高，尽管不同学者对于高出的幅度有不同的估计，安德烈·布莱萨（Andre Blaisa）认为应该高 3%~5%。当然，他也意识到，既有的这些研究均是横向的跨国比较，而没有纵向研究。如果能证明一个国家采用比例代表制后投票率上升，而从比例代表制转为多数决制后投票率下降了，那么，以上结论会更可靠。[④] 事实上,也确实存在例外。例如，瑞士，尽管其选举公式是比例代表制，但其投票率相对较低。[⑤]

表 8-4　选举公式对于投票率的影响

研　　究	案　　例	比例代表制的影响
Blais and Carty (1990)	20 个国家的 509 次选举（1847—1985 年）	+7.4 a
Black (1991)	18 个国家 1980 年代的平均投票率	+10.8 a
Blais and Dobrzynska (1998)	91 个国家的 324 次选举（1972—1995 年）	+2.6 b
Blais et al. (2003)	61 个国家的 150 次选举（1990—2000 年）	+4.2 b
Kostadinova (2003)	15 个东欧国家的 51 次选举（1990—2000 年）	+7.8 b
Rose (2004)	欧盟国家的 233 次选举（1945—2002 年）	+8.8 b

注：a 代表与多数决制比较；b 代表与非比例代表制比较

关于选区规模对投票率的影响，有两派截然不同的观点。鲍威尔和杰克曼等人认为，选区规模越大，投票率越高。他们都比较了 20 世纪 60 年代和 20 世纪 70 年代 15-19 个民主国家的选区规模对投票率的影响，尽管他们都认为有正面的影响，但他们对影响的程度有不同的估计，鲍威尔相对温和，认为大选区的投票率比中小选区高 5% 左右。另一派则认为没有影响，甚至有负面影响。这一派的观点主要来自对拉美国家的经验研究。佩雷斯 - 林南（Perez-Linan）比较了 17 个拉美国家 1980 年代的投票情况，发现选区规模对于投票

① Erik S. Herron, Robert J. Pekkanen, Matthew S. Shugart, ed. The Oxford Handbook of Electoral Systems. New York, NY: Oxford University Press, 2018, 194.

② André Blais, Kees Aarts. Electoral Systems and Turnout. Acta Politica, 2006, 41(2): 180~196.

③ Robert W. Jackman. Political institutions and voter turnout in industrial democracies. American Political Science Review, 1987, 81(2): 405~423.

④ André Blais, Kees Aarts. Electoral Systems and Turnout. Acta Politica, 2006, 41(2): 180~196.

⑤ Erik S. Herron, Robert J. Pekkanen, Matthew S. Shugart, ed. The Oxford Handbook of Electoral Systems. New York, NY: Oxford University Press, 2018, 196.

率没有影响。卡洛琳娜·福尔诺思（Carolina A. Fornos）比较了 1980—2000 年拉美 18 个国家的投票情况,发现大选区的投票率会低 13.1%。面对这种矛盾的研究结果,布莱萨认为,选区规模的作用机制在发达国家和发展中国家的表现形式可能有所不同, 福尔诺思基于拉美经验所得出的结论并不能推翻鲍威尔等人基于欧洲经验所作出的推论。[①]

关于投票率的另外一个焦点问题就是投票率下降的问题。自 20 世纪 70 年代开始,学界就为投票率下降的问题担忧。[②]据统计,除了一些实行强制性投票制度的国家之外,西方主要国家的议会选举都出现了投票率持续下降的情况（见图 8-1）。有鉴于此, 一些国家通过立法, 采取强制投票的措施, 试图保障较高的投票率。跨国研究显示, 在强制性投票的情况下, 投票率会比自愿投票高 10%~18%。除此而外, 划小选区（降低选区的选民数量）、增强选举竞争的强度、减少单个选区的候选人数量都有助于提高投票率。[③]其中, 投票技术的改进作用尤其明显。在 2005 年英国大选中, 选举委员会简化了投票程序, 允许邮政投票, 全英有 600 万选民申请以邮寄方式参加投票, 这一数量相当于总票数的 15%,[④] 当年英国大选投票率回升至 61.4%。在 2004 年美国总统大选中, 采用了计算机投票技术, 这在一定程度上刺激了选民投票的热情, 约 1/3 选民, 即 5000 万人使用触摸屏无纸投票。[⑤] 当年美国总统大选的投票率达到 60%, 是 36 年来的最高值。[⑥]

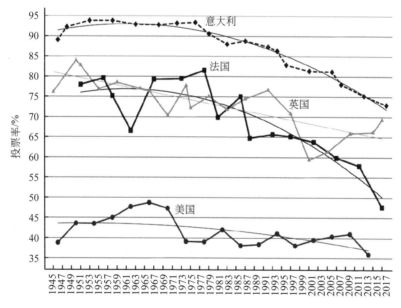

图 8-1 西方主要国家议会选举投票率（1945—2017 年）[⑦]

① André Blais, Kees Aarts. Electoral Systems and Turnout. Acta Politica, 2006, 41(2): 180~196.
② [法] 米歇尔·克罗齐、[美] 塞缪尔·亨廷顿、[日] 绵贯让治:《民主的危机》,马殿军等译, 北京, 求实出版社, 1989。
③ Tiffany D. Barnes, Gabriela Rangel. Subnational Patterns of Participation: Compulsory Voting and the Conditional Impact of Institutional Design. Political Research Quarterly, 2018, 71(4): 826~841.
④ 《英国大选 5 日开始 警方严打邮政投票作弊》, 载《新浪网》, 2005-05-04, https://news.sina.com.cn/w/2005-05-04/19275812111s.shtml。
⑤ 唐晓:《2004 年美国大选对美国选举制度的影响》, 载《外交学院学报》, 2005（81）: 33~41。
⑥ [美] L.桑迪·梅塞尔:《美国政党与选举》, 陆赟译, 135~136 页, 南京, 译林出版社, 2017。
⑦ Julia Cagé. The Price of Democracy. Introduction, Cambridge, MA: Harvard University Press, 2020.

（二）策略投票（strategic voting）

在投票行为研究中，真诚投票（sincere voting）和策略投票是一对概念。所谓真诚投票是指选民将选票投给自己最偏爱的政党或候选人；而策略投票则指选民在选举中投票的策略运用，具体而言，就是选民在考虑到自己所支持的候选人当选概率不高的情况下，为了使自己的选票不至于浪费，而将票投给自己最喜欢的政党或候选人以外的政党或候选人。

早期策略投票一词专指议会中议员在法案过程中的策略表决行为，但现在策略投票主要指选民在一般选举中的策略性行为。学界对策略投票感兴趣的地方在于，不同选举制度对于策略投票有何影响？通常，人们认为在多数决制之下选民有更强的策略投票动机，而在比例代表制之下选民的策略投票动机会弱得多。我们来看一个实例：2015年英国议会选举巴斯选区的候选人得票情况（见表8-5）。

表 8-5　2015 年英国议会选举中巴斯选区的候选人得票情况

候 选 人	所 属 政 党	得　　票	百 分 比
本·豪利特	保守党	17833	37.8
斯蒂夫·布拉德利	自由民主党	14000	29.7
奥利·米德尔顿	工党	6216	13.2
多米尼克·特里斯特拉姆	绿党	5634	11.9
朱利安·德弗雷尔	英国独立党	2922	6.2
洛兰·摩根－布林克赫斯特	独立候选人	499	1.1
珍妮·赖特	独立候选人	63	0.1

假设该选区选民 A 对于政党的偏好排序是：工党 > 自由民主党 > 保守党，此时，如果他将票投给工党的米德尔顿，我们就说他是真诚投票；但是，此时他有强烈的动机采取策略投票。因为民意调查显示，工党候选人的支持率远远落后于自由民主党和保守党的候选人。为了防止保守党候选人当选，他可能将票投给自由民主党的布拉德利。再假设这位选民不是在英国，而是在实行比例代表制的荷兰，那么，当他面对民意调查的结果时，不会有强烈的策略投票动机，因为即使是小党，也有获得议席的机会。

那么，是不是策略投票只发生在多数决制之中呢？也不是。所有的投票制度都可能诱发策略投票行为，不存在对策略投票具有免疫力的制度。[①] 是否诱发策略投票动机，在很大程度取决于选民获取投票信息和理性判断的能力。在单一选区相对多数决制之下，候选人的数量相对较少，获取相关信息的难度较小；同时，选举规则比较简单，不存在复杂的计算。因此，选民比较容易就每位候选人的当选概率做出理性的判断，这是它比比例代表制更容易诱发策略投票的原因。但是，这并不意味着比例代表制就不会产生策略投票行为。比例代表制是否诱发策略投票动机，还需要其他条件的

---

① Allan Gibbard. Manipulation of Voting Schemes: A General Result. Econometrica, 1973, 41(4): 587~601.

配合,其中,最重要的就是选区规模。考克斯的研究发现,只要选区的应选名额超过 5 个,选民所获取相关信息的质量将会降低, 也就无从判断候选人真正的实力, 进而减低策略投票的依据与可能性。尤其在以色列这样的超大规模选区中,一个政党只要赢得 1.5%的选票就可以在议会中有一席之地,选民很难产生策略投票的动机。[①] 但是, 在采取小选区的比例代表制中, 由于席位有限,选区和席位之间的比例性程度较低;同时, 由于候选人数量有限, 降低了选民获取相关信息并作出理性判断的难度。当那些偏爱小党的选民觉察到自己所偏爱的政党很难获得议席时, 同样存在策略投票的强烈动机。

那么, 如何评估策略投票行为? 策略性投票遭到的第一个批评就是, 它会对民主构成危害, 因为在存在策略投票的情况下选民的预期容易被操纵。与此同时, 选民错误地呈现其偏好, 这不符合民主的要求。但是, 这些批评也遭到一些学者的反驳, 即使每位选民都真诚投票, 也不意味着选举结果就代表了人民在每一个议题上的意志。在真实的选举中, 即使是那些在某次大选中落败的政党, 它们也可能在下一次大选中获胜, 或者在其他的选举场合 (如州议会选举) 中占据优势。因此, 策略投票对于民主制度而言可能并非坏事, 相反, 它可以让选民充分利用选举规则, 将其偏好转化为可能的可欲政府或最佳政策。[②]

（三）分裂投票（split-ticket voting）

分裂投票是相对于一致投票（straight-ticket voting）而言的。一致投票是指选民在同时举行的选举中把不同公职的选票都投给了同一个政党的候选人;分裂投票则是选民在同时举行的不同公职选举中将选票分别投给不同的政党或候选人。[③]

关于分裂投票的研究起源甚早, 坎贝尔和米勒在 1957 年就指出, 在美国联邦制下选民分裂投票现象颇为普遍, 其原因在于, 选民政治动机存在内在冲突。尽管政党认同对选民的选择影响巨大, 但如果他对候选人和政策议题的偏好与其政党认同发生冲突, 选民就可能采取分裂投票的策略。[④] 因此, 有学者认为, 分裂投票是民众的政党认同减弱的征兆。其后, 研究者发现, 分裂投票行为不仅限于美国, 在议会制国家同样普遍存在, 并分别从制度层面和选民行为层面来探讨分裂投票产生的原因。

早期关于分裂投票成因的研究多是从行为角度着眼, 因为早期的研究多集中在美国, 而美国无论在联邦层面还是在州层面, 其选举制度均为单一选区相对多数决制, 这就大大降低了从制度层面分析分裂投票的可能性, 由此, 在美国绝大多数关于分裂投票的研究都是从选民行为层面着手。这一研究路向基本分为两派:蓄意说（intentional

① Gary W. Cox. Making Votes Count: Strategic Coordination in the World's Electoral Systems. New York: Cambridge University Press, 1997, 105~106.

② Kai Arzheimer, Jocelyn Evans, Michael S. Lewis-Beck. The SAGE Handbook of Electoral Behaviour. London: Sage Publications Ltd, 2017, 360~362.

③ 有学者认为, 分裂投票还包含如下的情况:同一个选民在某一次大选中投票给 A 党, 而在下一次大选中投票给 B 党。何俊志:《选举政治学》, 213 页, 上海, 复旦大学出版社, 2009 年。笔者认为这种情况不能算作分裂投票, 因为这完全可能是由于该选民的偏好本身发生了变化。

④ Angus Campbell, Warren E. Miller. The Motivational Basis of Straight and Split Ticket Voting. American Political Science Review, 1957, 51(2): 293~312.

factor）与非蓄意说（unintentional factor）。蓄意说认为选民的分裂投票行为是有意为之。这是因为美国的宪政架构是权力的分立与制衡，这种宪政精神内化于选民心中，导致选民自觉地将选票投给不同的政党，使行政和立法由不同政党掌控，从而达到相互制衡的目的。其中，最有名的是莫里斯·菲奥里纳（Morris Fiorina）提出的政策平衡模式。[1] 非蓄意说则认为选民没有足够的政治知识来预测分裂投票造成制衡机制的前景，因此，持非蓄意说的学者尝试用其他观点解释分裂投票行为，比如，选民自身的矛盾偏好、选民的分摊赌注心态、行政首长与议员选区的不同划分等。[2]

　　然而，随着研究面的扩大，在研究其他国家的分裂投票现象时，就不能只从选民的行为层面进行观察，由此，制度层面的成因逐渐引起学者们的关注。王业立依据选举层级和选举制度两个维度，将分裂投票分为四种类型（见表 8-6），并着重从制度层面分析了分裂投票行为的成因。他认为，不同选举制度之下分裂投票行为的诱因是不同的。[3]

表 8-6　分裂投票的类型

	相同层级选举	不同层级选举
相同选制	美国	美国
相异选制或两票制	以色列、德国、日本、澳大利亚、新西兰	中国台湾地区

　　在此，相同层级采取相异选制这种类型尤其值得关注，其代表是澳大利亚，其下议院选举采用的是选择性投票制，而上议院选举采取的则是单记可让渡投票制。比恩和瓦滕伯格将澳大利亚和美国进行了对比，他们认为澳大利亚进行分裂投票的选民不是为了实现分权制衡，而是希望不同政党能分享权力，这是在美国完全看不到的现象。他们的观点在后续的研究中得到了进一步的证实。[4] 一般而言，在相同层级不同选制的情况下，分裂投票最容易出现的选择是，在多数决制选区中投给大党的候选人，在比例代表制选区中投给小党。

　　相同层级采用两票制的代表是以色列。1996 年，以色列进行选举制度改革，从比例代表制修改为混合选举制，一票以绝对多数决制选举总理，一票以比例代表制选举议会。改革后，在 1996 年和 1999 年两次选举中，选民的分裂投票增加。[5] 混合选举制导致分裂投票现象增加，这一现象并不限于以色列。联邦德国在 1953 年采用混合选举制，1953 年分裂投票的比例是 4.3%，1957 年这一比例是 6.4%，到 2009 年德国已有 29.17% 的选民是分裂投票者（见图 8-2）。据此，我们可以认为，混合选举制对于选民行为的影响之一，就是提高了分裂投票的诱因。更进一步地观察，在混合选举制内部，不同制度安排所造成的影响也存在差别。有学者分析了 1990 年以来 7 个国家的 18 次选举数据后发现，在偏重比例的混合选举制中，分裂投票的现象比偏重多

① Morris Fiorina. Divided Government. New York: Macmillan, 1992.

② Ibid.

③ 王业立、彭怡菲：《分裂投票：一个制度面的分析》，载《台湾政治学刊》，2004（1）：3~45。

④ Erik S. Herron, Robert J. Pekkanen, Matthew S. Shugart, ed. The Oxford Handbook of Electoral Systems. New York, NY: Oxford University Press, 2018, 772.

⑤ 王业立、彭怡菲：《分裂投票：一个制度面的分析》，载《台湾政治学刊》，2004（1）：3~45。

数的混合选举制下更为严重。这一点在新西兰表现尤为明显，在 1996 年的选举中，选民分裂投票的比例竟然高达 38.48%。[①]

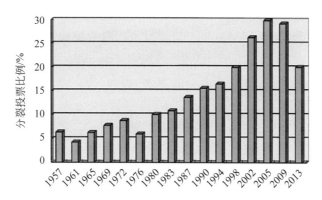

图 8-2　德国选民分裂投票情况（1957—2013 年）

资料来源：Matthew S. Shugart, and Martin P. Wattenberg, eds., *Mixed-Member Electoral Systems: The Best of Both Worlds?* NY: Oxford University Press Inc., 2001, p. 288; Pedro Riera & Damien Bol, "Ticket-splitting in mixed-member systems: on the importance of seat Linkage between electoral tiers", *West European Politics*, Vol. 40. No. 3, 2017, pp. 1-14.

第三节　选举制度与政党体制：迪韦尔热法则及其检验

上一节，我们讨论了投票规则如何影响政党的竞选策略和选民的投票行为，在这一节我们将讨论投票规则如何影响政党体系。在这一问题上，最有名的一个命题是"迪韦尔热法则"（Duverger's Law）。这一命题是由法国政治学家莫里斯·迪韦尔热（Maurice Duverger）提出来的，他最初的目标是为了解释第四共和国时期法国和英国政治之间的差异。后来，他的这一解释被扩展，用来讨论某种类型的选举制度与特定政治后果——如政党体系的碎片化程度、政府稳定性——之间的关联。本节的讨论围绕迪韦尔热法则展开，考察正反双方是如何对这一法则进行论证和检验的。

迪韦尔热法则包含如下三个假设：1. 比例代表制易于形成许多独立的政党；2. 两轮决选制易于形成多党联盟；3. 相对多数决制易于形成两党制。[②] 之所以如此，迪韦尔热认为主要是两种机制作用的结果：第一是机械机制。选票会按照一定规则转化为议会的议席，这是一个机械过程。在单一选区相对多数决制之下，赢者通吃的规则会导致小党很难在竞选中获胜；在比例代表制之下，小党则有可能获得议席，其存活率较高。第二是心理机制。基于对单一选区相对多数决规则的了解，当原本支持第三党的选民发现他们将选票投给第三党形同浪费时，他们自然会倾向于将选票转移到他们原本不支持的两大党中较不讨厌的一方，以防止他们最不喜欢的一方当选。与此同

①　Pedro Riera, Damien Bol. Ticket-splitting in Mixed-member Systems: on the Importance of Seat Linkage between Electoral Tiers. West European Politics, 2017, 40(3): 1~14.

②　Maurice Duverger. Duverger's Law: Forty Years Later. In: Grofman, B., Lijphart, A. ed. Electoral Laws and Their Political Consequences. New York: Agathon Press, 1986, 69~84.

时，政党和候选人也不愿意浪费时间和精力去组建小党，并运用各种竞选策略，提醒选民进行策略性投票。这种心理机制也使得第三党在单一选区相对多数决制下不易立足。[①]

迪韦尔热法则提出之后，引发了大量的讨论，既有赞成，也有反对，其争论至今未歇。

一、对迪韦尔热法则的质疑

在反对者中，有人认为迪韦尔热将因果机制颠倒了，选举制度不是政党制度形成的原因，相反，政党体系的现状是形成特定选举制度的原因。约翰·格罗姆（John G. Grumm）以比利时、丹麦、德国、瑞士和挪威等国为例，来检验迪韦尔热法则的有效性。这5个国家均经历过选举制度的变迁，先后从多数决制改为某种形式的比例代表制。在采用多数决制时期，这些国家均存在3-4个有效政党，德国甚至存在6-12个有效政党。因此，多数决制不仅没有在这些国家造就两党制，而且，当这些国家采用比例代表制时，它们已经是多党制了。多党制不是比例代表制的结果，而是其原因。在某种意义上，比例代表制是既有的多党为了巩固既得利益的结果。[②]克洛莫检视了19世纪以来87个国家的选举资料，发现37例从多数决制转变为比例代表制或混合选举制度的案例，这37个案例在选举制度改变前的平均有效政党数量是3.9，这一发现支持格罗姆的论点。[③]当然，格罗姆并没有否认选举制度会对政党制度造成影响，他认为影响所及不是如迪韦尔热所言的有效政党数量，而是政党团结、选举忠诚，以及候选人对政党组织的依赖程度。

也有学者试图沿着制度主义的方向对迪韦尔热的解释进行修正和完善，认为仅仅用选举规则无法解释有效政党数量，选区规模和选票结构等因素也在其中发挥着重要作用。道格拉斯·雷伊（Douglas Rae）认为选区规模会影响政党数量。选区规模的大小以每一个选区所选议员的数量来衡量，不论以什么方式来计算，选区越大，比例性越高，越有利于多党制的形成。[④]利普哈特则认为选区规模的影响没有雷伊所估计的那么大，相反，选票结构会对政党数量造成显著影响。按照雷伊的分类，选票结构有两种类型：一种是类型选票（categorical ballot），选民只能将选票投给某个政党的候选人；第二种是顺序选票（ordinal ballot），选民可以将选票投给一个以上的政党。相对而言，顺序选票鼓励真诚的投票行为，更易于促成多党制。利普哈特在比较了多国数据之后发现，当选票结构从类型选票改变为顺序选票的情况下，出现过半数政党或政党联盟的概率会下降15%左右。[⑤]

---

① ［法］莫里斯·迪韦尔热：《政党概论》，雷竞璇译，203~204页，台北，青文文化事业有限公司，1991。

② John G. Grumm. Theories of Electoral Systems. Midwest Journal of Political Science, 1958, 2(4): 357~376.

③ Josep M. Colomer. It's the Parties That Choose Electoral Systems (or, Duverger's Laws Upside Down). Political Studies, 2005, 53(1): 1~21.

④ Douglas Rae. The Political Consequences of Electoral Laws. New Haven: Yale University Press, 1971, 117~118.

⑤ ［美］阿伦·李帕特：《选举制度与政党制度：1945—1990年27个国家的实证研究》，谢岳译，111~117页，上海，上海人民出版社，2008。

质疑迪韦尔热法则的另外一个方向是试图跳出制度决定论，从非制度性角度对迪韦尔热的观点进行修正，强调社会结构对政党体系的决定性影响。这方面最有代表性的是罗坎（Stein Rokkan）和李普塞特（Seymour M. Lipset），他们认为一个国家的政党体系是由基本的社会文化分歧塑造而成，而社会文化分歧的结构和出现次序则是国家建构、工业化和民主化过程的产物。选举结构和政党体系相互作用，选举规则与其说是自变量，还不如说是因变量。因此，不是选举制度，而是社会分歧的状况，才是影响一国政党体系的决定性因素。不仅如此，社会分歧会固化政党体系，直到下一次社会巨变创造出足够重要的新的社会力量，才会产生出新的政党。[①] 如果一个国家存在严重社会分歧，如阶级、宗教、族群、语言等分歧，则该国出现多党制的可能性就较高，即使采用多数决制，也很难改变多党制的政党结构。其后，沿着这一思路展开的研究有两个方向，一是试图提炼出某种分析框架，以理解社会政治的异质性与有效政党数量之间的关系；[②] 一是从经验角度，试图寻找有效的统计方法，测量社会结构和选举规则对有效政党数量的影响。[③]

社会结构对政党体系产生影响的典型案例是意大利。从 1945 年到 1993 年，意大利的国会选举都是采用比例代表制，其政党体系属于萨托利所说的"极端的极化多党制"（extreme and polarized multipartism）。1993 年 8 月，意大利国会通过新的选举法，将原来的比例代表制改为混合选举制度，75% 的议席由单一选区相对多数决制选出，25% 的议席由政党名单比例代表制选出，并增加 4% 的门槛限制，目标是逐渐形成两大党为主的政党体系。1994 年，在改革后的第一次众议院选举，和预期相反，国会中的政党反而明显增多，使得意大利的政党制度更加复杂。在随后的几次选举中，总体而言有作用，但不明显，国会中始终有 10 个左右的政党。2005 年，意大利废弃实行了 12 年的混合选举制度，改回比例代表制。[④] 意大利的选举改革表明，迪韦尔热法则的应用有其前提：社会中不存在严重的社会分歧。如果存在严重的社会分歧，则"不论采用何种选举制度，都不可能形成两党制的形态"。[⑤] 事实上，迪韦尔热本人后来也承认，选举规则与政党制度之间的关系并不是一种机械式的关系，某种类型的选举制度并不必然会产生某种特定的政党制度。[⑥]

那么，社会分歧会自动地转换成新的政党吗？恐不尽然，社会分歧只有在合适的

① Lipset, Seymour M., Stein Rokkan. Cleavage Structures, Party Systems, and Voter Alignments: An Introduction. In: Seymour M. Lipset, Stein Rokkan, ed. Party Systems and Voter Alignments: Cross-National Perspective. New York: Free Press, 1967, 1~64.

② Rein Taagepera, Bernard Grofman. Rethinking Duverger's Law: Predicting the Number of Parties in Plurality and PR Systems—Parties Minus Issues Equal One. European Journal of Political Research, 1985, 13(4): 341~352.

③ Powell, Jr, G. Bingham. Democracies: Participation, Stability, and Violence. Harvard University Press, 1982; Amorim Neto, Octavio, Gary W. Cox. Electoral Institutions, Cleavage Structures, and the Number of Parties. American Journal of Political Science, 1997, 41(1): 149~174.

④ Bernard Grofman, Daniela Giannetti, ed. A Natural Experiment on Electoral Law Reform: Evaluating the Long Run Consequences of 1990s Electoral Reform in Italy and Japan. New York: Springer, 2011.

⑤ Giovanni Sartori. Comparative Constitutional Engineering: An Inquiry into Structures, Incentives and Outcomes. London: Macmillan, 1994, 40.

⑥ Maurice Duverger. Duverger's Law: Forty Years Later. In: Bernard Grofman, Arend Lijphart, ed. Electoral Laws and Their Political Consequences. New York: Agathon Press, 1986, 31.

选举制度之下才有可能带来政党数量的变化。大量针对族群多样性的经验研究表明，只有在宽松的选举制度之下，例如，比例代表制的选举公式，配之以大选区规模或低当选门槛，才有可能产生代表这些族群的政党；而在紧缩的选举制度之下，如单一选区相对多数决制，族群多样性与政党数量之间不存在正相关关系。[1]

二、对迪韦尔热法则的辩护和验证

在赞成者中，很多人通过经验研究来验证迪韦尔热的观点。唐斯在《民主的经济理论》中就运用霍特林发明的空间竞争模型分析选举规则对政党制度的影响。对于政党和候选人来说，为了赢得选举，必须得到比其他对手更多的选票。在相对多数决制中，这种压力会促使那些老是落败的政党彼此合作，以谋求对抗经常获胜的优势政党。这种整合工作将不断进行，直到每一个幸存的政党都有合理的机会可以赢得多数选票。因此，相对多数决制的"胜者全得"规则易于将政党的数目减至只有两个政党对决的局面。而在比例代表制下，经常是联合政府执政，一个政党只要赢得很小比例的选票，就可能在执政联盟中获得一席之地。保证一党生存所必需的最低限度的支持票数比多数决制中少得多，因此，比例代表制更易催生多党制。[2]

简－埃里克·莱恩（Jan-Erik Lane）选择了从 1970—1995 年选举制度保持稳定的若干国家来检验迪韦尔热法则的有效性。他的研究发现：（1）在比例代表制之下，更少出现比例性偏差（disproportionality）现象；（2）在比例代表制之下，政党体系更多地表现出碎片化现象。这些研究发现都符合迪韦尔热法则，但是，它们之间的相关关系太弱，还不足以支持强迪韦尔热法则。[3]与莱恩不同，戈夫曼等人对 4 个典型的相对多数决制国家——英国、美国、印度、加拿大——进行了考察，认为相对多数决与两党制之间的关联是或然性的，而不是机械式的。其成立需要若干前提条件，一旦这些条件不存在，即便在相对多数决制之下也会出现多党制。因此，不能想当然地认为，只要对制度作出改变就一定会得到某种想要的结果。[4]萨托利对迪韦尔热法则的应用条件进行了考察，他认为，从长远来看，多数决制产生两党制需要三个条件：1. 政党制度已经结构化；2. 政党忠诚度高的选民恰好均匀地散布在各个选区，并在各选区中处于少数，在整个选民群体中无法形成气候，从而保证选举规则可以发挥作用；3. 不存在严重的社会分歧。如果存在严重社会分歧，或者，政党忠诚度高的少数族群恰好集中在特定选区，他们不受选举规则的影响，就可能为小党提供生存土壤。与此同时，萨托利还认为，尽管多数决制本身并不能保证一定产生全国性两党形态，但是，不论在何种情况下，它都可以维持已存在的两党。一旦两党形态形成，多数决制就能发挥

① Erik S. Herron, Robert J. Pekkanen, Matthew S. Shugart, ed. The Oxford Handbook of Electoral Systems. New York, NY: Oxford University Press, 2018, 136~137.

② [美] 唐斯：《民主的经济理论》，姚洋等译，114 页，上海，上海人民出版社，2005。译文根据英文原文有所改动。

③ Jan-Erik Lane, Svante Ersson. The New Institutional Politics: Performance and Outcomes. New York: Routledge, 2000, 205.

④ Bernard Grofman, Shaun Bowler, André Blais. Duverger's Law of Plurality Voting: The Logic of Party Competition in Canada, India, the United Kingdom and the United States. London: Springer, 2009, 3, 9.

类似刹车的功能，将两党制固化下来。[①]

利普哈特等人检视了 90 年代以来主要国家的选举实践，基本上还是支持迪韦尔热法则（见表 8-7）。

表 8-7 主要国家选举制度与有效政党数量（1990—2008）

	立法机构有效政党数量	参加选举的有效政党数量	选举制度
美国	1.98	2.18	Plurality
南非	2.11	2.13	PR
澳大利亚	2.28	3.04	Alternative Vote
英国	2.32	3.38	Plurality
西班牙	2.54	3.11	PR
日本	2.61	3.66	MMM（1996 年以来）
葡萄牙	2.64	3.16	PR
韩国	2.72	3.83	MMM
法国	2.78	5.68	Two-Round System
匈牙利	2.78	4.42	MMM
加拿大	2.88	3.87	Plurality
新西兰	3.35	3.68	MMP
奥地利	3.45	3.71	PR
德国	3.70	4.20	MMP
捷克	3.87	5.12	PR
意大利	4.07	4.76	PR（2006, 2008）
瑞典	4.15	4.45	PR
丹麦	4.72	4.94	PR
波兰	4.73	6.90	PR-high threshold
芬兰	5.06	5.82	PR
印度	5.42	6.60	Plurality
瑞士	5.48	6.22	PR
荷兰	5.51	5.77	PR
比利时	8.14	9.56	PR
巴西	8.74	9.93	PR

Sources: Calculations by Royce Carroll, Arend Lijphart, and Steven L. Taylor.

从这张表格上，我们可以看到，除了印度之外，所有采用多数决制的国家立法机构中的有效政党数量均低于 3.0；而采用比例代表制的国家，立法机构中的有效政党数量绝大多数都在 3.0 以上，甚至高达 8.74。这在一定程度上可以说印证了迪韦尔热法则。但是，有两个例外需要解释。一个是印度，采用多数决制，但有效政党数量高达 5.42，这可能与其存在高度社会分歧有关，复杂的宗教、种族因素和地区间的不平衡为其多

[①] Giovanni Sartori. Comparative Constitutional Engineering: An Inquiry into Structures, Incentives and Outcomes. London: Macmillan, 1994, 40~41.

党制体系创造了条件。① 另一个需要解释的例外是南非，采用比例代表制，但有效政党数量只有 2.11。如果我们仔细观察就会发现，南非的政党体系其实是存在一个支配性政党的多党制。在 2009 年选举中，国大党赢得了 400 个席位中的 264 个席位（占66%），三个政党分别赢得 65 个席位、30 个席位和 18 个席位，剩下的 23 个席位由 9个小政党分。因此，南非 2.11 的有效政党数量具有一定的欺骗性。

应该说，在过去的几十年中，正反双方围绕迪韦尔热法则展开的讨论，使我们对于选举制度影响政党制度的机制有了更深入的了解，尤其是罗坎和李普塞特，引入非制度性因素，大大拓宽了研究视野。但是，对于这一老问题，关键因果机制的理论进展远不及统计技术的应用，很多核心概念仍然模糊不清。例如，政治家的策略选择对于潜在社会分歧的激活作用，政党对于既有社会分歧和选举规则的回应，政党体系和选举制度之间如何相互作用，这些问题都还有待进一步探索。未来最重要的任务就是建构一个统一的理论框架，将迪韦尔热的问题和罗坎的问题贯通起来：一方面是社会政治的异质性和选举结构对政党数量的影响，另一方面是政党数量对于社会分歧的政治化和选举改革的影响。②

三、政党体系对选举制度的影响

学界在对迪韦尔热法则进行检验的过程中引申出一个新的议题：政党体系对于选举制度的选择有何影响？在迪韦尔热法则中，政党是作为一个因变量。但在与迪韦尔热法则的对话中，一些学者将选举制度和政党体系之间的变量关系颠倒过来，政党体系成为自变量。在他们看来，是政党选择了选举制度，并操纵了选举规则。尤其是新兴民主国家的选举改革，在很大程度上可以被视为不同政党之间博弈的结果。塔格培拉就认为，对于一个初生的民主政体而言，如果决策者分为两派，他们就会倾向于建立多数决制的选举规则，以防止新的竞争者产生；如果最初的决策者分为很多派别，他们就会倾向于采用比例代表制，以免遭自身被淘汰出局的危险。因此，政党体系对于选举制度的选择具有决定性的影响。但选举制度一旦建立，它有助于维持并固化既有的政党体系。塔格培拉建议，可以将迪韦尔热法则改写为：相对多数决的规则所主导的席位分配与两党制携手同行。③

查尔斯·博伊克斯（Carles Boix）通过跨国比较，分析比例代表制的产生条件，认为这是执政党策略选择的结果，其目的是为了在议会中获得更多议席。以 19 世纪末 20世纪初为例，随着选举权在欧洲的普及，新的政党应运而生，尤其是左翼选民和社会主义政党，成为一股重要的政治力量，并由此改变了既有的政党体系。当此之时，如果一

---

① 也有学者不同意这样的观点，例如，李和舒加特认为，印度的族群多样性与政党碎片化之间没什么关系。Li, Yuhui, Matthew S. Shugart. The Seat Product Model of the Effective Number of Parties: A Case for Applied Political Science. Electoral Studies, 2017, 41(4): 23~34.

② Jennifer Gandhi, Rubén Ruiz-Rufino, ed. Routledge Handbook of Comparative Political Institutions. New York, NY: Routledge, 2015, 123~124.

③ Rein Taagepera. Predicting Party Sizes: The Logic of Simple Electoral Systems. Oxford: Oxford University Press, 2007, 7.

国的社会主义政党力量不够强大，该国老的政党可以有效协调，以阻止新政党的成长，那么，老的政党就会维持既有的非比例代表制的选举制度（如美国）；如果一国的社会主义政党力量足够强大，该国老的政党之间又缺乏协调能力。如果不降低选举门槛，社会主义政党将取得压倒性胜利。在这种情况下，老的政党就会选择转向比例代表制（如欧洲大部分的小国）；如果一国的社会主义政党有很高的支持率，但该国老的政党在选民中占有优势地位，则老的政党转向比例代表制的动机不足（如英国）。[①] 政党在选举改革过程中的策略选择在英国工党身上表现十分明显。20 世纪初，当工党迅速崛起之时，作为一个新的政党，它极力主张采用比例代表制；但是，到了 1920 年代末，当它意识到自己有可能在既有的选举制度下获胜时，马上转而反对比例代表制的改革建议。[②]

与此同时，有效政党数量会影响多数决制向比例代表制的转变。克洛莫认为，随着有效政党数量的提高，在多数决制之下任何一个政党都有可能成为绝对失败者，因此，政党愿意采用比例代表制，以保证自己能公平地分享议会的议席。他的跨国比较显示，如果有效政党数量在 2 以下，多数决制不会转变为比例代表制；当有效政党数量大于 2.5 时，转变的概率为 27%；当有效政党数量提高到 4 时，转变的概率上升为 61%。[③] 塞利姆·埃冈（Selim J. Ergun）进一步分析了在三个政党的条件下，从多数决制向比例代表制转变是如何发生的。他认为最大的政党会反对改革，而最小的政党会主张改革。因此，是否改革取决于中间政党的态度。如果中间政党在议会中获得了超额代表，它会反对改革；如果其代表性不足，则会积极推动改革，以期在比例代表制下获得更多议席。但是，在多数决制之下，第二大党和最小政党的联合并不能保证它们能占多数。[④]

从长期来看，政党体系对选举制度具有重大影响；但从短期来看，选举规则的变化对政党竞争具有直接的影响。[⑤] 一旦采用比例代表制，它会强化既有的多党制架构，而不是马上产生提高有效政党数量的效果。但是，新的规则可以更加公平地将每个政党的得票转化为议席，这会吸引选民将选票投给他们所支持的新政党。因此，从长期来看，有效政党数量会提高，并反过来形成进一步的压力，维持比例代表制的规则。[⑥]

第四节　选举管理与选举改革

选举活动的组织与管理是选举的关键环节，不管选举制度多么完善，如果缺乏适当的组织和管理，制度是无法有效运行的。对于任何国家来说，选举都是最复杂的任

① Carles Boix. Setting the Rules of the Game: The Choice of Electoral Systems in Advanced Democracies. American Political Science Review, 1999, 93(31): 609~624.
② Erik S. Herron, Robert J. Pekkanen, Matthew S. Shugart, ed. The Oxford Handbook of Electoral Systems. New York, NY: Oxford University Press, 2018, 78.
③ Josep M. Colomer. It's the Parties That Choose Electoral Systems (or, Duverger's Laws Upside Down). Political Studies, 2005, 53(1): 1~21.
④ Selim J. Ergun. From Plurality Rule to Proportional Representation. Economics of Governance, 2010, 11(4): 373~408
⑤ Erik S. Herron, Robert J. Pekkanen, Matthew S. Shugart, ed. The Oxford Handbook of Electoral Systems. New York, NY: Oxford University Press, 2018, 69.
⑥ Josep M. Colomer. It's the Parties That Choose Electoral Systems (or, Duverger's Laws Upside Down). Political Studies, 2005, 53(1): 1~21.

务之一。其复杂性在于，必须在很短的时间内将最大量的人口动员起来。同时，选举管理也是一件高度敏感的工作，不允许出现哪怕很小的错误。因为一旦出现失误，轻则破坏民众对选举的信心，重则引发党派之争，甚至不承认选举结果，触发宪政危机或导致街头运动。这一点在一些新兴民主国家中表现尤为明显，选举中的不法行为可能导致暴力和内战。① 即便在成熟的民主国家，这种危险也很难避免，2000 年美国选举所引发的宪政危机就是因为佛罗里达州选票设计不合理，导致很多选民将票错投给了他们并不中意的候选人。2020 年的美国选举又因为邮寄选票的问题引发巨大争议。尽管选举管理非常重要，却没有得到足够重视，这是选举研究中一个相对被忽视的领域。在这一节中，我们将介绍影响选举质量的两个最重要的制度安排：选举管理机构（Electoral management bodies，简称 EMBs)）和选举观察。然后，讨论选举改革问题。

一、选举管理机构

选举管理机构指依法设立的专门负责主持和管理选举事务的机构。在选举发展的早期阶段，并没有专门的机构来管理选举事务，一般由议会来管理。但是，随着选举的发展，选举事务逐渐被当作一项行政事务，由中立的文官来进行管理。进入 21 世纪以后，越来越多的国家强调选举管理机构的独立性，以维系选举的公平公正。

与这一历史发展相应，学界也倾向于根据其独立性程度，将选举管理机构分为三种基本类型：政府模式、独立模式和混合模式。政府模式指选举事务由政府行政机关的一个部门（如内政部）或地方政府来进行管理。这种模式在西欧和北美比较流行，代表性国家包括英国、美国、德国、意大利、丹麦、新西兰等；独立模式指选举管理机构独立于现行的行政机构，并拥有独立预算。这种模式在南美和苏联国家比较受欢迎，代表性国家包括加拿大、澳大利亚、俄罗斯、巴西、南非、泰国等；混合模式指选举活动的执行主要由行政部门或地方政府承担，但有关选举的政策制定、监控和监督活动则由独立于行政部门之外的机构承担。采用这种模式的代表性国家包括法国、日本、西班牙、阿根廷、马里等。进入 21 世纪以后，采用独立模式的国家的比例持续上升，尤其是新兴民主国家，大多采取独立模式。这种变化背后的一个基本假设是，独立的选举委员会可以带来更高质量的选举。但是，这种乐观的假设并没有得到经验研究的支持。伯奇对 28 国的比较研究得出了一个令人惊讶的结果，EMB 的独立性和选民对选举公正性的信任之间存在负相关关系。② 尽管伯奇承认，可能是内生性问题和测量手段影响了测量结果，如采用独立模式的恰恰是那些新兴而脆弱的民主国家。但这一研究确实提醒人们，EMB 形式上的独立性并不等于事实上的独立性。但一个真正的超越党派的 EMB 应该具备哪些结构性要素，学界并未达成共识。

---

① Erik S. Herron, Robert J. Pekkanen, Matthew S. Shugart, ed. The Oxford Handbook of Electoral Systems. New York, NY: Oxford University Press, 2018, 475~476..

② Sarah Birch. Electoral Institutions and Popular Confidence in Electoral Processes: A Cross-National Analysis. Electoral Studies, 2008, 27(2): 305~320.

选举管理机构的组织目标有两个：一是对选举活动的组织与管理，确保其公正；二是促进政党和选民对选举过程的信心，以及公众对政府的信任。与选举周期相对应，选举管理机构的职责一般分为三个部分：投票前的管理、投票管理和投票后的管理。

投票前的管理活动非常繁杂，主要包括：（1）规则的制定，如计票公式、选区划分、选区规模、选举日程等；（2）选举准备活动，如选举机构设立、选民登记、政党和候选人登记、竞选资金管理、选票设计、确定投票地点等。其中，选举工作人员的培训和选民登记工作尤为重要。选举工作人员的培训直接关乎选举的质量，研究表明，对选举工作人员的培训越到位，选举的质量越高。[①] 但是，由于选举本身的间断性特点，选举管理的专业化程度是不够的。即便在美国，也是在 2000 年大选引发宪政危机后才加速了其专业化的进程。[②] 选民登记是一个确认潜在选民的过程，它是选举的基础。但准确的选民登记是一件非常烦琐的工作，在相当一部分国家中，选民登记的费用会占到预算经费的一半左右。在不同的选举制度之下，选民登记工作的难度有所差别。一般而言，多数决制下的选民登记难度要高于比例代表制。以多数决制的代表性国家美国为例，在洛杉矶县，有 18 个联邦众议院选区、8 个州参议院选区、14 个州众议院选区，选举管理机构需按照不同选区的要求和选民的地址信息，将选民与选区匹配起来。而在比例代表制之下就简单得多，因为选民只需要对政党进行选择，而选票在全国都是一样的，这就大大减轻了选举管理机构的负担。[③]

投票管理当然是指对投票活动本身的管理，但它并不限于投票日当天，而是会延伸数周，因为投票并不限于现场投票，它还包括邮件投票、互联网投票等形式；同时，投票管理还包括投票过程中的选举观察、选举监控、选举监督和投票结束后的计票活动。这一阶段的管理活动中最值得注意的当然是投票。研究发现，选民对投票的方式（现场投票还是邮寄选票）和投票的技术（使用纸质选票还是使用电子投票）都非常敏感。选民们会担心其所投之票是否被准确计算。因此，选举管理机构需要大量的人力在投票日去各个投票点进行现场指导，采取必要措施，维护选举秩序，防止任何旨在干扰选举的暴力行为，并在投票后安排迅速而准确的计票工作，确保计票过程的公正性。其中，计票工作需要强有力的技术保障。例如，美国在 2000 年以后就在联邦层面通过立法，采用性能更佳的扫描设备，确保纸质选票的计票工作顺利展开。

投票后的管理所要面对的问题是，失败的一方是否接受选举结果，或是否对选举结果提出异议。失败的一方既包括落选的政党，也包括支持该党的选民。例如，21 世纪以来泰国屡屡出现的红衫军、黄衫军就是失败的一方不接受选举结果的例子。这种情况不仅在发展中国家时有发生，即便是老牌的民主国家也无法幸免。2021 年 1 月 6 日，共和党的支持者占领美国国会大厦就是最新的例子。当然，支持者直接走上街头，

① Toby S. James. Better Workers, Better Elections? Electoral Management Body Workforces and Electoral Integrity Worldwide. International Political Science Review, 2019, 40(3): 370~390.

② Mitchell Brown, Kathleen Hale, Bridgett A. King, ed. The Future of Election Administration. Cham, Switzerland: Palgrave Macmillan, 2020, 103~104.

③ Erik S. Herron, Robert J. Pekkanen, Matthew S. Shugart, ed. The Oxford Handbook of Electoral Systems. New York, NY: Oxford University Press, 2018, 479.

不论是自发的，还是由政党在背后支持的，这都是最坏的情况。大多数时候，即使政党不接受选举结果，他们也可以通过正常渠道寻求救济，从而避免选举争议的政治化。正是认识到这一点，越来越多的国家是由司法机关来裁决选举争议。当然，在具体做法上各国差别很大，大致可以分为四种类型：第一种是由普通法院来处理选举争议，以英国为代表；第二种是由宪法法院或宪法委员会来处理选举争议，以奥地利和法国为代表，第三波民主化中的新兴民主国家多采用这种模式；第三种是由选举法庭来处理选举争议，以拉美国家为主；第四种是混合模式，美国就是一例，同时存在国会处理模式和法院处理模式。①

二、选举观察

如果说选举管理是一国内部对于选举事务的管理的话，那么，选举观察常常超出国家的范围，成为一项国际性的活动。选举观察是由中立的观察团和训练有素的观察员对选举活动进行观察，收集相关信息，并监督选举过程中可能出现的违法行为。选举观察只观察，而不介入，即使发现违法行为，也只会通过媒体予以披露，并将其报告给选举管理机构，由他们进行处理。选举观察通常是由国内的非政府组织或国际组织来具体实施，它位于选举管理机构之外，具有很强的自主性。

选举观察活动起源于 19 世纪 50 年代的欧洲，当时是作为一种调节国际领土纠纷的机制而诞生的。1857 年，作为《巴黎和约》的产物，欧洲委员会观察了摩尔达维亚和瓦拉几亚两个公国关于争议领土的投票。一战后，威尔逊总统呼吁民族自决，在公投中引入国际选举观察。但早期的这些选举观察活动均是针对非主权国家或地区。二战后，选举观察活动的对象才转移到主权国家和地区，并逐渐成为判断受观察国的选举是否自由、公正，进而判断选举是否有效的重要依据之一。直到 20 世纪 80 年代初，世界上有记录的选举观察屈指可数。随着冷战的结束和苏东剧变，大批新兴民主国家的诞生为选举观察的发展创造了机会，国际选举观察组织如雨后春笋般地产生，选举观察活动的数量剧增。进入 21 世纪，一个新的趋势是，这项原本针对新兴民主国家的制度安排开始在巩固的民主政体中寻找发挥作用的空间。在 2004 年的美国总统大选中，欧洲安全与合作组织、美洲国家组织、卡特中心等国际知名的选举观察组织，均受邀派出阵容强大的选举观察团前往观选。同期，欧洲安全与合作组织还向法国、英国、意大利派遣选举观察员，并发布选举观察报告。②

由于选举观察有助于平息抗议、增强选民信心、扩散民主规范、推进民主化进程，进入 21 世纪，邀请国际选举观察团已经成为一种国际规范。至 2006 年，世界上 80%的选举都接受国际观察，即使是一些被认为是独裁者的领导人也都寻求声誉良好的国际观察员来现场观选。③ 这不禁让人困惑，一个主权国家为什么要冒着遭受谴责的危

① 何俊志：《选举政治学》，148 页，上海，复旦大学出版社，2009。
② Susan D. Hyde. Observing Norms: Explaining the Causes and Consequences of Internationally Monitored Elections. Doctoral dissertation of University of California , 2006, 47.
③ Susan D. Hyde. The Pseudo-Democrat's Dilemma: Why Election Observation Became an International Norm. Ithaca: Cornell University Press, 2011, 2~3.

险，允许国际选举观察组织对本国选举活动进行监督？事实上，主权国家的领导人邀请国际选举观察团可能是出于不同的目的：有些是希望通过选举观察活动来证明他们对民主化的承诺，并借国际选举观察组织为其政权披上合法性外衣；[①] 有些可能是为了以此来获得外国的援助，或在国际社会的压力下通过表明国内治理的改善重新获得国际社会的认可；有些则可能是处于国家转型或政府不稳定的特定时期，亟须通过国际选举观察员来证明自身的清白。[②] 这种复杂性带来两个后果：第一，作为一项具有国际色彩的针对主权国家的活动，由国际组织开展的选举观察必须处理好与东道国的关系。在 21 家国际组织签署的《国际选举观察工作原则宣言》与《国际选举观察员行为准则宣言》中，均强调选举观察必须保持中立原则，并尊重东道国的主权。事实上，如果没有东道国的邀请，国际选举观察组织不会派出选举观察团；如果没有东道国的配合，选举观察员甚至连投票站都无法进入，基本的观察活动更无从展开。第二，由国际组织开展的选举观察在很大程度上变成了一场政治博弈。在很多时候，东道国只会邀请与之友好的选举观察组织，而将对之不太友好的组织拒之门外。

　　值得注意的是，选举观察在不同类型的国家中发挥作用的方式并不相同。在巩固的民主政体中，选举观察组织所发布的过程报告并没有引起东道国媒体的关注，可以说，选举观察活动在巩固的民主政体中处境比较尴尬。而在发展中国家，选举观察活动的作用较为明显。这些国家的国家建设水平较低，国际选举观察团有时亲自参与这些国家选举流程的制度设计、选民的培训和教育，他们发布的选举观察报告甚至在一定程度上决定这些国家能否获得经济援助。1999 年的尼日利亚大选和 2012 年柬埔寨议会的补选之后，随着选举观察团做出选举公正有效的判断，美国和欧盟都取消了对这两个国家的制裁，并做出提供经济援助的承诺。与此同时，选举观察组织成分复杂，国内选举观察组织和国际选举观察组织的行为方式存在一定差异，并不是所有的选举观察组织在所有的时候都能提供关于选举的准确信息。在某种程度上，国内选举观察组织的表现比国际选举观察组织更好，对于选举中存在的问题，国内选举观察组织批评更多。有鉴于此，有学者呼吁，应加强对选举观察组织之独立性和中立性条件的研究，认真分析在何种情况下专业的选举观察组织可能被政治化，在何种条件下它们可能会被操纵。既有的案例研究显示，在政治利益面前，选举观察组织的专业性和独立性很可能被摧毁。[③] 凯利对 300 多次的选举观察案例进行比较后发现，在一次大选中只有一个选举观察组织和有多个选举观察组织的效果是不一样的。当有多个组织同时参与观察时，对选举持批评态度的组织数量明显上升（见表 8-8）。[④]

---

① Susan D. Hyde. Catch Us If You Can: Election Monitoring and International Norm Diffusion. American Journal of Political Science, 2011, 55(2): 356~369.

② Judith Kelley. Monitoring Democracy: When International Election Observation Works, and Why It Often Fails. Princeton: Princeton University Press, 2012, chapter 2.

③ Jennifer Gandhi, Rubén Ruiz-Rufino, ed. Routledge Handbook of Comparative Political Institutions. NY: Routledge, 2015, 249, 252.

④ Judith Kelley. Monitoring Democracy: When International Election Observation Works, and Why It Often Fails. Princeton: Princeton University Press, 2012, 56.

表 8-8   单个组织与多个组织参与选举观察后的评估情况比较

参与观察的组织数量	持肯定态度	态 度 模 糊	持批评态度	总 量
一个	90（73%）	23（19%）	10（8%）	123（100%）
多个	105（50%）	56（27%）	48（23%）	209（100%）

三、选举制度设计与选举改革

任何一个新兴的民主政体都会将选举制度设计作为其国家构建的重要任务，尤其是 20 世纪 90 年代以来，选举工程学在很多国家都成为一项重要的政策议题。但是，究竟采取何种选举制度，在三次民主化浪潮中呈现出不同的特点。在第一波民主化浪潮（1820—1920 年）中，选举制度的产生是渐进的，与国家建构的进程保持一致。英美国家社会的同质化程度较高，大多采用单一选区相对多数决制；而欧洲大陆国家社会多元化程度较高，需要建立对不同社会群体有较高适应度的政治体系，因此，在 19 世纪末到 20 世纪初这些国家大多采用政党名单比例代表制。这一时期只有极少的国家（如澳大利亚）是在深思熟虑的基础上选择了其现行的选举制度。在二战后展开的第二波民主化浪潮中，选举制度选择的主要特征是"殖民遗产"和"外部强加"。对于新获得独立的民族国家来说，宗主国的影响是非常大的，超过一半的英属殖民地国家在获得独立后都采用了与英国一样的单一选区相对多数决制；2/3 的原西班牙殖民地获得独立后采用的是政党名单比例代表制。联邦德国的选举制度则是外部强加的典型。换言之，这一时期绝大部分国家对选举制度的选择是缺乏自主性的。在 20 世纪 70 年代中期开始的第三波民主化浪潮中，新兴民主国家的选举制度选择显示出新的特征：有意识的设计。这些国家都对不同选举制度的利弊进行了广泛讨论，然后做出自己的选择。有些国家在试行一段时间后又通过选举改革做出新的选择，如俄罗斯用政党名单比例代表制替代了偏重多数的混合选举制。[①] 克洛莫对 19 世纪以来 94 个国家的 154 次选举制度选择进行研究后发现，选举制度的变迁大多数时候是朝着更加包容性的方向发展。[②]

关于选举规则及其后果的理论研究具有重要的实践内涵。大量的相关研究都旨在理解成熟的民主国家为什么以及如何对选举制度进行改革。近年来，学者们越来越关注选举如何有助于政体的变迁，由此衍生出被称为"选举工程学"（electoral engineering）的分支。尤其是 21 世纪初的伊拉克和阿富汗，成为检验选举工程理论的试金石。[③] 但是，某种选举制度一旦确立，要对之进行改革往往是很困难的，因为既得利益者为保护其既得利益，会极力维护他们熟知的规则。[④] 利普哈特研究的 27 个成熟民主政体的选举制度，从 1945 年到 1990 年，只有一个国家（法国）对其选举制

① Lawrence LeDuc, Richard G. Niemi, Pippa Norris, ed. Comparing Democracies 3: Elections and Voting in the 21st Century. London: SAGE Publications Ltd, 2010, 38~40.

② Josep M. Colomer, ed. Handbook of Electoral System Choice. New York: Palgrave Macmillan Ltd., 2004, 5.

③ John T. Ishiyama, Marijke Breuning, eds. 21st Century Political Science: A Reference Handbook. London: Sage Publications, 2010, 162.

④ Giovanni Sartori. Comparative Constitutional Engineering: An Inquiry into Structures, Incentives and Outcomes. London: Macmillan, 1994, 28.

度进行了重大改革。[①] 但是，在 90 年代中期，3 个主要的民主政体（意大利、新西兰和日本）突然将其选举制度改变为混合选举制。尽管如此，巩固民主政体的选举改革还是很少见的，据统计，从 1950—2010 年的 60 年间，巩固民主政体的选举改革只有 13 次，其中有 5 次是发生在法国。以至于有学者感叹：为什么选举改革如此之少？

第一，选举改革少见，这主要是在国家层面上而言，如果我们将目光下沉到次国家层次，就会发现选举制度改革的尝试还是很多的。因此，学界对选举改革的界定有宽严之分。严格意义上的选举改革仅指国家层面的选制改革，尤其是选举公式的改变；而宽泛意义上的选举改革不仅包括次国家层次上的选制改革，而且包括议席分配计划的调整、选区的重新划分、新投票技术的应用等。按照宽泛意义上的选举改革定义，仅 1980—2010 年间，次国家层次上就发生了 69 例选举改革。[②] 其中，尤其值得注意的是加拿大，进入 21 世纪以来，已经有若干省份启动选举制度改革。2004 年，英属哥伦比亚省率先启动选举改革；随后，安大略省、新不伦瑞克省、爱德华王子岛省等也纷纷跟进。[③]

第二，国家层面的选举改革之所以很少见，首要原因在其难度。这种困难除了既得利益者主观上缺乏动机之外，还存在客观上困难。由于选举制度兹事体大，各国对选举制度改革均设有较高的门槛。例如，在美国，要想修改选举制度，需要获得国会两院 2/3 多数或联邦 2/3 州议会同意。美国选举人团制度长期以来饱受争议。1968 年美国总统选举后不久，盖洛普民意测验表明，高达 81% 的美国人希望对选举人团制度进行改革。1969 年，美国众议院以 2/3 多数通过一个法案，主张废除选举人团制度，刚当选的尼克松总统也对此表示支持，但此法案在参议院遭到否决。[④]

第三，新的制度要素为选举改革带来的机会。值得注意的是，1990 年代中期在成熟民主国家启动的三次选举改革中，有两次是通过公民投票的方式，推动政治家启动改革进程。[⑤] 1993 年 4 月，意大利举行公民投票，有 82.7% 的人赞同废除旧的议会选举法，开启了选举改革的历史进程；1993 年底，新西兰举行公民投票，有 53.9% 的人认为应该改革选举制度，采用偏重比例的混合选举制。2004 年加拿大英属哥伦比亚省的选举改革先是通过公民会议讨论改革方案，后是诉诸公民投票来决定是否采纳公民会议的协商成果。[⑥]

第四，选举改革的成效不一。新西兰自从进行了选举改革后，其比例性偏差得到明显改善，从改革前的 15% 左右断崖式下降，经过 7 次选举，基本稳定在 3%~4%（见图 8-3），可以保证各政党在议会中得到公平的代表性。与此同时，民众对政府的信任

① [美] 阿伦·李帕特：《选举制度与政党制度：1945—1990 年 27 个国家的实证研究》，谢岳译，130~133 页，上海，上海人民出版社，2008。

② Shaun Bowler, Todd Donovan. The Limits of Electoral Reform. Oxford: Oxford University Press, 2013, 8~9.

③ Erik S. Herron, Robert J. Pekkanen, Matthew S. Shugart, ed. The Oxford Handbook of Electoral Systems. New York, NY: Oxford University Press, 2018, 756.

④ Ann Althouse. Electoral college reform: Déjà vu. Northwestern University Law Review, 2001, 95(3): 993~1014.

⑤ Pippa Norris. Introduction: The Politics of Electoral Reform. International Political Science Review, 1995, 16(1): 3~8.

⑥ Mark E. Warren, Hilary Pearse. Designing Deliberative Democracy: The British Columbia Citizens' Assembly. Cambridge: Cambridge University Press, 2008.

度从改革前的不到 30% 上升到接近 50%。[①] 应该说，改革达到了预期效果。但是，意
大利就没有那么幸运了。意大利进行选举改革后，其比例代表制下政党林立的局面并
没有得到缓解，相反，政党碎片化的程度比以前更为严重，以至于不得不在 2005 年
重新改回比例代表制。这就提出了一个很严肃的问题：在何种情况下，选举改革可以
获得成功？由于目前国家层次的案例数量较少，我们还很难从理论上找到相应的因果
机制。

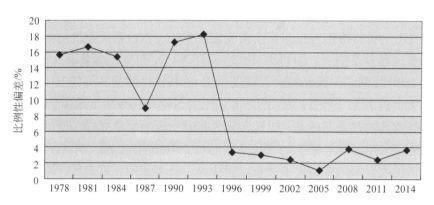

图 8-3　新西兰选举改革前后比例性偏差变化情况（1978—2014）

数据来源：Erik S. Herron, Robert J. Pekkanen, Matthew S. Shugart, ed. The Oxford Handbook of Electoral
Systems. New York, NY: Oxford University Press, 2018, p. 808.

第五，值得注意的是，这一波选举制度改革和一些新兴民主国家在选择自己的选
举制度时，大多将混合选举制作为其选项，以至于有学者提出：是否如比例代表制之
于 20 世纪一样，混合选举制将成为 21 世纪选举改革的最佳选项？[②] 要回答这一问题
恐怕还为时尚早，这一方面是因为任何选举制度均有其利弊，没有哪种选举制度是完
美无缺的；另一方面，大规模采用混合选举制不过是最近 20 多年的事情，各种制度变
量之间的关系还有待评估。但可以预期的是，在未来的理论研究和政治实践中，混合
选举制会受到越来越多的关注。

第六，需要强调的是，选举改革不仅仅是对选举制度的改革，它还包括选举管理
的改革，而且，这二者是相互作用的。[③] 对选举改革的研究必须超越过去的做法，将
选举管理纳入研究视野。事实上，一些发展中国家试图采用电子投票等新的技术手段
来增强选举过程的透明度，提高投票效率。2007 年，爱沙尼亚就在议会选举中应用了
网络投票；在巴西，电子投票已经成为唯一的投票方法；印度也正朝着完全采用电子
投票的方向迈进。[④]

① Erik S. Herron, Robert J. Pekkanen, Matthew S. Shugart, ed. The Oxford Handbook of Electoral Systems, New York, NY: Oxford University Press, 2018, 817.
② Matthew S. Shugart, Martin P. Wattenberg. Mixed-Member Electoral Systems: The Best of Both Worlds? Oxford: Oxford University Press, 2003.
③ Toby S. James. Elite Statecraft and Election Administration: Bending the Rules of the Game? New York: Palgrave Macmillan, 2012, 226.
④ Lawrence LeDuc, Richard G. Niemi, Pippa Norris, ed. Comparing Democracies 3: Elections and Voting in the 21st Century. London: SAGE Publications Ltd, 2010, 41.

思 考 题

1. 请查阅相关资料，比较比例代表制之下不同计算公式对于选举结果的影响。
2. 请结合近期各国的选举活动，分析政党极化现象对于竞选策略的影响。
3. 民粹主义如何影响欧美国家的选举版图？
4. 请结合实例，分析迪韦尔热法则的有效性和局限性。
5. 请选择一个具体的案例，分析选举改革的前提条件及其效果。

进一步阅读指南：

- 何俊志：《选举政治学》，上海，复旦大学出版社，2009。
- 王业立：《比较选举制度》，台北，五南图书出版股份有限公司，2006。
- [美] 阿伦·李帕特：《选举制度与政党制度》，谢岳译，上海，上海人民出版社，2008。
- [美] 罗伯特·戈定主编：《牛津政治行为研究手册》，王浦劬主译，北京，人民出版社，2018。
- [美] 唐斯：《民主的经济理论》，姚洋等译，上海，上海人民出版社，2005。
- Douglas Rae. The Political Consequences of Electoral Laws. New Haven: Yale University Press, 1971.
- Pippa Norris. Electoral Engineering: Voting Rules and Political Behaviour. Cambridge: Cambridge University Press, 2004.
- Josep M. Colomer, eds. Handbook of Electoral System Choice. New York: Palgrave Macmillan Ltd., 2004.
- Erik S. Herron, Robert J. Pekkanen, Matthew S. Shugart, ed. The Oxford Handbook of Electoral Systems. New York, NY: Oxford University Press, 2018.

参 考 文 献

一、中文文献（按照姓氏字母顺序排列）

[1] [美] 布鲁斯·阿克曼：《别了，孟德斯鸠：新分权的理论与实践》，聂鑫译，北京，中国政法大学出版社，2016。

[2] [美] 布鲁斯·阿克曼：《我们人民：宪法变革的原动力》，孙文恺译，北京，法律出版社，2003。

[3] [美] 加布里埃尔·A. 阿尔蒙德、[美] 小 G. 宾厄姆·鲍威尔：《比较政治学——体系、过程和政策》，曹沛霖等译，北京，东方出版社，2007。

[4] [美] 埃尔斯特、[挪] 斯莱格斯塔德编：《宪政与民主》，潘勤等译，北京，生活·读书·新知三联书店，1997。

[5] [美] 利昂·D. 爱泼斯坦：《西方民主国家的政党》，何文辉译，北京，商务印书馆，2014。

[6] [美] R. M. 昂格尔著：《现代社会中的法律》，吴玉章、周汉华译，北京，中国政法大学出版社，1995。

[7] [美] 埃莉诺·奥斯特罗姆：《公共事物的治理之道：集体行动制度的演进》，余逊达、陈旭东译，上海，上海三联书店，2000。

[8] [美] 沃尔特·白芝浩：《英国宪法》，夏彦才译，北京，商务印书馆，2005。

[9] [美] 小卢卡斯·A. 鲍威：《沃伦法院与美国政治》，欧树军译，北京，中国政法大学出版社，2005。

[10] [美] 哈罗德·J. 伯尔曼：《法律与革命》，贺卫方等译，北京，中国大百科全书出版社，1993。

[11] [美] 卡尔斯·波瓦克斯、[美] 苏珊·斯托克斯主编：《牛津比较政治学手册》，唐士其等译，北京，人民出版社，2016。

[12] [美] 波斯纳：《法官如何思考》，苏力译，北京，北京大学出版社，2009。

[13] [英] 詹姆斯·布赖斯：《现代民治政体》，张慰慈等译，长春，吉林人民出版社，2011。

[14] [法] 让·布隆代尔、[意] 毛里齐奥主编：《政党政府的性质——一种比较性的欧洲视角》，曾淼、林德山译，北京，北京大学出版社，2006。

[15] 陈思贤：《西洋政治思想史·中世纪篇》，台北，五南图书出版公司，2004。

[16] 陈淞山：《国会制度解读：国会权力游戏手册》，台北，月旦出版社，1994。

[17] 陈敦源：《民主与官僚：新制度论的观点》，台北，韦伯文化，2005。

[18] 丛日云：《在上帝与凯撒之间》，北京，生活·读书·新知三联书店，2003。

[19] [美] 罗杰·H. 戴维森等：《美国国会：代议政治与议员行为》（第14版），刁大明译，北京，社会科学文献出版社，2016。

[20] [美] 托马斯·戴伊、哈蒙·齐格勒：《民主的反讽：美国精英是如何运作的》，林朝晖译，北京，新华出版社，2016。

[21] [美] 德沃金：《法律帝国》，李常青译，北京，中国大百科全书出版社，1996。

[22] [美] 威廉·L. 德威尔：《美国的陪审团》，王凯译，北京，华夏出版社，2010。

[23] [法] 莫里斯·迪韦尔热：《政党概论》，雷竞璇译，台北，青文文化事业有限公司，1991。

[24] 段德敏：《重思美国政治中的冲突与"极化"》，载《学术月刊》，2021（1）：93-102。

[25] [美] 约翰·菲尼斯：《自然法与自然权利》，董娇娇等译，北京，中国政法大学出版社，2005。

[26] [法] 米歇尔·弗罗蒙：《欧洲宪法司法的多样性》，载《厦门大学法律评论》第十八辑，2010，203~215。

[27] [美] 罗伯特·古丁、[美] 汉斯-迪特尔·克林格曼主编：《政治科学新手册》，钟开斌等译，北京，生活·读书·新知三联书店，2006。

[28] [美] 弗兰克·古德诺:《政治与行政——政府之研究》,丰俊功译,北京,北京大学出版社,2012。

[29] [德] 格林:《现代宪法的诞生、运作和前景》,刘刚译,北京,法律出版社,2010。

[30] [美] 迈特·格罗斯曼、戴维·霍普金斯:《美国政党政治:非对称·极端化·不妥协》,苏淑民译,北京,当代世界出版社,2021。

[31] [美]Fred I. Greenstein, [美]Nelson W. Polsby 主编:《政府制度与程序》,幼狮文化事业公司编译,台北,幼狮文化,1983。

[32] [美] 斯科特·戈登:《控制国家——西方宪政的历史》,应奇等译,南京,江苏人民出版社,2001。

[33] [美] 罗伯特·戈定主编:《牛津政治行为研究手册》,王浦劬主译,北京,人民出版社,2018。

[34] 葛维宝:《法院的独立与责任》,《环球法律评论》,2002（1）：7~16。

[35] [德] 于尔根·哈贝马斯:《在事实与规范之间》,童世骏译,北京,生活·读书·新知三联书店,2003。

[36] [英] 哈耶克:《自由秩序原理》,邓正来译,北京,生活·读书·新知三联书店,1997。

[37] [英] 哈耶克:《通往奴役之路》,王明毅、冯兴元译,北京,中国社会科学出版社,1997。

[38] [美] 汉密尔顿、[美] 杰伊、麦迪逊:《联邦党人文集》,程逢如等译,北京,商务印书馆,1995。

[39] 韩博天:《红天鹅:中国独特的治理和制度创新》,石磊译,北京,中信出版社,2019。

[40] [英] 安德鲁·海伍德:《政治学核心概念》,吴勇译,天津,天津人民出版社,2008。

[41] [英] 安德鲁·海伍德:《政治学》,张立鹏译,北京,中国人民大学出版社,2006。

[42] 何俊志:《结构、历史与行为:历史制度主义对政治科学的重构》,上海,复旦大学出版社,2004。

[43] 何俊志、任军锋、朱德米编译:《新制度主义政治学译文精选》,天津,天津人民出版社,2007。

[44] 何俊志:《选举政治学》,上海,复旦大学出版社,2009。

[45] [美] 路易斯·亨金编:《宪政与权利》,郑戈等译,北京,生活·读书·新知三联书店,1996。

[46] [美] 戴维·赫尔德:《民主的模式》,燕继荣等译,北京,中央编译出版社,1998。

[47] [英] 罗德·黑格、[英] 马丁·哈罗普:《比较政府与政治导论》（第5版）:张小劲等译,北京,中国人民大学出版社,2007。

[48] 胡伟、孙伯强:《政党模式的理论建构:以西方为背景的考察》,载《马克思主义与现实》,2010（5）：75~81。

[49] [美] 约翰·加斯蒂尔等著:《陪审团与美国民主》,余素青、沈洁莹译,北京,法律出版社,2016。

[50] 节大磊:《美国的政治极化与美国民主》,载《美国研究》,2016（2）：61-74。

[51] [意] 莫诺·卡佩莱蒂:《比较法视野中的司法程序》,徐昕、王奕译,北京,清华大学出版社,2005。

[52] [美] 理查德·S.卡茨、[美] 威廉·克罗蒂编:《政党政治研究指南》,吴辉译,汲惠忠校,南京,江苏人民出版社,2020。

[53] [比利时]R. C. 范·卡内冈:《欧洲法:过去与未来——两千年来的统一性和多样性》,史大晓译,北京,清华大学出版社,2005。

[54] [英] 比尔·考克瑟、[英] 林顿·罗宾斯、[英] 罗伯特·里奇:《当代英国政治》（第四版）,孔新峰、蒋鲲译,北京,北京大学出版社,2009。

[55] [美] 阿奇博尔德·考克斯:《法院与宪法》,田雷译,北京,北京大学出版社,2006。

[56] [英] 罗杰·科特威尔:《法律社会学导论》,潘大松等译,北京,华夏出版社,1989。

[57] [法] 让 - 马里·科特雷、[法] 克洛德·埃梅里:《选举制度》,张新木译,北京,商务印书馆,1996。

[58] [法] 米歇尔·克罗齐、[美] 塞缪尔·亨廷顿、[日] 绵贯让治:《民主的危机》,马殿军等译,北京,求实出版社,1989。

[59] 麦克尔·克罗米林:《联邦制中的争端解决》,载《国际社会科学杂志》（中文版）,2002（1）：123~128。

[60] [美] 阿伦·利普哈特:《民主的模式》,陈崎译,北京,北京大学出版社,2006。

[61] [美] 阿伦·李帕特:《选举制度与政党制度》,谢岳译,上海,上海人民出版社,2008。

[62] 李步云:《宪法比较研究》,北京,法律出版社,1998。

[63] 李世安：《美国州宪法改革与州和地方政治体制发展》，北京，人民出版社，2009。

[64] 李红海：《英国陪审制转型的历史考察》，载《法学评论》，2015（4）：177~189。

[65] 刘红凛：《政党政治与政党规范》，上海，上海人民出版社，2010。

[66] 刘迺诚：《比较政治制度》，北京，商务印书馆，1934、1939。

[67] 刘文仕：《立足统一 迈向分权：法国地方分权制度的嬗变与前瞻》，《东吴政治学报》，2007（2）：65~122。

[68] 刘嘉宁：《法国宪政共治之研究》，台北，台湾商务印书馆，1990。

[69] 刘从苇：《中央与地方分立政府的形成：一个空间理论的观点》，载《台湾政治学刊》，2003（2）：107~148。

[70] 刘擎：《西方社会的政治极化及其对自由民主制的挑战》，载许纪霖、刘擎主编：《知识分子论丛》，9~25页，南京，江苏人民出版社，2018。

[71] [德] 沃尔夫冈·鲁茨欧：《德国政府与政治》，熊炜、王健译，北京，北京大学出版社，2010。

[72] [美] 阿兰·S. 罗森鲍姆：《宪政的哲学之维》，郑戈、刘茂林译，北京，生活·读书·新知三联书店，2001。

[73] [美] 迈克尔·罗斯金等著：《政治科学》，林震等译，北京，华夏出版社，2001。

[74] [英] 洛克：《政府论》（下篇），瞿菊农、叶启芳译，北京，商务印书馆，1964。

[75] [法] 卢梭：《社会契约论》，何兆武译，北京，商务印书馆，2003。

[76] Herbert M. Levine：《最新政治学争辩的议题》，王业立等译，台北，韦伯文化，2003。

[77] [法] 孟德斯鸠：《论法的精神》，张雁深译，北京，商务印书馆，1982。

[78] [英] 约翰·密尔：《论代议制政府》，汪瑄译，北京，商务印书馆，1997。

[79] [美] 约翰·亨利·梅利曼：《大陆法系》，顾培东等译，北京，法律出版社，2004。

[80] [美] L. 桑迪·梅塞尔：《美国政党与选举》，陆赟译，南京，译林出版社，2017。

[81] [美] 伦道夫·乔纳凯特著，屈文生等译：《美国陪审团制度》，北京，法律出版社，2013。

[82] 任东来等著：《美国宪政历程：影响美国的 25 个司法大案》，北京，中国法制出版社，2014。

[83] [法] 皮埃尔·若克斯：《法国合宪性审查的五十年》，载《厦门大学法律评论》第十八辑，2010，170~183。

[84] [意] 乔万尼·萨托利：《民主新论》，冯克利利、阎克文译，上海，上海人民出版社，2009。

[85] [意] 乔万尼·萨托利：《政党与政党体制》，王明进译，北京，商务印书馆，2006。

[86] [美] 大卫·J. 塞缪尔斯、[美] 马修·S. 舒格特：《总统、政党与首相：分权如何影响政党的组织和行为》，杨潇译，北京，社会科学文献出版社，2016。

[87] 沈乃正：《比较政治制度》，上海，中华书局，1934。

[88] 沈有忠：《德国威玛共和的宪法：一个半总统制的个案研究》，载《东吴政治学报》，2006（24）：163~212。

[89] 盛杏湲：《选区代表与集体代表：立法委员的代表角色》，载《东吴政治学报》，2005（21）：1~40。

[90] [美] Matthew S. Shugart & John M. Carey：《总统与国会》，曾建元、谢秉宪等译，台北，韦伯文化，2003。

[91] [英] 昆廷·斯金纳：《近代政治思想的基础》（上、下），奚瑞森、亚方译，北京，商务印书馆，2000。

[92] [德] 克劳斯·施莱希、[德] 斯特凡·科特里奥：《德国联邦宪法法院》，刘飞译，北京，法律出版社，2007。

[93] 施鹏鹏：《法国参审制：历史、制度与特色》，载《东方法学》，2011（2）：120~130。

[94] 孙哲：《左右未来：美国国会的制度创新和决策行为》，上海，复旦大学出版社，2001。

[95] 孙存良：《选举民主与美国政治极化研究》，北京，世界知识出版社，2020。

[96] 谈火生：《政治学的学科传统之争与中国政治学的未来》，载《教学与研究》，2017（5）：63~73。

[97] 谈火生：《联邦制稳定性研究》，载《环球法律评论》，2013（1）：102~119。

[98] 谈火生：《从神圣到世俗：人民主权观念的诞生》，收入丛日云、庞金友主编：《中西政治思想与政治文化》，3~15页，北京，社会科学文献出版社，2009。

[99] 谈火生：《西方学界关于总统制、议会制与民主巩固的争论》，载《教学与研究》，2008（4）：80~86。

[100] 唐士其：《美国政府与政治》，台北，扬智文化出版公司，1998。

[101] [美]唐斯:《民主的经济理论》,姚洋等译,上海,上海人民出版社,2005。

[102] [法]托克维尔:《论美国的民主》,董果良译,北京,商务印书馆,1991。

[103] 王丽萍:《联邦制与世界秩序》,北京,北京大学出版社,2000。

[104] 王建学:《法国式合宪性审查的历史变迁》,北京,法律出版社,2018。

[105] 王业立:《比较选举制度》,台北,五南图书出版股份有限公司,2006。

[106] 王业立、彭怡菲:《分裂投票:一个制度面的分析》,载《台湾政治学刊》,2004(1):3~45。

[107] [英]维尔:《宪政与分权》,苏力译,北京,生活·读书·新知三联书店,1997。

[108] [美]威尔逊:《国会政体》,熊希龄、吕德本译,北京,商务印书馆,1986。

[109] [德]马克思·韦伯:《经济与社会》(第一、二卷),阎克文译,上海,上海人民出版社,2009、2010。

[110] [英]艾伦·韦尔:《政党与政党制度》,谢峰译,北京,北京大学出版社,2011。

[111] 吴重礼:《美国分立政府运作的争议:以公共行政与政策为例》,载《欧美研究》,2002(2):271~316。

[112] 吴重礼:《宪政设计、政党政治与权力分立:美国分立政府的运作经验》,载《问题与研究》,2006(3):133~166。

[113] [日]五十岚晓郎:《日本政治论》,殷国梁、高伟译,北京,北京大学出版社,2015。

[114] 夏勇、李林主编:《法治与21世纪》,北京,社会科学文献出版社,2004。

[115] 谢峰:《政治演进与制度变迁:英国政党与政党制度研究》,北京,北京大学出版社,2013。

[116] 徐锋:《当代西方政党组织形态变化述评》,载《欧洲研究》,2006(4):100-110。

[117] 刘文仕:《立足统一 迈向分权:法国地方分权制度的嬗变与前瞻》,载《东吴政治学报》,2007(2):65~122。

[118] 杨祖功、顾俊礼等著:《西方政治制度比较》,北京,世界知识出版社,1992。

[119] 阎照祥:《英国政治制度史》,北京,人民出版社,1999。

[120] 严行健:《功能拓展与党内协商:欧美政党议会党团的新特征》,载《当代世界与社会主义》,2018(3):128-135。

[121] 姚洋:《制度与效率:与诺思对话》,成都,四川人民出版社,2002。

[122] [美]丹尼尔·J.伊拉扎:《联邦主义探索》,彭利平译,上海,上海三联书店,2004。

[123] 张千帆:《从宪法到宪政——司法审查制度比较研究》,载《比较法研究》,2008(1):72~86。

[124] 张君:《经济全球化困境下的西式民主及未来民主多样化走向》,载《红旗文稿》,2018(13)。

[125] 张鑫:《混合选举制度对政党体系之影响:基于德国和日本的比较研究》,天津,天津人民出版社,2018。

[126] 赵怡宁:《探访美国政党政治:美国两党精英访谈》,北京,中国人民大学出版社,2014。

[127] 曾冠球:《立法授权的政治:交易成本之观点》,载《东吴政治学报》,2004(19):151~185。

二、英文文献（按照姓氏字母顺序排列）

[1] Ansolabehere, Stephen, Maxwell Palmer, Benjamin Schneer. Divided Government and Significant Legislation: A History of Congress from 1789 to 2010. Social Science History, 2018, 42(1): 81~108.

[2] Arzheimer, Kai, Jocelyn Evans, Michael S. Lewis-Beck. The SAGE Handbook of Electoral Behaviour. London: Sage Publications Ltd, 2017.

[3] Bakvis, Herman, Grace Skogstad, eds. Canadian Federalism: Performance, Effectiveness, and Legitimacy. London: University of Toronto Press, 2020.

[4] Batto, Nathan F., Chi Huang, Alexander C. Tan, Gary W. Cox, ed. Mixed-Member Electoral Systems in Constitutional Context: Taiwan, Japan and Beyond. Ann Arbor: University of Michigan Press, 2016.

[5] Bellamy, Richard. Constitutionalism, Democracy and Sovereignty: American and European Perspectives. Aldershot: Avebury, 1996.

[6] Berg-Schlosser, Dirk, Leonardo Morlino and Bertrand Badie, ed. The SAGE Handbook of Political Science.

London: SAGE Publications Ltd, 2020.

[7] Blais, André, Kees Aarts. Electoral Systems and Turnout. Acta Politica, 2006, 41(2): 180~196.

[8] Bovens, Mark. Two Concepts of Accountability: Accountability as a Virtue and as a Mechanism. West European Politics, 2010, 33(5): 946~967.

[9] Bowler, Shaun, Todd Donovan. The Limits of Electoral Reform. Oxford: Oxford University Press, 2013.

[10] Brown, Mitchell, Kathleen Hale, Bridgett A. King, ed. The Future of Election Administration. Cham, Switzerland: Palgrave Macmillan, 2020.

[11] Campbell, Angus, Warren E. Miller. The Motivational Basis of Straight and Split Ticket Voting. American Political Science Review, 1957, 51(2): 293~312.

[12] Cheibub, Jose' Antonio. Presidentialism, Parliamentarism, and Democracy. Cambridge: Cambridge University Press, 2007.

[13] Clarke, Paul Barry, Joe Foweraker, eds. Encyclopedia of Democratic Thought. New York: Routledge Press, 2001.

[14] Clark, William Roberts, Matt Golder, Sona N Golder. Principles of Comparative Politics. Washington, D.C.: CQ Press, 2013.

[15] Colomer, Josep M., ed. Handbook of Electoral System Choice. New York: Palgrave Macmillan Ltd., 2004.

[16] Colomer, Josep M. It's the Parties That Choose Electoral Systems (or, Duverger's Laws Upside Down). Political Studies, 2005, 53(1): 1~21.

[17] Cox, Gary W., Samuel Kernell. Boulder, ed. The Politics of Divided Government. CO: Westview Press, 1991.

[18] Cox, Gary W. Making Votes Count: Strategic Coordination in the World~s Electoral Systems. New York: Cambridge University Press, 1997.

[19] Davidson, Roger H., Walter J. Oleszek, Frances E. Lee. Congress and Its Members (11th edition). Washington: CQ Press, 2008.

[20] Deacon, Russell, Alan Sandry. Devolution in the United Kingdom. Edinburgh: Edinburgh University Press, 2007.

[21] Duverger, Mauric. The Political System of the European Union. European Journal of Political Research, 1997, 31(1-2): 137~146.

[22] Elgie, Robert, ed. Semi-Presidentialism in Europe. Oxford: Oxford University Press, 1999.

[23] Elgie, Robert and Sophia Moestrup, ed. Semi-presidentialism outside Europe: A Comparative Study. New York: Routledge, 2007.

[24] Elgie, Robert, ed. Divided Government in Comparative Perspective. New York: Oxford University Press, 2001.

[25] Elgie, Robert, Sophia Moestrup, Yu-Shan Wu, ed. Semi-Presidentialism and Democracy. London: Palgrave Macmillan, 2011.

[26] Ergun, Selim J. From Plurality Rule to Proportional Representation. Economics of Governance, 2010, 11(4): 373~408.

[27] Farrell, David M. Comparing Electoral Systems. New York, NY: Prentice Hall, 1997.

[28] Filippov, Mikhail, Peter Ordeshook, Olga Shvetsova. Designing Federalism: A Theory of Self-sustainable Federal Institutions. Cambridge: Cambridge University Press, 2004.

[29] Fiorina, Morris. Unstable Majorities: Polarization, Party Sorting, and Political Stalemate. Stanford, CA: Hoover Institution Press, 2017.

[30] Fiorina, Morris. Divided Government. New York: Macmillan, 1992.

[31] Franck, T. M., ed. Why Federations Fail. New York: New York University Press, 1968.

[32] Gandhi, Jennifer, Rubén Ruiz-Rufino. Routledge Handbook of Comparative Political Institutions. NY: Routledge, 2015.

[33] Grofman, Bernard, and Lijphart, A., ed. Electoral Laws and Their Political Consequences. New York: Agathon

Press, 1986.

[34] Grofman, Bernard, Daniela Giannetti, ed. A Natural Experiment on Electoral Law Reform: Evaluating the Long Run Consequences of 1990s Electoral Reform in Italy and Japan. New York: Springer, 2011.

[35] Grofman, Bernard, Shaun Bowler, André Blais. Duverger's Law of Plurality Voting: The Logic of Party Competition in Canada, India, the United Kingdom and the United States. London: Springer, 2009.

[36] Hampton, W. Local Government and Urban Politics. London: Longaman Press, 1987.

[37] Heidar, Knut, Ruud Koole, ed. Parliamentary Party Groups in European Democracies: Political parties behind closed doors. London: Routledge, 2000.

[38] Herron, Erik S., Robert J. Pekkanen, Matthew S. Shugart, ed. The Oxford Handbook of Electoral Systems. New York, NY: Oxford University Press, 2018.

[39] Howell, William, et al. Divided Government and the Legislative Productivity of Congress, 1945–1994. Legislative Studies Quarterly, 2000, 25(2): 285~312.

[40] Hueglin, Thomas O., Alan Fenna. Comparative Federalism: A Systematic Inquiry. Toronto: University of Toronto Press, 2015.

[41] Hughes, Tyler, Deven Carlson. Divided Government and Delay in the Legislative Process: Evidence From Important Bills, 1949-2010. American Politics Research, 2015, 43(5): 771~792.

[42] Hyde, Susan D. The Pseudo-Democrat's Dilemma: Why Election Observation Became an International Norm. Ithaca: Cornell University Press, 2011.

[43] Ivanyna, Maksym, and Anwar Shah. How Close is Your Government to its People? Worldwide Indicators on Localization and Decentralization. Economics, 2014, 8(3): 1~61.

[44] Jacobson, Gary C. The Electoral Origins of Divided Government. Boulder: Westview Press, 1990.

[45] James, Toby S. Better Workers, Better Elections? Electoral Management Body Workforces and Electoral Integrity Worldwide. International Political Science Review, 2019, 40(3): 370~390.

[46] Jones, David R. Party Polarization and Legislation Gridlock. Political Research Quarterly, 2001, 54(1): 125~141.

[47] Kavalski, Emilian, Magdalena Zolkos, ed. Defunct Federalisms: Critical Perspectives on Federal Failure. Burlington, VT: Ashgate Publishing Limited, 2008.

[48] Katz, Richard S., Peter Mair. Changing Models of Party Organization and Party Democracy: the Emergence of the Cartel Party. Party Politics, 1995, 1(1): 5~28.

[49] Kelley, Judith. Monitoring Democracy: When International Election Observation Works, and Why It Often Fails. Princeton: Princeton University Press, 2012.

[50] Krehbeil, Keith. Pivotal Politics: A Theory of U.S. Lawmaking. Chicago: University of Chicago Press, 1998.

[51] Lane, Jan-Erik, Svante Ersson. The New Institutional Politics: Performance and Outcomes. New York: Routledge, 2000.

[52] Lau, Richard R., David P. Redlawsk. How Voters Decide: Information Processing in Election Campaigns. Cambridge: Cambridge University Press, 2006.

[53] LeDuc, Lawrence, Richard G. Niemi, Pippa Norris. Comparing Democracies 3: Elections and Voting in the 21st Century. London: SAGE Publications, 2010.

[54] LeDuc, Lawrence. Comparing Democracies 4: Elections and Voting in the 21st Century. London: Sage Publications, 2014.

[55] Lees, John D., Malcolm Shaw, ed. Committees in Legislatures: A Comparative Analysis. Durham, North Carolina: Duke University Press, 1979.

[56] Levendusky, Matthew, Neil Malhotra. Does Media Coverage of Partisan Polarization Affect Political Attitudes? Political Communication, 2016, 33(2): 283~301.

[57] Linz, Juan J. The Perils of Presidentialism. Journal of Democracy, 1990, 1(1): 51~69.

[58] Linz, Juan J., Arturo Valenzuela, eds. The Failure of Presidential Democracy. Baltimore: Johns Hopkins University Press, 1994.

[59] Lipset, Seymour M., Stein Rokkan, ed. Party Systems and Voter Alignments: Cross-National Perspective. New York: Free Press, 1967.

[60] Lowndes, Vivien, Mark Roberts. Why Institutions Matter: The New Institutionalism in Political Science. Hampshire: Palgrave Macmillan, 2013.

[61] Loughlin, John, John Kincaid, Wilfried Swenden. Routledge Handbook of Regionalism and Federalism. New York: Routledge, 2013.

[62] Mainwaring, Scott, Matthew Soberg Shugart, ed. Presidentialism and Democracy in Latin America. New York, NY: Cambridge University Press, 1997.

[63] Mainwaring, Scott. Presidentialism, Multipartism, and Democracy: The Difficult Combination. Comparative Political Studies, 1993, 26(2): 198~228.

[64] Martin, Shane, et all, ed. The Oxford Handbook of Legislative Studies. NY: Oxford University Press, 2014.

[65] Mayhew, David R. Divided We Govern: Party Control, Lawmaking, and Investigations, 1946–1990. New Haven: Yale University Press, 1991.

[66] McCubbins, Mathew D.,Thomas Schwart. Congressional Oversight Overlooked: Police Patrolsand Fire Alarms. American Journal of Political Science, 1984, 28(1): 165~179.

[67] Rod Hague, Martin Harrop, John McCormick. Comparative Government and Politics: An Introduction. 10th ed. London: Macmillan, 2016.

[68] Nivola, Pietro S., David W. Brady, ed. Red And Blue Nation?: Characteristics And Causes of America's Polarized Politics. Washington, D.C.: Brookings Institution Press, 2006.

[69] Oleszek, Walter J., et al. Congressional Procedures and the Policy Process. London, United Kingdom: SAGE Publications, 2014.

[70] Peters, Guy. Institutional Theory in Political Science: The "New Institutionalism". London and New York: Willington House, 1999.

[71] Pridham, Geoffrey. Securing Democracy: Political Parties and Democratic Consolidation in Southern Europe. London and New York: Routledge, 1990.

[72] Rae, Douglas. The Political Consequences of Electoral Laws. New Haven: Yale University Press, 1971.

[73] Rhodes, R. A. W., Sarah A. Binder, Bert A. Rockman, ed. Oxford Handbook of Political Institutions. Oxford: Oxford University Press, 2006.

[74] Riera, Pedro, and Damien Bol. Ticket-splitting in Mixed-member Systems: on the Importance of Seat Linkage between Electoral Tiers. West European Politics, 2017, 40(3): 1~14.

[75] Riker, William H. Federalism: Origin, Operation, Significance. Boston: Little, Brown and Company, 1964.

[76] Riker, William H., ed. The Development of American Federalism. Boston: Kluwer, 1987.

[77] Rockman, Bert A. Legislative-Executive Relations and Legislative Oversight. Legislative Studies Quarterly, 1984, 9(3).

[78] Rogers, James. The Impact of Divided Government on Legislative Production. Public Choice, 2005, 123(1/2): 217~233.

[79] Rondinelli, D.A., Nellis, J.R. Assessing Decentralisation Policies in Developing Countries: The Case for Cautious Optimism. Development Policy Review, 1986, 4(1) 3~23.

[80] Sartori, Giovanni. Comparative Constitutional Engineering: An Inquiry into Structures, Incentives and Outcomes. London: Macmillan, 1994.

[81] Schattschneider, E. E. Party Government. New Brunswick, New Jersey: Transaction Publishers, 2004.

[82] Sedelius, Thomas, Jonas Linde. Unravelling Semi-presidentialism: Democracy and Government Performance in four Distinct Regime Types. Democratization, 2017, 24(4): 1~22.

[83] Shugart, Matthew S., John M. Carey. Presidents and Assemblies: Constitutional Design and Electoral Dynamics. Cambridge: Cambridge University Press, 1992.

[84] Shugart, Matthew S. Semi-presidential Systems: Dual Executive and Mixed Authority Patterns. French Politics, 2005, 3(3): 323~351.

[85] Shugart, Matthew S., Martin P. Wattenberg. Mixed-Member Electoral Systems: The Best of Both Worlds? Oxford: Oxford University Press, 2003.

[86] Stepan, Alfred, Cindy Skach. Constitutional Frameworks and Democratic Consolidation: Parliamentarianism versus Presidentialism. World Politics, 1993, 46(1): 1~22.

[87] Taagepera, Rein, Bernard Grofman. Rethinking Duverger's Law: Predicting the Number of Parties in Plurality and PR Systems—Parties Minus Issues Equal One. European Journal of Political Research, 1985, 13(4): 341~352

[88] Taagepera, Rein, Predicting Party Sizes: The Logic of Simple Electoral Systems, Oxford: Oxford University Press, 2007.

[89] Tamanaha, Brian Z. On the Rule of Law: History, Politics, Theory. Cambridge: Cambridge University Press, 2004.

[90] Tsebelis, George, Jeannette Money. Bicameralism. New York: Cambridge University Press, 1997.

[91] Tsebelis, George. Veto Players: How Political Institutions Work. Princeton, N.J.: Princeton University Press, 2002.

[92] Waldron, Jeremy. Political Political Theory: Essays on Institutions. Cambridge, Massachusetts: Harvard University Press, 2016.

[93] Warren, Mark E., Hilary Pearse. Designing Deliberative Democracy: The British Columbia Citizens' Assembly. Cambridge: Cambridge University Press, 2008.

[94] William, Keefe J., Morris S. Ogul. The American Legislative Process: Congress and the States. Upper Saddle River, NJ: Prentice-Hall, 2001.